向上而生

奋进时代的景兴纸业

陈保中　赵文聘　汤啸天　编著

上海远东出版社

图书在版编目(CIP)数据

向上而生:奋进时代的景兴纸业/陈保中,赵文聘,
汤啸天编著.—上海:上海远东出版社,2024.
ISBN 978 - 7 - 5476 - 2061 - 8

Ⅰ.F426.83

中国国家版本馆 CIP 数据核字第 2024AD1749 号

责任编辑　程云琦
封面设计　李　廉

向上而生:奋进时代的景兴纸业

陈保中　赵文聘　汤啸天 编著

出　　版　**上海远东出版社**
　　　　　（201101　上海市闵行区号景路 159 弄 C 座）
发　　行　上海人民出版社发行中心
印　　刷　上海锦佳印刷有限公司
开　　本　635×965　1/16
印　　张　28
字　　数　339,000
版　　次　2024 年 10 月第 1 版
印　　次　2024 年 10 月第 1 次印刷
ISBN 978 - 7 - 5476 - 2061 - 8/F · 750
定　　价　138.00 元

目 录

Ⅰ 时代的景兴　因纸而兴

Ⅱ 追求卓越的景兴基因

Ⅲ 造纸逐梦　共话桑麻

Ⅳ 八方聚焦　媒体眼中的景兴

目
录

V 在龙随笔 在景在兴

VI 景兴众议

Ⅰ 时代的景兴 因纸而兴

集涓成河，形滔滔之势；虚怀能容，成万里之志。

　　经过四十年的拼搏奋斗，开拓创新，浙江景兴纸业股份有限公司（以下简称"景兴纸业"或"景兴"）从一家名不见经传的造纸小厂发展成为拥有多家子公司，并在造纸和包装行业拥有一定知名度的国际化大型企业。历经几十年积淀与酝酿，砥砺追梦、笃志前行的景兴纸业，不断破困局开新局助大局，向上而生，因纸而兴。

改革开放促开局（1984—1987）

　　和光同尘，破局而立。当直觉我们走入某个困境，只有打破现有的局，才能看到更大的世界。改革开放开启了一个伟大的时代，让一大批有理想的中国企业家——朱在龙就是其中的一员——有了施展才华的广阔舞台，也让一大批中国企业通过不断进取、开拓创新，创造出无愧于伟大时代的辉煌。

改革开放润平湖

　　1978 年 12 月 18 日，党的十一届三中全会召开，开启了我国改革开放的历史新征程。邓小平说，"我们穷了几千年了，是时候了，不能再等了"，"改革是中国的第二次革命。这是一件很重要的必须做的事，尽管是有风险的事"。① 我们党积极推动经济改革，促进社会主义市场经济体制建立，不断激励社会大众创业热情。无数人通过自己的努力和奋斗，成就了自己的事业，也为社会进步做出了巨大贡献。他们的成功不仅是个人的成功，更是整个社会的成功。这是一个充满机遇的时代，他们创造了一个又一个奇迹，我们国家也在这个伟大进程中朝着繁荣、富强的宏伟目标不断迈进。

　　改革的春天，万物生长正当其时。

　　浙江省平湖市是江南著名的"鱼米之乡、瓜灯之城、文化之

---

① 《改革是中国的第二次革命》，《邓小平文选（第三卷）》，人民出版社，2001 年。

邦"，素有"金平湖"之美誉，有 6 000 多年的历史。平湖面向大海，拥有国家一类开放口岸——乍浦港、独山港。平湖背靠上海，是浙江接轨上海和打造"虹桥金南翼"的第一站。这样的历史文化和资源禀赋，造就了平湖人"开放、亲水、崇文、报本"的文化特质。作为浙江接入上海的桥头堡，平湖也在改革开放中加速发展。

机会来自变革。在改革开放的前沿——长三角地区，商品经济和外向型经济率先发轫，高峡出平湖，激起千重浪，谱写了一曲曲奔腾不息的华彩乐章。党的十一届三中全会召开，改革的春天已到，温润的气息吹过，万物生长正当其时。"没有时代发展的大背景，没有国家改革开放的大背景，就没有景兴的今天，也没有我的今天。"在访谈中，朱在龙多次这样告诉我们。

一个人的命运总是会以某种方式折射出时代的影子。朱在龙是地地道道的平湖人。在平湖，他见证了从计划经济到市场经济的改革，见证了一个时代的巨大变迁。高中毕业后，朱在龙到平湖中学校办厂工作，骨子里对技术非常痴迷，他开始自学无线电，并拜在平湖中学教物理的老师为师，从"技术迷"成为"技术通"，组装收音机、电风扇，后来组装调试电视机，很快成了实打实的靠技术起步的"万元户"。

乡镇企业顺势起步

1978 年 10 月，邓小平在访问日本时，向欢迎他的东道主说，他到日本有三个目的：一是互换和平友好条约的批准文件，二是向几十年来致力于改善中日关系的日本友人表达中方的感谢，三是像徐福一样来寻找"仙草"。[①] 在 1979 年初结束访美

① 傅高义：《邓小平时代》，生活·读书·新知三联书店，2013 年。

时，邓小平曾对翻译施燕华说，他已经完成了自己的使命，履行了自己的职责。我国对外开放的大门就此打开。我国对外引进设备、技术和管理，让中国企业从一开始就站上了比较高的发展起点，我国发展的后发优势不断凸显。

彼时的造纸行业百废待兴。

1978年，轻工业部造纸工业局重新组建成立，首次全国造纸工业标准化会议召开，国内第一套纸厂废水生化处理大型试验装备通过鉴定，中国自行设计制造安装的第一座喷射式碱回收炉建成投产……具有远见卓识的改革开放决策，同样为造纸工业带来潜力无限的发展机遇，中国造纸工业自此走向一个新的发展征程。

1984年3月，中央4号文件《关于开创社队企业新局面的报告》，正式将"社队企业"改称为"乡镇企业"，乡镇企业进入全面发展时期。1984年7月10日，曹桥乡工业公司、曹桥供销合作社签订联办平湖（第二）造纸厂联营协议合同。1984年8月，浙江省平湖第二造纸厂成立，吴全荣任厂长，沈勤荣任副厂长。1985年8月，PM1（1号机，1 092 mm 三网四缸造纸机，本书中PM加序号代表相应的工业用纸机器，TM代表生活用纸机器，

▲ 20世纪80年代末平湖第二造纸厂厂房

如"PM10"代表"10号机")投入运行,生产普通箱板纸和普通瓦楞原纸,有固定资产近60万元,职工75人。

命运的齿轮

平湖第二造纸厂由于资金、人才、管理经验和生产技术都十分缺乏和落后,企业发展严重受阻,一年产量不到1000吨,当时企业拖欠银行贷款达120万元,亏损10万元,企业濒临破产边缘。

1985年初①,21岁的朱在龙怀揣着2000元集资款来到平湖第二造纸厂,成为厂里第一批创业者中的一员,开启了追逐梦想的序幕。当年同事对他的评价是认真、负责,充满好奇心、爱学习。他进厂后就踏踏实实跟着嘉兴民丰造纸厂的老师傅搞设备安装、机械维修。当时的厂领导放手让他去干,领导的信任强化了朱在龙的自觉担当。

20世纪80年代,浙江省大兴乡镇企业,开办了众多造纸企业却成果甚微。1986年6月,浙江省乡镇企业局与浙江省轻工业厅开设浙江省乡镇造纸干部速成班,下发给平湖第二造纸厂一个进修名额,厂长吴全荣推荐朱在龙去进修。在浙江省造纸学校(现在的浙江科技大学)学习期间,学员半天到华丰造纸厂实习,半天进行课堂教学。对朱在龙来说,这是一个非常难得的进修机会。他如饥似渴地学习,一年时间,修完了三年的课程。

1987年7月,朱在龙学成归来,先后被提拔为平湖第二造纸厂生产科长、副厂长。

---

① 这一时间无正式文件佐证,为访谈中获知的大致时间。

求存图变破困局（1988—2000）

道固远，笃行可至；事虽巨，坚为必成。

改革开放为我国造纸工业带来潜力无限的发展机遇，中国造纸工业自此迈向一个新的发展征程。但起步之初，在发达经济体面前，中国确实还是"学生"：对一个乡镇企业小厂来说，先进设备、技术和管理等都需要学，需要不断打破旧观念、旧机制、旧技术，通过改革破困局。

想办法救活企业

1988 年 1 月，24 岁的朱在龙被正式任命为平湖第二造纸厂厂长。

先知者明，先动者生。

面临企业濒临破产的困境，上任伊始，朱在龙就着手对企业进行全面整顿。为了降低成本、提高产品质量，朱在龙一改先前的"大锅饭"做法，全面倡导"向管理要效益"，"生产不停，技改不断"，推进企业不断向前跨跃。朱

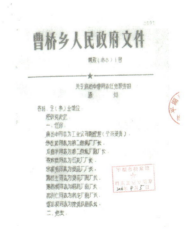

▲ 朱在龙被任命为平湖第二造纸厂厂长

在龙坦言："当时我只有 24 岁，感觉是临危受命，要面对企业困境，同时也要面对不少人的质疑，我感到肩上的责任之重、压力

时代的景兴　因纸而兴

之大。从那一刻起，我下定决心，要做就一定要做好，一定要把企业办活、办好、做大。"

通过扩建、技改，企业一扫疲态，当年就扭亏为盈，实现利润30多万元。通过后续一系列提质、增产、技改后，工厂的产品质量和市场逐步趋于稳定。

1988年，1号机的年产量达到2000吨。

1989年，扩建2号机，产量大幅度提升。

1990年，扩建3号机，年产量已达1万吨。

可能是缘于骨子里对技术的痴迷，朱在龙领导企业不断推进技术改造。从1988年到1991年的4年时间里，朱在龙带领企业完成技改项目10个。不懈的技术革新，使平湖第二造纸厂实现了企业规模和综合实力的双丰收。

靠胆魄壮大企业

东方风来满眼春。

1991年2月，邓小平同志在上海听取浦东开发规划汇报时说："希望上海人民思想更解放一点，胆子更大一点，步子更快一点。"1992年1月18日至2月21日，邓小平发表南方谈话，强调改革也是解放生产力。1992年10月，党的十四大明确要建立社会主义市场经济体制。也是在1991年6月，民政部发文批复，同意平湖撤县建市。

朱在龙有着敏锐的市场嗅觉。

朱在龙发现高强度、宽门幅瓦楞原纸和牛皮箱板纸的市场空缺，造纸业发展仍有巨大潜力和宽阔前景。1992年，朱在龙提出建设"3250工程"，要将产能从原来的1万多吨增加到5万吨。很多平湖市的领导，包括老厂长，都说朱在龙"这个小年轻真是蛮胆大的"：5万吨产量，一天收购的废纸量得有多少？对此,多数人感觉不可想象。

　　朱在龙顶着巨大压力力推"3250 工程"项目。"3250 工程"总投资 3 250 万元,配置了两台 2 400 mm 的国产生产设备。1994 年 1 月,PM5(2 400 mm 圆网多缸纸机)投入运行,生产各种牛皮箱板纸,两台新设备使企业产量一下子突破了 10 万吨大关。1994 年,仅这两条生产线就让平湖市第二造纸厂实现销售

▲ 1992 年"3250 工程"奠基暨开工誓师大会

▲ 1992 年"3250 工程"奠基

收入 8 000 多万元，利税 1 200 多万元，迅速成为造纸包装业界后起之秀，奠定了以高档绿色环保包装纸为主导的发展布局。

1993 年 10 月，中国包装科技信息中心站评定平湖市第二造纸厂为"守财政信誉十佳单位"。1994 年 1 月，平湖市第二造纸厂被国家统计局认定为"中国行业一百强"。1995 年 2 月，全国划分企业类型协调小组将企业晋升为"国家大型企业"；同年，联合国技术信息促进系统中国国家分中心、国家统计局授予企业"中国优秀民营企业"荣誉称号。1995 年 5 月，国家科学技术

▲ 1995 年 2 月，企业晋升为"国家大型企业"

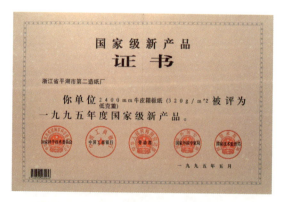

▲ 1995 年 5 月，企业研制的低克重牛皮箱板纸获"国家级新产品"称号

委员会、中国工商银行、劳动部、国家外国专家局、国家技术监督局等五部委授予企业研制开发的低克重牛皮箱板纸"国家级新产品"称号。

推改革做强企业

机制改革添新活力

20世纪的最后几年,乡镇集体企业都面临改制。1996年初,经浙江省计经委、浙江省体改委以浙计经企(1996)30号文批准,平湖市第二造纸厂改组成立有限责任公司,更名为浙江景兴纸业集团有限公司。

1996年11月1日,公司取得由平湖市工商行政管理局换发的注册号为14668490-0的企业法人营业执照,注册资本为7 800万元。

在朱在龙看来,景兴纸业不能仅仅止步于过去的成绩,"做大做强"才能更好地生存。1997年9月,景兴创建浙江景兴纸业集团包装材料厂。作为景兴纸业子公司,浙江景兴纸业集团包装材料厂负责纸箱、纸板、纸制品的制造、加工和销售,随着WJ150-1800-2纸箱生产流水线试车运转成功,景兴集团真正成为造纸、包装、印刷一体化的纸加工服务实体。

1997年,景兴建成平均日产36吨的瓦楞纸板生产线。

1998年,景兴建成年产10 000吨工业和化纤纸管生产线,同年还建成了一条年产5 000吨造纸生产线。

在朱在龙的带领下,景兴纸业通过扩建、技改、企业机制创新等方式,经过10多年的时间,景兴纸业逐渐绽放光彩。

1998年5月,景兴纸业被浙江省人民政府增补为"五个一批"重点骨干企业(浙江省工作领导小组以办字〔1998〕2号文予以公布），同时被确认为"小型巨人"企业。

1998 年 9 月，景兴纸业在中国包装技术协会第五次全国代表大会上被授予"全国先进包装企业"光荣称号。

1999 年 7 月，在中国乡镇企业协会公布的全国造纸及纸制品行业最大经营规模乡镇企业的排序中，景兴公司进入前十，名列第六。

1999 年 9 月，景兴纸业荣获"四星级企业"称号，这是浙江省造纸行业首家获得四星荣誉称号的企业。

1999 年 11 月，景兴纸业被中国包装技术协会评为"中国包装龙头企业"。

管理规范提效益

一家优秀的企业，对所在地区、城市，甚至对国家的发展都有着重要的示范、推动作用。企业提升自身市场竞争力的过程，也是一个地区、一个国家经济不断发展的过程。

一家企业要成功，除了领先的技术、过硬的产品，还要有一流的管理水平——管理合规化、系统化是先进制造业发展的题中应有之义。

ISO9000 质量管理体系，是由国际标准化组织制定的，用于组织进行质量控制的一套科学管理体系。质量管理体系的认证可以完善企业内部管理，使质量管理制度化、体系化、法治化，提高产品质量，并确保产品质量稳定性，有利于企业发展外向型经济，扩大市场占有率，提高产品的市场竞争力。改制成功后，朱在龙对景兴纸业的进一步改革提出了更高的要求，首先就是向管理要效益。

公司于 1995 年申请并于 1996 年 10 月通过了 ISO9002 质量管理体系认证，这是当时全国纸类第二家申请成功的企业。对于一家改制期的乡镇企业来说，这完全是摸着石头过河，殊为不易。质量管理体系认证本质上是对大家习以为常的工作制度、工作流程所做的根本性的整顿与完善。

▲ 1996 年 10 月通过 ISO9002 质量体系认证

为什么说难度大？因为此时的景兴纸业经过一段时间的积淀与发展，在当地已经小有名气，但厂里很多领域还没有形成明确的规章制度，很多部门还是靠经验、资历来行事，一些老员工逐渐习惯了"舒适区"的工作节奏和要求，要让他们重整旗鼓、做出改变，会有很大难度。整顿散漫的职场风气对景兴纸业、朱在龙和当时的管理层甚至员工本身都是一种巨大的挑战。参与引入、落实 ISO 管理体系的负责人鲁富贵、唐建良都回忆道，当时的景兴，在工作之余，每天都会进行质量管理手册的学习，组织大家上课、背诵，有些文化程度低一些的员工，回家还要找子女认字，"员工当中反对声还是挺大的"。鲁富贵说："刚开始一些老员工确实反应比较大，因为原来没有框架，做事情很随意，现在一下子有了很多规矩，戴紧箍咒了，虽然有的时候会不习惯，刚开始也会不服甚至吵架，但这些体系是企业的需要、社会的需要，对景兴是一个管理质量优化变革的过程。"

在朱在龙的亲自带领、推动下，景兴纸业对质量管理体系认证过程层层抓落实，对每日的工作成果进行总结；基层员工全员参与，坚持每天学习、背诵，努力落实质量管理手册的每一条细则。

没有规矩，不成方圆。

景兴纸业想要发展，就必须排除万难，将管理基础打牢夯实。景兴纸业从最开始的制度体系不完善，到最终在整个造纸行业中率先实现 ISO9002 认证。ISO 认证过程成为景兴纸业发展重要的"磨刀石"和"奠基石"——ISO9000 体系建设不但推进了整个公司管理流程的完善，还帮助公司管理团队积累经验，不断规范流程。现在担任景兴纸业副总经理的鲁富贵仍然清楚地记得，认证通过后，公司在 1996 年底给了他 1 万元奖励。可见，朱在龙已将管理能级的提升视为公司的巨大进步和宝贵财富。

不积跬步，无以至千里；不积小流，无以成江海。

从出现问题应对及时，到制度规范逐步形成，公司的工作效率大大提高，生产事故大大减少。数十年间，景兴纸业在 ISO 体系认证的道路上稳扎稳打，不断前行，体系持续完善，公司通过了一次又一次认证与复审；对内，使各项工作的开展更加合理有序，对外，大大提升了客户与市场的认可度。

1999 年 10 月 9 日，景兴包装材料厂一次性获得 CQC 浙江评审中心关于 ISO9002 质量体系推荐认证。1999 年 12 月，浙江景兴纸业集团包装材料厂获得中国进出口商品质量认证中心颁发的 ISO9002 质量体系认证证书（证书号：3300/993349）。

对景兴纸业来说，公司原来几乎没有任何正式的制度，通过 ISO9000 完善了整个流程。后来公司一直注重引进各种管理体系，如环境管理体系等。

▲ 朱在龙领取 ISO9002 证书

▲ 景兴纸业质量体系注册证书 ISO9002

人才机制增动能

人才是企业发展和科技创新的核心，是决胜未来的关键。

人才永远是景兴纸业最关注的核心资源之一。早在 20 世纪 90 年代，景兴纸业就努力为员工创造成长空间，组织参加各种形式的业务培训和外出学习，为干部职工提供施展才干的广阔舞台。

公司改制后，景兴纸业加大引进人才力度。1996 年前后从湖北工学院等高校一下子引进三十几名大学生，他们当中不少至今仍在公司工作，很多都已经成为公司的高层管理人员。

在人才培养方面，景兴纸业还与浙江大学联办企业管理大专班。2000 年 1 月 15 日，该班在曹桥中学举行开学典礼，公司 58 名干部员工取得入学资格。

景兴纸业积极完善高技能人才评价体系建设，培养了大批高级工、技师等高技能人才，成立了"张小红造纸技能大师工作室""陆建新维修电工技能大师工作室""方瑞明机修钳工技能大师工作室"，培育景兴纸业自己的"工匠"。这些工作室先后通过浙江省、嘉兴市、平湖市工作室的评定，为企业内部开展技术攻关、创新和高技能人才培养提供了重要的平台。

景兴纸业高级工程师、张小红造纸技能大师工作室负责人张小红说："组建工作室，一方面把我的特长、经验介绍给大家，另一方面，我个人在纸机方面技术比较好一点，但制浆方面技术相对薄弱一点，可以和大家一起交流，共同提高。"更难能可贵的是，公司对新员工现场培训技术，很多采用一对一的"师徒制"方式，张小红这几年培养了十几个徒弟，他们现在在各个岗位上都是骨干力量。张小红造纸技能大师工作室工作人员贾旺强说："在张工的带领下，我们工作室的高级工程师、研究生，对技能研发、造纸技术未来的发展都有很好的把握，这样的工作室吸引着我们。"

景兴技能大师带队指导这种形式吸引了大量优秀人才的加入，从而更好地推动企业的技术革新。目前，张小红造纸技能大师工作室拥有科研人员 10 名,已成功研发项目 60 多项,重点攻关课题 30 余项,发表专业论文 20 多篇,19 项专利获得授权。

文化营造促发展

1997 年 5 月,中共平湖市委批复同意成立中共浙江景兴纸业集团委员会。

2000 年 9 月,中共浙江景兴纸业集团党委正式成立(中共曹桥乡委员会(2000)37 号《关于朱在龙等同志任职的通知》)。

景兴纸业积极打造党群功能阵地。景兴纸业党群服务中心深度融合公司党建特色与企业文化内涵,涵盖群团工作室、图书阅览室、党员电教室、排练厅、文体活动室与党建宣传墙、工会宣传墙、党务公开栏等,形成党建工作规模化效应,全方位打造"纸语澄心·红领景兴"的党建特色品牌,营造出了党组织、职工群众与企业同发展、共命运的良好氛围。

景兴纸业自 1997 年就开启了每年举办晚会活动的惯例,在重大日子里,如迎国庆、庆建党、跨新年、迎五一,公司都会举办大型盛会,调动员工参与的积极性,丰富广大员工的业余生活。

公司在依托党委和工会的基础上,组织开展丰富多彩的文体活动,以此凝聚人心、增强团队意识。景兴纸业的朗诵比赛、联谊会、运动会和卡拉 OK 演唱会等活动颇具特色。为营造学习型企业的工作氛围,景兴纸业于 1998 年开启首届操运会,至今仍在举办有关企业发展、专业技术、管理等方面的知识竞赛,结合工作实际,广泛开展"比、学、赶、帮、超"活动,狠抓员工的理论学习和业务知识学习,营造"创优争先"的良好氛围。公司还通过举办"中青班"培训班,推动全体员工不断提升技术技能,培养了一批可担重任的"技术高、品德高"人才。景兴纸业的企业文化把尊重人作为中心内容,以人的管理为中心,满足员工的多重需求,使得企业员工从心底产生奋发进取的精神。

为了增加企业员工的归属感与人才的吸引力，1997 年 10 月，景兴纸业内部刊物《景兴报》创刊（创刊号为浙企准字第 0301 号，现创刊号为浙企准字第 F008 号）。朱在龙寄语景兴："成熟的企业不但应有完善系统的科学管理，更应有自己独特的企业文化。靠简单的资源组合资产不是景兴永久立足的根本，支撑企业脊梁的应该是企业的精神，是不断进取、开拓创新的景兴精神。只有让其渗入每一位员工的心灵深处，景兴的明天才会充满希望和辉煌！"

▲ 2012 年 11 月 10 日《景兴报》通讯员在天一阁采风

企业报既是企业文化建设的重要载体之一，又是企业对外对内宣传的重要窗口。《景兴报》作为景兴纸业的企业报纸，报道内容围绕公司的发展和动态，记录员工干部们的所思所想，书写的是景兴人的真情与思考，起到了加强员工内部想法互通与对外连接的重要作用。

2000 年 4 月，"景兴工业园"总体规划通过初步论证，这对景兴纸业而言又是一件具有标志性意义的大事。2000 年 9 月，集团大楼落成启用,公司对外有了新形象。

产品品质厚优势

"眼睛向内,苦练内功。"

对高度标准化的产品而言,不同厂商生产的产品差异并不大,要想在竞争激烈的行业中站稳脚跟,仅靠效率领先还不够,必须做到产品领先。如果只讲规模和低成本,就很可能使产品同质化、企业微利化,导致行业竞争进入恶性循环。

多年来,景兴纸业始终瞄准市场前沿,科学谋划,发挥企业主导产品优势,提高产品竞争力。公司以专业生产包装纸板和生活用纸为主,主导产品为牛皮箱板纸、白面牛卡纸、高强度瓦楞原纸、纱管纸、生活用纸、纸箱等系列产品,其主导产品被国内众多知名企业广泛运用于药品、食品、电子、化工、汽车产品等包装领域。专业化的发展和规模化的进程,使公司成为中国包装纸板开发生产基地和浙江省先进制造业基地之一。

特别值得指出的是,基于独特的环保科研理念,景兴纸业在废纸高效处理技术、宽幅高速纸板机抄造技术、自控技术、造纸化学品应用、各种节能降耗技术及废水处理技术等方面取得重大突破,开发了多项国内领先的新产品和新技术。通过自主研发以及项目转化,景兴纸业生产新型环保牛皮挂面箱板纸、低克重高强度白面牛卡纸、新型环保纱管原纸、环保型白面牛卡纸、高强度烟箱专用纸、吸尘器集尘袋卡口板专用纸等系列新产品。

如前文所述,1997 年 9 月,景兴纸业创建下属子公司平湖市景兴包装材料厂(2001 年改制为景兴包装材料有限公司),景兴集团真正成为造纸、包装、印刷一体化的纸加工服务实体。

1999 年 9 月,"捷龙"牌牛皮箱纸板被浙江省政府认定为"浙江省名牌产品"。

▲ 1997 年 9 月，平湖市景兴包装材料有限公司的前身——浙江
景兴纸业集团包装材料厂正式成立

2000 年 3 月 29 日，集团拟建年产 10 万吨造纸高强度低克
重牛皮箱纸板技术改造项目经国家经贸委立项批复，被列入国
家重点技术改造"双高一优"项目。

2000 年 11 月，景兴纸业 PM10（4 800 mm 四叠网纸机）高
档牛皮箱板纸项目开始动工。

2000 年 9 月，时任浙江省委书记张德江一行考察景兴纸业
集团，并参观 9 号机生产车间，集团董事长朱在龙详细介绍了集
团的发展历程、生产经营状况以及今后发展战略等，整个公司以
更大信心、更昂扬斗志进入新世纪。

世纪之交开新局（2001—2011）

志之所趋，无远弗届。

景兴纸业始终坚持大发展、大思路、大气魄。正是这种高瞻远瞩的眼光，在求新、求变、求索的过程中，不断引领景兴纸业走向转型升级之路。2001 年，景兴纸业正式宣布将实行"五年计划"，其中一个重要目标是实现整体上市。这是公司长远发展战略的重大调整。公司围绕目标稳步前行，逐渐迎来了快速发展的质的变化。

体制改革引强援

景兴纸业以更加开放的姿态迈入新世纪，热情拥抱伙伴、拥抱市场、拥抱竞争，公司从内到外都在发生巨大变化，企业实力、理念、荣誉、形象都在向着现代化一流企业稳步发展。

2001 年 6 月，景兴纸业与上海茉织华、日本制纸、日本 JP 公司战略投资合作协议签字仪式在平湖举行。

2001 年 8 月，浙江景兴纸业集团有限公司整体改制为浙江景兴纸业股份有限公司。浙江景兴纸业股份有限公司创立大会暨第一届股东大会及董事会、监事会顺利召开。

第一届股东大会选举产生了新一届董事会，朱在龙任董事长、党委书记。会上正式宣布将实行"五年计划"，努力实现整体上市。这是公司长远发展战略的重大调整。但上市何其艰难，景兴纸业围绕目标稳步前行，逐渐迎来了发展过程中质的变化。

在上市目标的实现过程中，一个关键步骤是股份制改革。

▲ 2001 年 6 月，景兴纸业与上海茉织华、日本制纸、日本 JP 公司战略投资合作协议签字仪式

▲ 浙江景兴纸业股份有限公司创立大会暨第一届股东大会

上海茉织华、日本制纸、日本 JP 公司这三家股东的引进，不仅使公司形象得到提升，还带来了资金和先进的管理理念、员工培训和工艺路线及相关技术，尤其是其中两家国际化股东为景兴拓

宽了国际化视野,为景兴的发展提供了强大的技术和资源支持。

引入三家战略合作伙伴的背后,有一些鲜为人知的故事。实际上,在新世纪初,景兴纸业产能已经达到 10 万吨,但公司经过严谨的分析论证,认为造纸业仍有巨大的市场空间,公司开始谋划建设 15 万吨 A 级高档牛皮箱板纸的生产线——PM10。但是,2 亿多元的启动资金在当时无疑是天文数字,银行融资成本也很高,一般都在八九个点,而如果采用融资租赁方式,资金成本可能达十几个点,甚至更高。投建 PM10 的决策遇到的资金困难仅仅是一个方面,更重要的是,产能提升后对企业的管理、销售和技术支持等工作都将带来巨大的考验。

在这个重要关口,朱在龙做出了一个惊人的决定:把他个人的部分股权转让给两家日本企业和茉织华,把它们吸收为股东,引进资金。这个重要决定,成功化解了当时面临的资金难题。财务总监盛晓英回忆道,朱董那时太睿智了,能把握住轻重缓急,哪怕损失一些个人的利益,也要把公司做大做强。这种睿智和魄力,也让合作方看好景兴纸业的发展,敢于大手笔投资。

2001 年 9 月,浙江景兴纸业股份有限公司办理完注册登记手续,正式成立。

值得注意的是,三家新股东中,其中一家日本股东的废纸再生产技术在全球首屈一指,可以保证景兴纸业产品毛利率在同行业中处于领先地位。这些新动力的增添为景兴高质量发展提供了强大支持。盛晓英回忆道,不得不佩服朱董当年的战略眼光。如果仅仅靠企业自身的积累,根本无力投资,来不及建设这样一条生产线,更跟不上行业产能提升的脚步。而如果企业原地踏步,不去寻求新的发展,则迟早会被市场淘汰。后来,10 号机成了景兴的"功勋之臣",不仅利润可观,还在公司上市过程中发挥了不可忽视的作用。

产业拓链强动力

改制成功使得景兴纸业在资金、技术、管理等各方面都有了质的提升，迈向了更好的发展状态。公司按照既定的目标持续发力，不断增强内功，一系列可喜的变化悄然发生。

▲ PM10 生产线

▲ 2022 年公司授予 PM10"功勋机台"，年产量超 23 万吨

2001年9月,景兴纸业按照职工捐资及企业等额划拨的原则,成立了平湖地区首家"1＋1"互助互济基金,采用"职工捐一点、企业拨一点"的资金筹集办法,建立贫困职工的救助机制,为遭遇生病住院、工伤、车祸和意外灾害的职工发放救助金。

辅车相依,唇亡齿寒。

景兴人在泥泞蜿蜒中相互扶持,用爱意点亮了别人,也照亮了自己前行的道路,公司的凝聚力日益提升。

2002年1月,景兴纸业通过浙江省资源综合利用企业重新认定,"浙江景兴纸业ERP系统"通过浙江省科技成果鉴定。同月,景兴纸业《员工手册》颁布实施。3月,股份公司年产100万吨造纸规模规划通过论证。

2002年6月,10号机(PM10)第一卷纸出厂,15万吨纸机于6月15日正式顺利试产,景包二期工程关键项目——1 600

▲ 2002年6月15日 PM10第一卷纸

瓦楞纸板流水线也进行了安装完成后的首次全面调试。

2002 年 9 月，景兴纸业申报国家级包装纸板开发生产基地顺利通过认证，获中国包装技术协会批复，从次年 1 月起正式成为国家级包装纸板开发生产基地。

2002 年 10 月，景兴纸业顺利通过 ISO14001：1996 环境管理体系认证（证书号：26/02E0105R00）。

2002 年 11 月，景兴纸业技术中心被认定为第五批省级技术中心。

2002 年 12 月，浙江景兴纸业股份有限公司被农业部评为"2002 年全国第四批乡镇企业创名牌重点企业"。

2003 年 2 月，浙江景兴纸业股份有限公司被浙江省经济贸易委员会授予"浙江省 2002 年度管理信息化先进企业"称号。4 月，景兴纸业获得浙江省经贸委员会、浙江省环境保护局颁发的省级"绿色企业"称号，这也是浙江全省首批获此殊荣的企业。同月，公司开展 ISO14000 标准培训工作。

交流合作修内功

公司的变化还不止于此。

2002 年 9 月，浙江景兴纸业集团造纸有限公司与日本制纸株式会社、日本纸张纸浆商事株式会社在平湖市政府会议中心举行合资签约仪式，共同投资 5 亿元成立浙江景兴特种纸有限公司，着手兴建一条年产 15 万吨高强度瓦楞原纸的生产线。

这也被看作景兴纸业发展历史上的一个重要战略节点。

2002 年 6 月，景兴纸业集团造纸有限公司 15 万吨纸机正式顺利试产；同月，景包二期工程关键项目——1 600 瓦楞纸板流水线进行了安装完成后的首次全面调试。10 月，浙江景兴造纸有限公司年产 15 万吨高强度瓦楞纸项目开工。11 月，股份公司、造纸有限公司顺利通过 ISO9001:2000/14001:1996 认证审核。12 月,景兴包装材料有限公司顺利通过 2003 年度 ISO9001 质量管理体系、ISO14001 环境管理体系一体化监督审核。

新的世纪,景兴纸业的发展令人眼花缭乱。

2005 年 5 月,景兴纸业股份有限公司 30 万吨利用废纸纤维再生绿色环保包装纸项目,被列入"第一批 2005 年度省重点建设项目名单"(浙重建〔2005〕2 号)。2005 年 11 月,废纸纤维再生绿色环保包装纸项目开工奠基仪式,这标志着公司产能更上一层楼。

2006 年初,景兴纸业在浙江省造纸行业中,率先从荷兰引进先进内循环厌氧反应器,建设一套日处理 6 000 吨的厌氧好氧处理设施。这也是浙江省内第一个采用此项技术的造纸企业。

2006 年 6 月,浙江景兴纸业造纸有限公司 15 万吨牛皮箱纸板生产线网部脱水系统技改项目竣工并通过验收。

2006 年 8 月,中国保护消费者基金会推介景兴纸业为"全国市场质量放心、服务满意示范单位"。

景兴纸业在激烈的市场搏击中逐步站稳了脚跟,并建立起日益牢固的竞争优势。

成功上市铺新程

2006 年 9 月 15 日,景兴纸业(股票代码:002067)在深圳证券交易所挂牌上市,公司注册资本 119 392.883 5 万元。景兴纸业也成为全流通时代中小板浙江企业上市第五股。

造纸属于资金密集型行业,企业需要多轮融资才能扩大规模,但民营企业在创业初期,由于经营效果不好,借贷难度大、融资渠道少。景兴纸业的成功并非一蹴而就，从最初小规模的资本积累、管理优化，到 2006 年深交所挂牌上市，景兴走过了深入沉潜、栉风沐雨的二十多年。这二十多年，是改革开放后中国经济快速腾飞的黄金时期，正因为有企业领导者殚精竭虑的筹谋与规划，有工作者兢兢业业的努力与辛劳，才有了乘风而起、蓬勃发展的景兴。

▲ 2006 年 9 月，公司举行新股发行网上路演

▲ 2006 年 9 月景兴纸业上市仪式

公司上下戏称上市过程为"八年奋斗"。为什么叫"八年奋斗"？一是公司从 1998 年开始就谋划上市工作，1998 年 7 月，时任集团公司总经理的朱在龙向来访的相关领导、友人通报了关于公司发展情况和上市计划及各项准备工作进展情况；二是从资料准备上，公司是从 2001 年进行股份制公司改制以后，正式准备材料进行申报的，但申报材料到证监会需要此前三年的财务数据，所以 2001 年申报，必须提交 2000 年、1999 年和 1998 年的财务数据。整个上市过程，其实是从 1998 年开始，一直到 2006 年上市成功。

算起来正好八年！

2007 年 10 月 19 日，中国证监会发行审核委员会召开第 132 次发行审核委员会工作会议，审核通过并以证监发行字〔2007〕370 号文核准景兴纸业再次公开发行不超过 12 000 万股股票方案。公司采取网上、网下定价发行的方式于 2007 年 11 月向社会公开发行人民币普通股（A 股）9 300 万股。

景兴纸业的上市，实现了由集团企业到股份企业再到上市公司的华丽转型，公司也进入新一轮发展的快车道。

不驰于空想，不骛于虚声。

上市并没有让景兴纸业的领导层变得浮躁或安逸享受起来，朱在龙和班子成员不忘初心，非常冷静地站在新起点谋划新局，继续扬帆远航。

2007 年 3 月，浙江景兴纸业股份有限公司和澳大利亚西尔有限公司共同投资组建浙江景兴板纸有限公司，注册资本为 4 450 万美元。

2008 年 6 月，阳明海运股份有限公司与浙江景兴纸业股份有限公司及其 3 家下属企业的进口中转运输直通关协议正式签订，自此，景兴纸业已和上海海华、东方海外、达飞、中外运等 10 家船公司签订了此类直通关协议。

除平湖生产基地外,景兴纸业还在多地设立生产基地和贸易投资公司,同时,也在海外设立公司,打造全生态的造纸产业链。景兴纸业与国内外众多家电日化、电子电商、食品饮料、烟草、化工、医药等行业知名企业建立了长期密切的合作关系,并投资浙江莎普爱思药业股份有限公司等。

健康、可持续的产业生态链又让景兴纸业获得健康、可持续的发展动力,在业内外产生了广泛的影响力和美誉度。

2008 年 9 月,景兴纸业被全国工商联纸业商会评为"中华蔡伦奖"杰出企业奖。同年 12 月,在纪念改革开放 30 年民营企业系列成就颁奖典礼上,景兴纸业荣获"最具成长性民营企业"荣誉称号。

2009 年 6 月,景兴纸业入围浙江省工业行业龙头骨干企业名单;10 月,景兴纸业被中国包装联合会纸制品包装委员会评定为"五星级企业",被中华全国工商业联合会纸业商会授予"十佳优秀会员"荣誉。

2009 年 10 月,景兴纸业 PM15(4800 mm 叠网纸机)白面牛卡纸项目正式安装启动。

2010 年 6 月,景兴纸业被中国造纸协会、中国财贸轻纺烟草工会授予"全国造纸行业劳动关系和谐企业"称号。7 月,景兴纸业入选"2010 浙商全国 500 强"。

管理生产齐提质

2006 年至 2010 年,正值国家推进"十一五"规划建设。"十一五"期间,我国造纸工业进入快速发展期,同时,造纸产业也面临着资源约束和环境压力等问题。由于受到资源、环境等方面的约束,造纸企业必须在节能降耗、保护环境、提高产品质量和经济效益方面加大工作力度,朝着高效率、高效益、低消耗和低排放方向实现可持续发展。

有了新平台，就要有新作为。

2006年对景兴来说喜事连连，景兴纸业的成功上市，45万吨项目的如期竣工，60万吨项目的开工奠基……一个又一个喜讯，无不昭示着景兴纸业又一次进入快速发展的新时期。

此时，朱在龙提出了探索效率领先、人才领先、技术领先、绿色领先的战略构想和目标。

探索效率领先

在大大小小的会议上，在公司的车间、办公室里，朱在龙都会强调生产管理效率要提高。

公司将提高效率深植在发展基因中。

公司持续推进品管圈工作。2008年9月，景兴纸业第六届品管圈发表大会胜利召开；11月，杭州万泰认证公司对景兴纸业2008年度质量/环境管理体系外审工作顺利完成。2010年12月，景兴纸业召开2010年人事、计划、管理工作会议，会议的主题就是"深化内部管理，提升工作效率，为全面完成2010年各项目标而努力奋斗"。

景兴纸业是中国设备管理协会第十届全国设备管理优秀单位。公司按照2018年5月"中设〔2014〕28号文件"精神，积极实施"企业设备管家体系"，提出努力实现"设备零故障"目标，取得积极成效。

景兴纸业产品作业线犹如钢铁企业的轧制作业线，是属于连续生产、长流程作业型的工业设备产品作业线。景兴纸业通过企业高层领导放权、管理重心下移，以"责任结果"为导向，以合理报酬及员工的满意度为前提，充分调动作业在第一线员工的积极性。为了实现"设备零故障"，公司还努力把设备的"停产时间"减少到最低限度，推行"三位一体的产线设备管家"管理，

▲ 2011 年 9 月 23 日，戈海华在第 11 届品管圈发表大会上讲话

并提出"景兴纸业设备管理模式"。2008 年 3 月，措施刚一实施就创造了 10 号机连续 85 天没有因机械设备故障引起非计划停机的新纪录。

2009 年 4 月，景兴纸业荣获 2008 年度"安全生产先进单位"称号，被中国包装联合会评为 AAA 级信用企业；同月，在中国造纸协会第二届理事会第二次会议和中国造纸协会第三届会员代表大会上，景兴纸业获得"全国制浆造纸企业 30 强"殊荣。

2009 年 8 月，景兴纸业被评为嘉兴市信用管理示范企业。

2018 年 6 月，《中国设备工程》杂志对景兴纸业推进效率领先、实现"设备零故障"的做法进行了集中报道。

2018 年 11 月，中国设备管理协会授予景兴纸业"第十一届全国设备管理优秀单位"称号。

2024 年 5 月 25 日，在景兴纸业第七届九次职工代表大会暨 2023 年度党群组织表彰大会及降本增效动员大会上，朱在龙强调：（1）统一思想，开源节流。通过优化客户结构，挖掘优质客户,实现产量和销量的双提升;依托企业研究院、引进人才等资源,通过合理利用原材料和纤维的配比、精确化学品的使用、优化工艺流程等措施降成本增效益。(2)节能降耗,提高效率。重点关注设备点修、检修、维护保养的工作成效,提高故障预见性,从而减少非计划停机时间,提高纸机运行率,将单位能耗降到极致。(3)减员增效,机器换人。优化人员结构,提升在岗员工的能力素质和工作效率,以达到"减人"和"增效"的目的。(4)加强创新,降低成本。通过技术创新、工艺创新、员工微创新等多种途径降成本;利用精益 TPM、阿米巴、云平台等工具深挖潜力,并把降本方案分解到每一个产品品种,让产品真正具有市场竞争力。

探索人才领先

景兴纸业高度重视人才的选拔与培养,坚持"德才兼备、以德为先",采用"从外部引进人才、内部选拔人才、送出去培养人才"的方式,打造了一大批有能力、有抱负、有担当、有技术、有韧性、有闯劲的人才队伍。

景兴纸业坚持"人尽其才、才尽其用,善待员工就是善待企业"的人才管理理念,致力于培养和造就一支优秀的人才队伍,向外引进高学历人才,向内挖掘优秀人才,为公司人才库建设储备人才资源。

景兴纸业长期与国内外高校开展合作项目,一方面高校为企业提供优秀的研究人员以及研究方向,另一方面企业为高校提供场地和资金以及必要的原材料支持,让研究成果共有共享,实现校企间的互惠共赢。

例如,与浙江科技学院(现浙江科技大学)环资学院合作,从2019 年起设立"景兴纸业创新育人基金"(即"景兴学业奖");合作创立"国家级工程实践教育中心""卓越工程师项目",联合培养硕士专业学位研究生、本科生、大专生。

景兴纸业积极鼓励员工自主开展拓展性学习，并给予一定的补贴，同时积极推动企业与浙江科技大学、天津科技大学等院校联合培养硕士、本科和大专生。此外，从战略发展及长远考虑，公司选派管理人员参加平湖市工商联与上海交通大学联合举办的 EMBA 高级研修班等。

景兴纸业重视技能大师工作室建设，其中：

张小红技能大师工作室于 2013 年 12 月创办，由浙江省劳动模范、浙江省首席技师、国务院特殊津贴享受者张小红领衔。工作室现有 9 名成员，成员学历层次高，涵盖硕士、本科、大专学历；成员专业经验丰富，其中 5 名为高级工程师，4 名为工程师。自工作室成立以来，成员负责研发项目 70 余项，重点攻关课题 40 余项，荣获嘉兴市科学技术进步奖 2 次，在国内期刊发表论文 20 余篇，30 项专利获得授权，其中发明专利 7 项。

陆建新技能大师工作室于 2015 年 11 月创办，由嘉兴市优秀技能人才陆建新领衔。工作室现有 15 名成员，积极开展专题研究、开发和技术攻关工作，获得平湖维修电工技能大赛前三名荣誉 3 人次、平湖市青年岗位能手 1 人次等，在《中华纸业》《浙江造纸》等刊物发表论文 3 篇，获得实用新型专利 2 项。

方瑞明技能大师工作室于 2017 年 5 月创办，由嘉兴市劳动模范、平湖市首席技师方瑞明领衔。工作室现有 6 名成员，其中具有本科学历 2 名，大专学历 4 名，成员都具有工程师职称，皆有从事 10 多年机械设备维修保养的丰富经验。成员负责重点设备攻关课题 20 余项，获得平湖市金桥工程项目 1 次，获得公司改革攻关优秀项目 1 次，获得公司科协优秀成果奖 1 次。年组织培训 30 余次，为公司培养机修钳工二级技师 22 人，获得实用新型专利 1 项。

陈良杰技能大师工作室于 2024 年 5 月创办，由世界技能大赛冠军、全国技术能手、浙江工匠、平湖市首席技师陈良杰领衔。工作室现有7名成员，成员专业技能经验丰富，其中1名全国技术能手、2名工程师、1名助理工程师、2名技师、1名高级技工，获得世界残疾人职业技能竞赛冠军1人次，现有2项发明专利、2项实用新型专利。

褚其根技能大师工作室于2022年11月创办，由平湖市优秀技能人才褚其根领衔。工作室现有6名成员，积极开展专题研究、开发和技术攻关工作，成立以来开展技改项目3项，提升生产效率，减少生产损耗，并通过培训考核，企业自主认定技师、技工80多名，同时获得发明专利1项、实用新型专利8项。

公司两年一次举办员工技能比武大赛，既为员工提供学习交流、提升技能的机会，也营造职工学技术、练技能的良好氛围。

景兴纸业搭建完备的学习与晋升平台，通过内部竞聘、末位淘汰等机制，培养员工"比、学、赶、超"的工作热情，激发员工的工作积极性，让各层级人员都能得到发展和晋升。

探索技术领先

工欲善其事，必先利其器。

长期以来，我国造纸工业规模和结构的不合理以及技术设备的相对落后，一度造成了我国造纸工业资源消耗量大、排污量大的发展困境，企业发展过程中环保压力很大。据报道，2010年前后我国排名前十位的造纸业公司与世界前十位相比较，生产仅占十分之一，企业规模无法与其比拟，这极大地限制了企业技术设备水平和产品质量的提高，对水、大气等环境污染的有效治理方法、策略也相对滞后。

景兴纸业站到新的历史平台，努力自觉担当，不断进行生产技术改革，转变生产方式。朱在龙说，景兴纸业不怕竞争，但要走出低层次竞争，就要在成熟技术和全面质量管理的基础上，在差异化和价值经营上多动脑筋，延伸产业链，提高附加值，把产业门槛筑起来，把企业特色做出来。"特色的关键是要有核心产品和核心技术，其中核心技术是核中之核。"

朱在龙带领景兴纸业以技术改革创新为核心，向低消耗、高效率的环保型生产方向转变，使企业实现产业升级，实现产能更加高、生产更环保的造纸技术，实现生产发展和保护环境和谐相互促进，在此基础上增强公司盈利能力，扩大企业规模。他强调，在当前激烈的市场竞争中，企业需要不断推进产品技术、智能化、自动化等技术创新，提高生产效率、降低成本，以满足市场需求。

景兴纸业通过推进智能制造、精益管理等措施，不断优化业务流程、提高企业效益。

近年来，景兴纸业积极向外引来科技"活水"，公司设立了博士后工作站和院士专家工作站。探索校企联合培养创新人才的新模式，相继与浙江大学、南京林业大学、浙江科技大学、嘉兴大学、华南理工大学、陕西科技大学、中国制浆造纸研究院等国内

▲ 2017 年 9 月 27 日，景兴纸业博士后进站仪式暨开题报告会

知名院校和科研机构建立长期合作关系。同时，公司注重员工素质提升、薪资结构完善等方面，提高员工积极性和工作质量，为企业发展提供有力支撑。针对原料检验的一体化智能管控功能项目的实施，将进一步提高企业的管理水平和智能化水平，为企业的可持续发展打下坚实基础。

探索绿色领先

在探索效率领先、人才领先、技术领先的基本战略目标中，朱在龙增加了探索绿色领先。他认为，产业生态链建设是企业着眼长远布局，提高核心竞争能力的重要一环。企业之间的竞争，实际上就是产业生态链的竞争，考验的是企业对供应链协同、调度和配合的综合能力。

▲ 景兴纸业先进的环保设备

▲ 2019年10月获第四批国家级绿色工厂荣誉

朱在龙认为，国家战略和未来行业发展方向对环保、节能、绿色发展的要求越来越高，企业必须及早谋划，走在前面，"晚做不如早做"。早在2006年，公司就从荷兰引进先进内循环厌氧反应器，2007年4月4日，该项目通过嘉兴市"五县两区"现场评审，获得上级有关部门及专家的一致肯定。

上市之后的 2008 年,景兴纸业引进先进废水处理设备及工艺技术,严密责任考核管理。针对 13 号机废水处理系统运行中存在的废水处理能耗高、化工消耗高及污泥量大等实际情况,公司通过对 10 号机、12 号机、13 号机 3 套废水处理系统运行情况的分析,提出了优化治理方案,投资 60 万元利用原先管道和设备进行废水合并改造,每月可节省处理成本 20 万元左右。公司投资 4 500 万元建成的废水处理项目顺利通过预验收,开始运行。

　　至此,景兴纸业的节能减排上了一个新台阶。

　　2008 年 9 月,景兴纸业引进南京神克隆科技有限公司的污泥回收处理技术,该技术方案通过污化法和电化法,对污泥车间产生的含有大量细小纤维的污泥进行处理后添加到浆料中抄纸,从"末端治理"前移到生产全过程。通过在前端把废水中的细小纤维拿出来回用,减轻末端污水处理负荷,达到降低生产成本、减少环境污染的目的。

　　2009 年 4 月,景兴纸业投资 2 000 多万元启动了沼气发电综合利用项目,建设 4 台 500 kW 沼气发电机组及配套设施,利用厌氧产生的沼气发电,年可发电 1 091.4 万 kWh,该项目是沼气生物能开发绿色电力和热力资源,是一项集变废为宝、环境保护、清洁能源、循环节约为一体的资源综合利用技术。

　　2009 年 5 月,公司另一资源回收项目——利用造纸废塑料造粒子项目建成运行,该项目每年处理废塑料 3 000 吨,可有效回收利用公司的造纸废塑料。

　　同时,公司结合 ISO14001 体系的推行,通过技术改造,节能降耗,在吨纸的能耗、吨纸的耗水方面达到国内先进水平。

　　面对市场竞争,景兴人高瞻远瞩、开拓进取,向着投资商、制造商、运营商"三商一体"就位,打造全产业链发展优势。在巩固造纸龙头地位、发展绿色造纸的同时，加快发展上下游浆板、造纸、包装产业，致力于成为行业更优秀、更专业的纸品供应商。同时景兴纸业利用人才优势和资本优势，积极向医疗大健康、智能制造、环保新材料领域拓展。

一直以来，景兴纸业都将治水治污视为己任，通过技术创新走在行业前列。从 2002 年开始，公司将处理后符合排放标准的废水全部纳管，20 多年来没有向河道排放一滴污水。

新征程上助大局（2012年至今）

凡益之道，与时偕行。

2012年11月，党的十八大胜利召开，开启了新的历史征程。景兴纸业也进入新的历史发展时期。2019年，景兴纸业立足国内、布局东南亚，探索国内国际市场的新天地，勇挑重担，切实履行企业社会责任，助力党和国家中心工作。

转型升级谋新篇

生活用纸项目可以说是完善景兴纸业产业链最具特色的代表产品，景兴积极谋划包装和生活两种纸品的"双轮驱动"。

▲ 景兴纸业的漫森活环保再生纸系列

2012年9月，景兴纸业年产6.8万吨高档绿色环保生活用纸项目开工建设。2012年10月,公司组建后道加工生产车间。11月,生活用纸加工车间建成并顺利投产,景兴纸业开始了包装用纸和生活用纸"两条腿走路"的发展模式,进一步优化产品结构。

2014年,公司投产6.8万吨原纸产能,逐步完善生活用纸项目从前道生产到后道加工的产业链整合,为生活用纸项目产品品质提供了重要保证。

2014年5月,景兴纸业PM16(5 650 mm长网纸机)高强度瓦楞原纸项目正式安装启动。2015年底,项目正式投产。高强度瓦楞纸实现在保持纸张强度不变的情况下,可减少30%能源消耗的重大突破。

2016年11月,景兴纸业举办上市十周年庆典暨"品萱"生活用纸新品发布会。2017年4月,公司自主品牌"品萱"天猫旗舰店正式营业,标志着"品萱"生活用纸向线上、线下双渠道销售迈出重要的一步。

▲ 2016年11月28日上市十周年暨"品萱"新品发布会

▲ 2020 年 11 月 20 日，年产 12 万吨天然抗菌高品质生活用纸项目奠基仪式

▲ 景兴纸业年产 12 万吨天然抗菌高品质生活用纸 TM6 生产线

　　特别值得注意的是，景兴纸业也在发力探寻传统产业"迎风而起"的文化转型之路。

　　2023 年春节，景兴纸业大胆尝试，与故宫博物院联名推出"纳福迎祥"文创餐巾纸——每一张大红色的纸巾上，都印有故宫院藏文物的纹饰，成为不少人争相"一睹芳容"的"网红"。在故宫博物院文创旗舰店里，这款景兴纸业产的文创餐巾纸一盒售价为 29 元,身价比普通餐巾纸翻了三倍多。

景兴纸业正打开新境界,潜力无限,未来可期。

聚才引智拓新路

2017 年 4 月,浙江省博士后工作办公室同意景兴纸业设立博士后工作站,11 月获得省人力资源和社会保障局授牌。

2018 年 4 月,景兴纸业召开院士专家工作站交流会,倪永浩院士及其专家团队参加会议。公司借助院士专家工作站等平台,不断加强双方间的交流沟通,紧紧围绕合作项目,在科技创新、解决技术难题等方面成效卓著,大大提升了景兴纸业的创新力和竞争力。创建院士专家工作站仅一年时间就取得了 1 项实用型专利、2 项发明专利和 1 篇 SCI 科技论文的科研成果;第二年,申请发明专利 2 项、实用型专利 3 项,在国内外期刊上发表学术论文近 20 篇。工作站的成长有目共睹,既有利于公司创新型科技人才队伍培养,又引领公司自主创新能力和产业转型发展。

▲ 倪永浩院士参观来访

▲ 2022 年 9 月 2 日，陈克复院士到景兴纸业交流指导工作

2019 年，昆明理工大学 2 位老师和 28 名轻化工程专业大学生首次来公司进行专业实习。他们跨越 5 000 里，乘坐绿皮火车从西南春城昆明来到嘉兴。他们先后参观了公司职工生活区、公司文化展厅、环保车间和生活用纸车间。经过几个月的实习，他们不禁感慨，原来生产车间可以这么干净整洁。配套设施完备的职工生活区、丰富多彩的文体活动，让他们看到了无限美好的未来，尤其在看到马来西亚的战略投资项目后，他们意识到这正是自己建功立业的机会，最终有 9 名学生主动报名参加公司组织的面试交流。

景兴纸业不再是那个名不见经传的造纸小厂，而是华丽转身为对国内各高校学生有着强烈吸引力的国际化大型企业。

实践是检验真理的唯一标准，就是要求学以致用，将知识转化为社会生产力。作为新时代有理想、敢担当、能吃苦、肯奋斗的青年一代，更应当从实践中来，到实践中去，在实习基地磨炼技能，在工作岗位从零开始。

周国平曾说："世上有一样东西，比任何别的东西都更忠诚于你,那就是你的经历。"

王志明总经理也曾对公司的大学生们提出了更高的期待,他说:"希望你们在入职伊始及时摆脱'倦学'心理,拥有'归零'心境,怀揣'空杯'心态,在实际工作中累积和沉淀经验,将理论基础与实践技能相结合。"王志明掏心窝子的话来自多年的工作实践,他见证了景兴纸业步步壮大的过程,深知业由才广的道理,但是他也更加清楚,"心中醒,口中说,纸上作,不从身上习过,皆无用也"。

多年来,公司不断拓宽人才培养平台,完善人才选拔机制,激发人才工作潜能,采用师带徒、轮岗转岗、竞聘、中青班培养、基层管理及班组长,设备人员开班集训等多活动多种渠道,全面培养、筛选和选拔人才。

朱在龙在 2017 年的中青班开班仪式上谈道:"打造百年景兴,需要在人才梯队建设方面做精做强,大力培养复合型人才。"他要求大家把目光放得远一些,把步子迈得稳一些,以培训为依托,加快企业人才培养体系建设,让员工持续发挥自己的比较优势,释放创新活力。中青班作为景兴纸业的"黄埔",是人才梯队建设的"蓄水池"和"生力军"。第一期中青班通过层层考核和选

▲ 2017 年 5 月第一期中青班启动仪式

▲ 2017 年 5 月，景兴纸业中青班之派外培训

拔，最终确定 27 名学员，培训采用以专题授课为主，以研讨交流、案例教学、挂职锻炼为辅的教学方法组织开展。培训课程涵盖品德修养、管理理念、业务实操等各个方面的专业知识，旨在培养品德修养高、管理能力强、业务水平精、工作干劲足的高素质复合型人才。高质量发展是全面建设社会主义现代化国家的首要任务，答好高质量发展的时代之问，就要求企业担负起培养高素质复合型人才的重任，以适应新形势和新要求下的产业迭变。中青班培养起来的一代新生力量，既有业务精干的"才"，又

▲ 景兴纸业第一期中青班结业

具备勇担使命的"德"。2020年11月中青班二期正式开课,他们又以反哺的形式进入人才培养的链条中。

2020年12月,安兴业博士进入浙江景兴纸业股份有限公司博士后工作站。他主导的国产OCC制浆中淀粉回收技术自2021年在景兴纸业推广以来,已经为企业带来直接经济效益500万元,间接效益达千万元以上。

国家与企业就是水和鱼的关系,国家战略目标指向就是景兴纸业人才战略制定的基本依据。为深入贯彻国家高质量推进"一带一路"建设总体部署,助力浙江"一带一路'丝路学院'"建设,服务嘉兴"走出去"企业人才需要,景兴纸业于2019年结合公司战略目标、围绕改革需求制订培训计划,坚持以内训为主、外训为辅的原则开展培训工作,建立了内部讲师管理制度,同时积极筹划景兴大学的建设,组织了在线学习系统的调研等工作。2023年景兴纸业更是与马来西亚优理大学在嘉兴南洋职业技术学院共同签订了中马"丝路学院"合作框架协议,携手共建"一带一路"人才培养培训基地。

新征程上重唤工匠态度,2023年3月9日,景兴工匠学院

▲ 2023年3月9日,景兴工匠学院成立

在程正柏的牵头筹办下宣布正式成立。

2023 年 11 月，浙江景兴纸业股份有限公司绿色低碳造纸技术研究院被成功认定为浙江省重点企业研究院，成为平湖市首个省重点企业研究院。

▲ 景兴研究院外景

智能制造展新貌

2021 年，工信部、发展改革委等八部门联合发布《"十四五"智能制造发展规划》，明确指出到 2025 年，规模以上制造业企业大部分实现数字化网络化，重点行业骨干企业初步应用智能化；到 2035 年，规模以上制造业企业全面普及数字化网络化，重点行业骨干企业基本实现智能化。

景兴纸业较早就倡导"减员增效""双增双节"的工作方针。自 2015 年开始，通过成立"机器换人"推进小组，带领全员围绕"双增双节"开展工作，加快推进企业向数字化、网络化、智能化转变。

2018 年 6 月,《中国设备工程》宣介景兴纸业积极实施"企业设备管家体系",努力实现"设备零故障"做法与成效。

2018 年 11 月,中国设备管理协会授予景兴纸业"第十一届全国设备管理优秀单位"称号。

2019 年,景兴纸业在智能造纸方向上与先进造纸装备企业实现合作,共同打造智能造纸的全新模式。针对各部门的实际情况,公司明确提出应关注点和突破点,如加快策划实施集中供气等技术手段以进一步做好节能工作,加强技术研发能力,引入自动化和智能化设施以提升工作效率,以及持续跟进改革进度和成效,等等。安全和环保是公司发展的生命线,必须具备预见性,外树形象、内抓管理,以确保安全、环保无事故,使公司健康发展并树立正面形象。多年来,公司深入精益项目、"双增双节"等活动,覆盖整个生产经营,在经济形势不明朗、经营压力大的情况下,努力保持现有优势并脚踏实地稳步发展。

景兴纸业通过智能物流、大数据看板等信息化系统的升级优化等方案,进一步推进智能制造。公司强调每位管理人员都要树立横向到边、纵向到底的意识,从精神层面、行动行为、规范

▲ 2015 年 11 月,公司从法国引进先进生产线

▲ 景兴纸业的 ERP 系统

▲ 景兴纸业的智能工厂数字平台界面

▲ 景兴纸业的自动化机械手臂

上不断创新,优化业务流程,提升业绩。公司在加强精益管理、推进减员增效、降本增效各项改革方案的同时,对标优秀企业,提高员工素养,完善薪资结构,提高自动化程度等,实现企业向智能化、自动化迈进。

近年来,景兴纸业逐步向"以纸代塑"产品优化转型,并不断向智能包装产业发展,拓宽产业链、丰富公司产品,不断在市场竞争中获得更大的优势,满足客户需求,提高企业的发展潜力和可持续性,强化企业抗风险能力;同时,落实环保理念,为推动绿色、可持续发展做出积极贡献,为企业的可持续发展打下坚实基础。

2023 年 1 月,景兴纸业荣获 2022 年度第二批"浙江省智能工厂"荣誉称号,这是对景兴纸业管理创新、精益生产的肯定,也是景兴智能工厂建设成果得到权威认可的生动体现。景兴纸业始终坚持以创新谋发展,深化数字赋能,致力于成为行业转型升级、创新发展的标杆。

景兴纸业将数字化生产融入绿色制造基因,在瞄准产业智能化、数字化,打造智能工厂的同时打造绿色工厂,提升信息化协同融合管理,实现数字化管理,打造造纸行业数字化管理的"景兴方案""景兴样板",为整个行业产业数字化朝着更高更好的方向发展提供"景兴智慧"。同时,景兴纸业将持续深化智能制造、绿色制造升级改造,为平湖市推进智造创新建设,全面加快制造业"两化"改造、"智造"跨越贡献力量。

景兴纸业依托华南理工大学雄厚的科研力量,成功打造数字化运营云平台,锻造出高效的数据服务能力、精准的数据建模能力、可靠的数据安全保障能力、清晰的数据可视化展示能力。2023 年,景兴纸业成功入选 DCMM 试点企业名单,公司数据管理的能力和水平得到了权威认可。截至 2023 年,景兴纸业管理体系建设已经整合了 13 个模块,形成了 90 多项制度。

正是企业管理的一系列变革,引领未来的创新与转型的无限可能。

景兴纸业的实践证明，借科技之力，传统产业完全能够以新的姿态立于经济大潮的波峰浪尖，甚至成为一个地区经济持续发展的支撑点。促企业从"生产制造"转向"绿色智造""智慧制造"，景兴纸业将继续做好可持续发展的坚定践行者。

布局海外建新功

凡益之道，与时偕行。

推动共建"一带一路"高质量发展，是历史潮流的延续，也是面向未来的必然抉择。景兴纸业携资本优势、人才优势、投资管理优势、全产业链优势，在国内外广阔市场上纵横驰骋，一次次奔赴壮阔远征，版图在延伸，格局在放大。

21世纪中国企业的全球化，不仅表现为产品对外出口，更表现为在全球精选产业链布局，在地生产、在地销售、在地服务、在地进行产品开发。如此，不仅可以摆脱贸易壁垒的限制，还可以带动源自中国的核心产品、材料等出口。

也许，在很多平湖人的记忆中，景兴纸业还是开发区那一片园区，然而，景兴纸业早已在此基础上，坚韧图强，以创造性的努力，探索出了一片全新的天地。

早在2019年年初，景兴纸业就开始赴马来西亚、柬埔寨、越南、中国台湾等地考察。不管是政治因素，还是行业在当地的整体情况、投资环境，都要跟当地政府谈，比如优惠政策。综合考量后，公司最终决定在马来西亚投资建厂。马来西亚可以进口"美废"，在当地将"美废"制成纸浆后，再运回国内。从2020年下半年开始，中美贸易争端升级，国内产品无法出口到美国，原来进口废纸是零关税，后来变成要收取6%的关税，即便如此，国内尚能消化产能，也还有一些盈利空间。2021年1月1日起,国家明文规定禁止进口"美废",这也是公司开始进军马来西亚的一个转折点。

朱在龙带领企业在马来西亚雪兰莪州投资建设年产80万吨废纸浆板及60万吨包装原纸生产基地的项目,总投资额29 940万美元。该项目生产基地距吉隆坡市中心50公里,距机场20公里,距马来西亚最大港口——巴生西港40公里,交通极为便利。2019年,景兴控股(马)有限公司与马来西亚金狮集团投资合作签约仪式在景兴纸业举行。

▲ 2019年景兴控股(马)有限公司与马来西亚金狮集团投资合作签约仪式在景兴纸业举行

▲ 马来西亚工厂全景图

时代的景兴　因纸而兴

▲ 2019 年 12 月 16 日，年产 140 万吨浆板及包装用纸奠基仪式启动

到马来西亚去投资，无疑是景兴纸业历史性的大跃升。"一带一路"建设加速了景兴纸业的国际化进程。2021 年 3 月，公司第一批技术人员，由公司总工程师廖昌吕带队，队员沈斌、李力勋、黄丽君、沈海涛、陈佳丽 6 人率先"出征"马来西亚。

2023 年 5 月 28 日，马来西亚项目（一期）年产 80 万吨废纸浆板项目首次开机成功，顺利生产出首批浆板纸。目前，马来西亚项目已开始试生产，所生产的再生浆比从中国台湾和印度进口的纸浆都要好。虽然原料都是"美废"，但是印度和中国台湾的设备不是专门用来生产纸浆的，而是原本用来造纸的设备，工艺也比较简单。造浆市场是新兴市场，有一定的盈利空间。马来西亚项目生产的再生浆部分可以替代木浆。

曾经，景兴纸业因为一个时代的变革而生，如今，面对更广阔的国际国内市场，景兴纸业始终保持一份初创者的果敢与进取。

景兴纸业稳中求进，志存高远。

▲ 马来西亚工厂大门

▲ 2023 年 12 月 1 日，朱在龙拜访马来西亚工业发展局(MIDA)，与 MIDA 副总裁 Mr. SIVA 进行交流

▲ 2021 年 3 月，公司第一批技术人员，由公司总工程师廖昌吕带队，队员沈斌、李力勋、黄丽君、沈海涛、陈佳丽 6 人率先出征马来西亚

▲ 2023 年 5 月 28 日,马来西亚项目(一期)年产 80 万吨废纸浆板项目首次开机成功,顺利生产出首批浆板纸

在跌宕起伏中,很多人因恐惧而无所作为,朱在龙却一次次看到新的机会。对外把握时代的变化、全球化的变化、技术的变化、政策的变化、消费者的变化,对内持续推动变革,景兴纸业敢于也善于以"归零心态""空杯心态",一次次打破路径依赖,跳出平庸陷阱,一次次突围,一次次跃升。

景兴纸业已经发生并继续发生着惊人的跃变!

跃是产业跃进、技术跃升、能力跃动。"跃"来自"变",来自40 年的不断变革,包括体制变革、战略变革、组织变革、文化变革等等。景兴纸业勇于尝试,不怕挫折,在改革中成长,在开放中壮大,这是朱在龙和他的团队用业绩与市场表现展示的景兴纸业的生命力和血性。

这,便是景兴纸业的初心!

II 追求卓越的景兴基因

"种一棵树最好的时间是十年前，其次是现在。"

景兴纸业的发展，折射出改革开放年代中国企业的成长历程。曾如小舢板般的小企业，今天已经成长为一艘巨轮，在世界经济的汪洋大海中劈波斩浪，勇敢向前。景兴纸业以技术为依托，以品质求生存，以服务争市场，以效益谋发展。面对市场竞争，景兴人高瞻远瞩、开拓进取，在巩固造纸龙头地位、发展绿色造纸的同时，加快发展上下游浆板、造纸、包装产业，努力成为行业更优秀、更专业的纸品供应商。

景兴纸业这几十年的成长也如同种树，这棵树抓住了每一束阳光，每一滴雨露，每一个能够助益自己乘风破浪的瞬间。这种对时机的把握，来自管理者审慎的考量，来源于扎根土壤的基层员工力量，诞生在园丁每一刀精细的修剪之中。正是因为构建了一方秩序井然的天地，才有今天常青的景兴之树。

景兴纸业取得的成就和荣耀，乃是基于其独特的发展根基、发展基因、发展密码。

以党建引领发展

在社会主义市场经济体制中,民营企业是重要的参与主体,发挥着重要的作用。党的十八大以来,非公有制企业党建工作不断加强,不断把经济"最活跃地带"打造成为党建"最坚强阵地"。但就实际情况而言,不少民营企业党员数量相对较少,党组织力量不强,可能产生党建和企业业务之间脱节的风险,导致党建无法更好地引领业务发展,企业无法有效地将党建与企业文化建设融合到一起,影响企业文化竞争力和凝聚力的加强。

作为红船旁成长起来的民营企业,景兴纸业党委积极贯彻落实中央要求,推动完成"党建入章"工作,把党的领导总的要求、党建工作总的要求、党组织的职责权限、机构设置、运行机制、基础保障待遇纳入公司规章制度体系中,界定了党组织在企业决策、执行、监督各环节的权责和工作方式,使党组织真正成为企业治理结构的有机组成部分,铸就了推进统一思想、团结一致的红色党建法宝。

景兴发展的重要密码

早在 1984 年 8 月,景兴纸业的前身平湖第二造纸厂就成立了党支部。随着企业发展,企业党员的数量增加,党支部已经不能满足企业党建的需求。1995 年 4 月 13 日,平湖第二造纸厂向曹桥乡党委提交组建党委会的申请报告。报告载明,当时公司的职工人数为 1300 余人,其中党员 52 人,各类技术人员 136 人,专业学校毕业及经专业学校培训的有 337 人。

▲ 2000 年 7 月，中共浙江景兴纸业集团党委召开成立大会

　　1997 年 5 月 22 日，中共平湖市委批复，同意建立中共浙江景兴纸业集团委员会，隶属于曹桥乡党委领导。1997 年 9 月 2 日，中共平湖市委组织部批复曹桥乡党委请示，同意浙江景兴纸业集团公司党委下设造纸一厂支部、造纸二厂支部、造纸三厂支部和热电厂支部等四个党支部。

　　2000 年 7 月，中共浙江景兴纸业集团党委召开成立大会，会议宣读了中共曹桥乡委员会(2000)37 号《关于朱在龙等同志任职的通知》，新任党委书记朱在龙同志作了《团结奋进，开拓创新，为实现新千年景兴宏伟目标而奋斗》的报告，强调"集团的发展，离不开党的正确领导，集团建立党委，目的是更好地发展。经济是基础，党组织是关键。抓好党建促经济发展，是相辅相成，缺一不可的"。

党建与经营高度融合

　　在企业发展中，党建与企业经营高度融合，党建引领企业管理、人才培养、企业精神打造。

重点工程、重要节点始终坚持党建引领、党员带头。2002年1月29日,景兴纸业党委召开一届二次扩大会议,戈海华总经理代表公司党委在会上宣读了《关于奋战2002年争创新成绩,迎接新挑战》的决定,号召广大党员在公司发展重要时期"争创新成绩"。2005年1月,党员群众200多人参加周末义务劳动,党员干部身先士卒,做最脏、最累的工作,短时间内筛选出18吨废纸。2010年开始,推行党员项目领办制,景兴纸业作为浙江省党建示范点,各项工作开展得更加有声有色。

2003年6月,中共平湖市委组织部在景兴纸业召开非公经济示范党组织党建研讨会,公司党委就选好支部、高质量组织生活等进行了交流。

2006年6月,景兴纸业党委先后获得中共浙江省委、嘉兴市委命名的先进基层党组织称号。

2013年11月26日,中共平湖市委组织部派驻各镇、街道的7位专职党建工作指导员齐聚景兴纸业,召开平湖市"两新"组织专职党建工作指导员座谈会。

值得一提的是,2014年4月,景兴纸业党委积极行动,努力"把年轻人凝聚在党的周围",成立了平湖市首家"两新"组织——青春党支部。青春党支部由14名青年党员组成,分布于公司10个部门,涉及生产、设备、技术、管理、行政、采购、财务、销售、生活用纸等多个领域,平均年龄28岁,是企业中"年纪轻、学历高、观念新"的新生代党员群体。

进入新时代,景兴人以习近平新时代中国特色社会主义思想为指引,自觉将"中国梦""景兴梦""员工梦"有机融合,打响"纸语澄心·红领景兴"党建品牌,助推企业党建与发展同频共振、比翼"双飞"。目前,景兴纸业党委下设9个党支部,共有党员241名。企业党组织先后荣获浙江省先进基层党组织、嘉兴

▲ 2014 年 4 月，景兴纸业成立平湖市首家"两新"组织——青春党支部

▲ 2018 年 4 月，景兴纸业的青春党支部

市先进基层党组织、嘉兴市基层党组织十大"两创"先锋等荣誉称号，也涌现出一批具有社会影响力的先锋人物，如《共产党员》杂志封面人物、浙江省劳动模范朱在龙，全国劳动模范沈守贤，省级劳动模范、国务院津贴获得者张小红，浙江省技术能手陈良杰等。

党建引领清廉企业建设

景兴纸业打造以公司党委为后盾、党员职工服务中心为纽带、党支部为核心、党员为主体的党建工作新格局,实现企业和党组织建设的共同发展,也打造了平湖市党建工作的特色品牌。

2015 年 7 月,景兴纸业开展"廉政建设、警示教育"活动,发布《关于纪律作风专项教育整改行动方案》。2016 年 7 月 31 日,针对部分党员存在的"庸懒散软"现状,公司举办正风肃纪——"四敢一不怕"专题学习,深入理解"敢于负责、敢于担当、敢于破难、敢于创新、不怕得罪人"的深刻含义。

2018 年 5 月,景兴纸业深入开展反腐倡廉教育,教育广大党员干部筑牢拒腐防变思想防线,要求广大党员干部牢记"慎始、慎微、慎欲、慎友",夯实律己基础。公司党委副书记沈守贤通过"如何发挥党员和支部的先锋模范作用"专题党课,要求各支部通过党员形象公开、职务公开、承诺公开,使广大党员干部在各自岗位接受职工的监督,争创一流工作业绩,起到表率作

▲ 2019 年 4 月 30 日,朱在龙在正风肃纪会议上讲党课

用,这也为景兴纸业对外树立诚信、务实、干净、担当的形象奠定了坚实基础。

党建引领促成了良好的企风企貌。

公司坚持问题导向,扎紧制度笼子。制度建设是企业党风廉政建设的治本之策,扎紧织密制度笼子,自觉遵守党章党纪党规以及公司的规章制度,促进权力规范运行,形成风清气正的工作氛围。公司制定了《投诉和举报管理制度》《清廉建设管理手册》,从制度层面对企业内部行为进行全面约束。每年与各党支部书记签订《党风廉政建设责任书》,公司对外敏感岗位人员主动签订《廉洁协议》并定期轮岗等。公司通过一系列党课教育及制度建设,推动公司上下形成干事创业、拼搏奋斗的思想自觉,进而引领行动自觉,凝心聚力,共同围绕中国式现代化的伟大目标贡献景兴之力。

党建提升文化内涵

2019 年 4 月,景兴纸业党群服务中心精彩亮相,景兴纸业强化党建引领有了新平台。该中心深度融合公司党建特色与企业文化内涵,涵盖群团工作室、图书阅览室、党员电教室、排练厅、文体活动室与党建宣传墙、工会宣传墙、党务公开栏等,专门配备音响、电视、投影机等设备,供员工进行学习、娱乐,丰富员工的业余生活,成功打造集党建引领、理论学习、工作交流、文化服务、群团工作成果及企业文化风采展示为一体的党群服务工作新平台,形成党建工作规模化效应,不断提升党建品牌张力。

2020 年 11 月,党委书记朱在龙在《景兴报》发表文章《我怀念的忠诚、敬业与感恩》。他在文章中说:"看到党内'老虎''苍蝇''蚊子'只因一念沉沦走上不归路,看到他们被判刑、被双开,看到新闻上说有员工把公司的客户资料拿给竞争对手从中赚取个人佣金，看到有人利用平台资源在业余时间兼职，我为人心的背叛感到震惊，于是我怀念忠诚。"他强调："忠诚是一种职业责任感，是你承担某一责任或者从事某职业所表现的敬业精神。忠诚铸就信赖，而信赖造就成功，一旦养成对事业高度的责任感和忠诚，你就能在逆境中勇气倍增，就能让有限的资源发挥出无限价值的能力，争取到成功的砝码。忠诚是虽死犹生与行尸走肉的最初界限，也是最后界限。"

2021年开始，景兴纸业组织党员开展党史学习活动，5月组织200余名党员分五批前往上海陈云纪念馆开展党史现场学习。陈云同志"不唯上、不唯书、只唯实""要讲真理，不要讲面子""个人名利淡如水，党的事业重如山"等思想引起了党员热烈的讨论。党委书记朱在龙强调，景兴人要始终以蓬勃的活力向上生长，始终以昂扬的姿态迈向未来，始终不变的是以奋斗者的身姿拼搏向前，始终清晰的是以开拓者的步伐勇往直前。他号召公司党员群众继续锐意进取、奋发有为，共同书写百年"景兴梦"，吹响改革最强音。

▲ 2021年6月25日，景兴纸业庆祝建党百年文艺汇演

2022年7月,党委书记朱在龙在《景兴报》发表文章《坚持刀刃向内,勇于自我革命》。他在文章中强调,百年风雨沧桑中,中国共产党用实际行动坚守自我革命的初心,践行自我革命的誓言。对公司而言,改革是一场刀刃向内的自我革命,对景兴纸业这样的传统制造企业来说,有之则为"硬核",缺之则成"硬伤"。

▲ 2018年5月,朱在龙在《绝密543》分享会上讲话

纸语澄心·红领景兴

景兴纸业党群服务中心不断探索党建工作新思路、新形式,继2013年建立景兴纸业党建展示厅后,在上级党委的支持下,于2019年建立"景兴纸业党群服务中心"。同年10月,在全体党员中开展"党建引领,你我共创"党建品牌创建征集活动,历时两个月,共收到品牌提议112条。后经公司党委及街道党委评选,结合公司党建历史及特色,最终综合几位员工的建议,确立景兴纸业党建品牌名称为"纸语澄心·红领景兴"。"纸语"代表

着景兴纸业以产品述说愿景。"澄心"寓意澄澈的赤子之心，蕴含纯粹本真的"初心"、精益求精的"匠心"、真诚向善的"爱心"。

党支部是党组织开展工作的基本单元，为进一步充分发挥各党支部战斗堡垒和党员先锋模范作用，增强组织战斗力与凝聚力，公司采取积分管理的办法，作为支部评比的重要依据之一。积分制以"制度积分＋任务积分＋学习积分＋文化积分"的方式推进，按照小动作小积分（5 分）、全员活动、创新动作大积分（10 分），党员违约及重大事故一票否决制的原则，使三会一课、党费缴纳、党员培训、主题学习、支部自主文化活动有机整合地实现常态化推进。按照支部积分占 70％、现场投票占 30％的方式，评选出年度先进党支部。2022 年度，最高积分支部景包支部获得 340 分，9 个支部平均积分达 290 分。各支部群策群力、齐心协作，不断开展符合自身支部特色及工作需要的各项活动。如造纸一支部结合支部党员组成特色，坚持开展全体党员参加的以维护公司展示厅、党群服务中心及红色景观为主题的义务劳动、党员运动会、读书活动、党建交流及红色采风等，2024 年又创新开展分组进行的每月交规劝导。造纸五支部按照党员构成，每月组织生产党员进行工作探讨，及时总结工作中遇到的问题与困难，通过不断思考与积累，逐步形成党员求真务实的工作作风。同时，机台党员通过相互学习与交流，将专业技能发挥得更加淋漓尽致。造纸六支部则结合生活用纸特色，组织开展"品萱"推广和爱心义卖活动，围绕生产现场开展清理死角等义务劳动以及走进廉政基地学习交流等。这些活动都大大提升了支部工作实效，也有效扩大了党组织及党员队伍的影响力。景兴纸业全方位打造"纸语澄心·红领景兴"的党建特色品牌，营造出党组织、职工群众与企业同发展、共命运的良好氛围，并先后在嘉兴市市级双重管理"两新"党组织书记示范培训班及中共平湖市委党校做推广。

景兴纸业党委将继续突出党建引领,推进三大行动,即实施"红船领航筑梦"行动,始终牢牢把握职工队伍政治方向;实施"匠星汇聚追梦"行动,全面打造一支高素质党员干部队伍;实施"共建共享圆梦"行动,不断强化党建引领作用,全面推动企业"高质量"发展。对于景兴纸业来说,党建一直在路上,还将持续加强。2022年9月,景兴纸业被授予为"全国和谐劳动关系创建示范企业"。2022年11月12日,景兴纸业召开传达学习贯彻党的二十大精神暨正风肃纪专题会议,市"两新"组织党建工作指导员周琪根应邀作学习贯彻党的二十大精神宣讲,公司党委书记朱在龙带头讲党课。2023年,公司党委还专题开展主题学习教育,组织广大党员干部深入学习新时代中国特色社会主义理论,时刻与中央保持高度一致。

▲ 嘉兴市领导授予景兴纸业"全国和谐劳动关系创建示范企业"证书

景兴纸业不断更新理念,持续创新模式,及时更新思路,积极拓宽党建工作思路,让党建工作更具有时代性,提高党建工作的质量和水平,不断丰富和强化企业党建这个法宝。

以改革激发活力

对公司而言，改革是一场刀刃向内的自我革命。

对景兴纸业这样的传统制造企业来说，改革，有之则为"硬核"，缺之则成"硬伤"。

时刻葆有的危机感

2001年任正非写了一篇题为《华为的冬天》的文章，里面写道："十年来我天天思考的都是失败，对成功视而不见，也没有什么荣誉感、自豪感，而是危机感。"同样，作为景兴纸业的"船长"，朱在龙是改革开放后成长起来的中国企业家的优秀代表，"危机感"也时刻围绕着景兴纸业的发展，围绕于他的心间。"危机"不是指景兴纸业外在的发展机会悲观和渺茫，常在的"危机感"恰恰成了企业内部生发出来的强大动力。常言道"生于忧患，死于安乐"，只有时刻葆有内在的危机感，才能引领企业在外在市场危机四伏的发展环境下获得动力、找到出路。

几乎在每年的公司年度总结工作报告中，朱在龙都会分析当前严峻的发展形势，强调要加强全体员工的危机意识。瞬息万变的竞争环境——市场环境、竞争对手、技术水平、政策等外部因素在不断变化，企业面临的生存环境与所需要应对的问题无疑是复杂甚至险恶的。

景兴人明白，景兴纸业要往前走，要行稳致远，必须如履薄冰，必须时刻绷紧危机之弦。

1998年，在面对东南亚金融危机，国际国内市场疲软，国内需求严重不足，产品供过于求的严峻形势下，尽管景兴纸业顶住压力，仍实现了企业规模的扩大、经济指标的增长、整体实力的增强等令人鼓舞的成就，但在肯定成绩的同时，朱在龙强调企业发展不能止步于自我满足，还需弥补不足，定立整改方式，为下一年树立新的奋斗目标。朱在龙在生产经营管理分析会上强调，不断提升产品质量、拓宽销售渠道、节能减耗，从经验中总结教训，为下一次的风险控制做好准备。

危机意识，也是团结员工共克时艰的一种态度。

"水能载舟，亦能覆舟"，员工与企业正是这样相辅相成的关系，正如联想的柳传志说的："你一打盹，对手的机会就来了。"危机意识不只是对现状的应激反应，更是一种工作态度。强烈的危机意识能使员工始终以主人翁的姿态，努力使公司保持源源不断的发展动力。

在认清形势的基础上，景兴纸业鼓励员工向着同一目标，团结一心，共克时艰。企业的发展离不开每一位员工的努力与奉献。在金融危机阴影笼罩下的 2009 年，企业扭亏为盈，靠的是职工们的统一思想、共克时艰。每年公司都会开展表彰大会，推选工作的先进模范，分享他们是如何爱岗敬业、做好自己本职工作的，并且表彰"十佳员工"，表彰"工会会员积极分子"等，从先进代表人物身上学习他们对工作饱满的热情、严谨的态度以及干练的能力。公司常在开会时和大家分享当前造纸及纸制品行业经济形势以及当企业危机来临时的应对措施，希望公司广大员工进一步增强工作责任心、事业心，将企业发展作为每一位员工的己任，为战胜当前困难，推动景兴纸业继续更好更稳地发展做出应有贡献。

危机意识，是倒逼员工苦练内功的责任感。

"自找压力""负重前行"是朱在龙对员工提出的殷切要求。面对景兴纸业的发展形势，公司致力于提高员工的管理水平、工作效率、驾驭问题的能力，科学树立标杆，把握每一次的发展机会。为此，景兴纸业工会也积极组织开展技术创新、技术培训，开展"形势分析"、"五心"教育等活动。

景兴人明白，只有企业自身苦练内功、强壮自己，才能在每一次风险来临之际，迎难而上，抓住机遇。

科学常新的战略规划

如果说危机意识是企业发展动力的话，战略规划则是企业发展的指南针。伴随着市场竞争越来越激烈，企业要在多变且危机四伏的环境中站稳脚跟，必须要科学制订企业发展的规划。明确每一阶段、每一事项的目标规划，不断改善公司生产、经营的品质与效益，推动公司持续、健康发展。

从 2000 年工业园区总体规划开始，景兴纸业持续努力，展开了一系列项目的规划和实施。在园区规划过程中，景兴纸业明确了自身发展的重点，即以工业为主，以造纸与纸制品为龙头产品，由此，科学规划了园区内的管理、技术、试验中心，科学规划了园区外的整体配套设施。正是在对景兴内部和造纸工业圈整体把握的基础上，景兴纸业采取实际可行的规划，逐步推进建设多元化、多结构、多功能的工业园区。

此外，公司还适时制定了其他各方面的发展计划和规划。只有在科学正确规划的引领下，才能帮助企业找到核心竞争力与可利用的资源，清晰透明地把握项目各环节的推进，激励全体职工完成各项目重点与目标，增强企业的凝聚力与向心力。

景兴纸业并不是单打独斗封闭式地做规划，而是善于积极调动各方面力量，群策群力，紧跟国家社会经济发展的"五年规划"，联合企业之力，把自身发展战略融入国家整体战略布局之中，共谋发展，以小我促大我，为国家社会经济发展助力。

2002 年，景兴纸业开始制订 100 万吨造纸规模规划。在专家的深入论证中，公司对该规划的可行性、科学性、前瞻性进行了确证，该规划也符合国家产业政策导向。在此规划下，景兴纸业开展了年产 30 万吨利用废纸纤维再生环保绿色包装纸项目、年产 10 万吨高档牛皮箱板纸项目和年产 5 万吨牛皮箱板纸技改项目等。2002 年，时任浙江省省长柴松岳在视察景兴纸业 20 万吨工地施工现场时，认真倾听了朱在龙董事长关于 100 万吨的公司发展规划，对此表示了鼓励与赞赏。景兴纸业经过二十多年的奋斗，到 2009 年，先后获得浙江省资源综合利用企业、浙江省文明单位、中国包装龙头企业等称号，拥有了年产 100 万吨的生产能力。从景兴纸业一步步设定规划、实施规划、完成规划的过程中，我们能看到一家企业发展壮大的成长历程，设立 100 万吨生产能力的"星空目标"，落在实处的是每一步的技术创新、生产管理等阶段性目标规划的实现。

2009 年，浙江省造纸工业"十二五"规划嘉兴片区座谈会在景兴纸业召开。作为全省龙头骨干企业，景兴纸业着眼未来，科学制订企业发展"十二五"规划，上报给中国造纸协会，获得纳入"全国造纸工业'十二五'规划"编制的荣誉。2012 年，景兴纸业"十二五"发展规划得到中信银行的支持，短期融资券成功发行，为双方提供了新的合作平台。

景兴纸业以实际行动证明，规划的科学性、前瞻性与可操作性，对企业管理、重塑企业形象、提高企业核心竞争力、促进企业快速稳定发展具有重要的现实意义。

与时俱进的体制革新

1978 年开启的改革开放堪称决定当代中国命运的重大决策，不仅深刻改变了中国，也深刻影响了世界。诺贝尔经济学奖得主罗纳德·科斯评价,中国改革开放是第二次世界大战以后人类历史上最成功的经济改革运动。回顾景兴纸业的发展历程,我们不难看到,景兴纸业总能从困境中走出,又总能主动走出舒适区,通过及时的体制机制革新,进而得以焕发更蓬勃的动力,在更激烈的市场竞争中走向新的成功,向上而生。

1978年12月18日,中国共产党第十一届三中全会召开,我们党将工作重点转移到社会主义现代化建设上来,实行改革开放。20世纪80年代初是一个变革的时代,也是一个充满机遇的时代,很多人勇于尝试新的事物,相信只有通过自己的努力才能实现自己的梦想。他们不断探索,不断寻找新的市场机会,不断提高自己的竞争力,以求在激烈的市场竞争中立于不败之地。

在温饱问题得到初步解决时,农村剩余劳动力迫切寻找出路,成为乡镇企业兴起和发展的动力。1984年以前的平湖第二造纸厂还是一家日用品造纸小厂,做很粗糙的卫生纸,产量很少。1984年8月,乘着改革开放的东风,平湖第二造纸厂跨出了向前的第一步。1985年建成投产一台1092 mm三网四缸造纸机,年产单一的普通箱纸板和瓦楞纸1000吨,有固定资产近60万元,职工75人。但由于资金、人才、管理经验和生产技术都十分缺乏和落后,企业发展严重受阻。当时企业拖欠银行贷款120万元,亏损10万元,这在当时的农村无疑是天文数字,企业濒临破产。20世纪80年代很多乡镇企业都面临类似的困境,如1983年周耀庭接手濒临倒闭的港下针织厂,开展了从实行计件工资、"带资进厂"到"一包三改"等一系列改革,启用"红豆"品牌到注册"红豆"系列商标,接手当年即扭亏为盈。"带资进厂"等经验在全国得到迅速推广,朱在龙就是"带资进厂"进入了平湖第二造纸厂,成为厂里第一批创业者中的一员。他工作认真,勤奋好学,很快就从一名一线工人走上组长、主任、科长、副厂长、厂长等领导岗位。

上任伊始，朱在龙便对企业进行全面整顿。为了降低成本、提高产品质量，朱在龙一改先前的"大锅饭"制度，制订和完善了具体的岗位责任制，按照工种、工作表现的差异对员工进行考核奖惩。同时，还扩建2号机，增添一台1 092 mm四网五缸造纸机。当年企业就扭亏为盈，实现利润30多万元。改革让初创的乡镇企业焕发了新的活力，也让以朱在龙为首的创业者们初步尝到了改革的甜头。

不断的技术改造，不懈的技术创新，使平湖第二造纸厂实现了企业规模和综合实力的双丰收。1996年1月，经浙江省有关部门批准，平湖市第二造纸厂进行改制，组建浙江景兴纸业集团。实际上当时国内一批乡镇企业都已经改制，并且通过改制展现了更好的活力。如1992年已经进军全国的希望饲料公司改组为希望集团，成为第一个经国家工商局批准的私营企业集团。之后刘永好组建新希望集团，逐渐形成了多元化混业布局。1996年11月1日，景兴纸业集团取得由平湖市工商行政管理局换发的注册号为14668490-0的企业法人营业执照，注册资本为7 800万元。改制后，浙江景兴纸业集团整个团队进一步放开手脚，阔步向前。

在朱在龙团队看来，景兴纸业不能仅仅止步于过去的成绩，"做大做强"不仅是一种主观愿望，也是客观形势的必然。

做强，在一定程度上是为了更好地"活下去"。

2001年6月，景兴纸业引进战略投资者，先后成功吸引上海茉织华、日本制纸株式会社以及日本纸张纸浆商事株式会社三家合作伙伴的加入，企业整体改制为"浙江景兴纸业股份有限公司"。

当时这两家日本企业并不放心景兴纸业的技术和管理水平，提出景兴纸业要派人到日本学习。戈海华便被派往日本，在那里学习了半年。不懂日语的戈海华带了一名翻译人员,但在空闲之余他也学习一些简单的日常用语。戈海华在日本的半年学习研究经历,对技术和管理方面的启发都很大,学到了不少日本的造纸技术和精细化管理模式。日本的企业管理擅长用数据说话,讲求定量,按照一定的标准做事;而国内管理讲求"差不多""大概",很多时候凭的是"感觉"。戈海华回国后,日本的指导人员和他一起回到国内做技术指导。一开始,公司很多管理人员不习惯日本的管理模式,戈海华告诉他们,国外先进的理念,对公司的生产管理、运行和技术方面都是绝对有好处的[①]。

2006年9月15日,景兴纸业(股票代码:002067)在深圳证券交易所挂牌上市,公司进入新一轮发展快车道,一举跨入年产工业包装用纸100万吨的大型造纸企业行列,实现了由集团企业到股份制企业再到上市公司的华丽转型。

---

① 本课题组 2023 年 6 月 23 日对戈海华的访谈。

以开放拓展空间

开放的时代、开放的平湖塑造了景兴纸业开放的基因。

景兴纸业所在的平湖市，是浙江省辖县级市，属嘉兴市管辖，位于浙江省北部、杭嘉湖平原东端，居东海之滨，地处浙江省东北部，"沪、杭、苏、甬"四大城市菱形对角线的交汇点，北接上海市，南临杭州湾，西与嘉兴市南湖区接壤，西南与海盐县为邻，西北与嘉善县相接，总面积554.4平方公里。平湖是全国文明城市、首批浙江高质量发展建设共同富裕示范区试点城市。

平湖面朝大海，背靠上海，拥有国家一类开放口岸——乍浦港、独山港，以及浙北唯一的海河联运航线——乍嘉苏航道、杭平申航道。景兴纸业所在的曹桥街道，位于平湖市西南，是平湖西大门，以桥命名，因桥闻名，是远近闻名的"经济强镇""桥边故乡"，地处沪杭苏甬地理中心，杭州湾跨海大桥北接线（G92）、杭浦高速、乍嘉苏高速和07省道、金平湖大道、九场公路等高等级公路穿境而过，距北接线、杭浦、沪杭和乍嘉苏高速均只有不到3分钟路程，1小时内可达浦东、虹桥、萧山三大国际机场，嘉兴塘、南市河、曹兑港、海盐塘四条市级河道环绕而过。

独特的地理环境，造就了平湖市、平湖曹桥街道的开放气质。平湖是全国首批对外开放的沿海城市之一，随着长三角区域一体化、浙江海洋经济发展、"一带一路"建设等国家战略的推进，平湖的区位优势更加明显。平湖主动顺应世界发展新潮流，通过紧盯全球著名跨国公司、全球行业龙头企业、链主企业和标杆企业等重点招商项目，紧盯日韩、德国、欧美等重点招商区域，紧盯装备智造、新材料等重点发展产业，先后引进了日本JFE、日本三菱、韩国三星、德国蒂森·克虏伯等 40 多家世界 500 强和国际行业龙头企业,已连续 22 年进入全省利用外资"十强",是浙江省唯一经省人民政府批准的日商投资集聚区。

景兴纸业在开放中不断谋划新的发展格局,也因开放不断获取新的发展机遇。

开放拥抱新技术,持续大力推动技改

景兴纸业对技术敢于投入,从 1988 年到 1991 年的 4 年时间里,朱在龙带领企业完成技改项目 10 个,让企业尝到了实实在在的甜头。"3250 工程"、10 号机建设以及 2005 年开始筹建 12 号机,都可以看成是这样一种开放精神下的发展成就。特别是 12 号机,2007 年投产,这台造纸机是从芬兰进口的,是当时公司规模最大、技术含量最先进的造纸机,产能在 38 万至 40 万吨。但当时这台纸机达到每分钟 1 000 米的车速,对公司来说也是一个巨大考验。为此,公司进行了详细的前期准备,在与芬兰技术人员就 12 号机进行谈判时,对方惊讶于景兴纸业人员对专业技术的了解程度。

▲ 2015 年 4 月 22 日,芬兰伊马特拉市议会和政府代表团访问景兴纸业

在工业 4.0、数字化、绿色化、智能化的大背景下，景兴纸业也在不断推进数字化转型、智能制造和绿色生产，并取得显著成效。目前景兴纸业拥有国际先进水平的工业用纸生产线 5 条、生活用纸生产线 5 条。景兴纸业荣获 2022 年度第二批"浙江省智能工厂（数字化车间）"荣誉称号，景兴纸业生态工业互联网平台项目被评为 2024 年度省级重点工业互联网平台项目。未来，景兴纸业将数字化生产融入绿色制造基因，瞄准产业智能化、数字化，打破行业痛点、难点、堵点，在打造智能工厂的同时更打造绿色工厂。

▲ 2022 年 9 月 28 日，景兴纸业数字化平台二期项目启动

开放拥抱伙伴，持续拓展朋友圈

2001 年 9 月，景兴纸业又趁热打铁与日本制纸株式会社、日本纸张纸浆商事株式会社进行战略性合作。通过开放合作，景兴纸业获得了巨大的提升。

如前文所述，景兴纸业还积极与浙江大学、浙江科技大学等大专院校建立技术合作关系，走产学研道路，同时聘请国内知名院校的学者为技术中心客座专家，多次邀请世界 500 强企业——日本制纸株式会社的专家来技术中心进行技术协作和交流。通过加强对外合作与交流，公司的科研水平始终紧跟世界造纸科技发展潮流，攻克了一大批技术难关。景兴纸业进一步走向开放，要面对更多外界的检验与挑战，更多的朋友关注、监督、支持公司发展，景兴纸业的朋友圈越来越大，也成为公司进一步发展的动力。

开放拥抱国际合作，不断开拓国际市场

2013 年 9 月和 10 月，习近平主席分别提出建设"新丝绸之路经济带"和"21 世纪海上丝绸之路"的合作倡议。倡议提出以来，"一带一路"概念享誉全球，随着国内外企业在交流中不断熟悉、磨合，双方的合作质量越来越高，发展前景越来越好。"一带一路"已成为近年来深受欢迎的国际公共产品和国际合作平台，景兴纸业也顺势而为，走向更加开放。作为景兴纸业全球化布局、上下游联动的重要一环，马来西亚项目对突破原材料瓶颈、提升公司综合竞争力意义重大。2019 年 1 月，景兴纸业发布公告：公司为解决进口原料困境以及突破规模扩张屏障，拟在海外建立原料及原纸生产基地。公司管理层提出在马来西亚的西马东海岸雪兰莪州，投资建设 80 万吨废纸浆板及 60 万吨包装原纸生产基地项目，项目总投资约 20.5 亿元。

2023 年 5 月 28 日，景兴纸业马来西亚项目（一期）年产 80 万吨废纸浆板项目开机，顺利生产出首批浆板纸，这意味着整个项目又向前迈出坚实一步，为后期项目顺利投产奠定基础。马来西亚项目的再生浆从 2023 年下半年开始调试，目前产能效率可达到 60％至 70％，2024 年预计全年产量 60 万吨，一半自用

一半外销，试生产的再生浆已经有部分运到国内，品质接近于木浆，可以部分替代木浆使用。在对外销售方面，目前景兴纸业客户试用后反响不错。

　　未来，景兴纸业完全有能力乘势而上，不断推动项目高质量建设，打造公司在海外的品牌标签，进一步增强景兴纸业的开放基因。

以技改增强实力

"生产不停，技改不断"已经成为景兴纸业发展的重要基因。

无数制造企业的实践证明，用先进、实用技术改造传统产业，不仅具有投资少、工期短、见效快等特点，而且不需要再铺新摊子，能有效避免重复建设，同时还有利于优化产业结构、改变增长方式、提高企业的效益和竞争力。

早在 1988 年，24 岁的朱在龙担任平湖第二造纸厂厂长，就开始大刀阔斧改革，全面倡导"向管理要效益"，"生产不停，技改不断"。

从 1988 年到 1991 年的 4 年时间里，朱在龙带领企业完成技改项目 10 个。"生产不停，技改不断"，就是要通过短时间内停机的技改来提高机器效率。尤其在公司上市以后，大型技改要报批报建，要做环评，请正规技术院招标。景兴纸业始终瞄准市场前沿，科学谋划，先后斥巨资进行生产线的技术改造，发挥企业主导产品优势，提高产品竞争力。通过引进先进的技术和设备，公司成功地提高了产品质量和生产效率，使得产品在市场上更具竞争力。作为一家行业领先企业，公司一直注重技术创新和产品研发，不断推陈出新，开发出更多的优质产品。同时，公司也注重对环保和可持续发展的关注，努力为客户提供更加环保和可靠的产品和服务，为社会和自身的可持续发展作出积极贡献。

"3250 工程"是景兴纸业里程碑式重要技改项目之一。当时对曹桥乡和平湖市来说，这是一项非常重要的工程，也是一项前所未有的挑战。为了确保工程顺利进行，景兴组织了一支由经验丰富的工程师和技术人员组成的专业团队,制定了详细的工程计划和施工方案,同时加强了对施工现场的管理和监督。在工程实施过程中遇到了许多困难和挑战,但景兴始终保持着韧性和毅力,不断改进和优化施工方案,克服了一个又一个难关,最终圆满完成了这项工程。随后,10号机由辽阳造纸机械厂生产,那一年辽阳造纸机械厂总共生产了4台造纸机,后来给10号机做了一条浆线,从全木浆变成部分利用废纸。那时候,废纸1000元左右一吨,木浆则高达3000多元一吨。技改后,造纸成本一下子就降下来了,这些项目景兴都做得很好①。

2018年13号机停机技改也非常具有典型性。由于产品横幅差大、使用过程打折、松紧边等问题,严重影响了产品质量形象,成为制约PM13发展的瓶颈。为了解决横幅差大的问题,PM13组织生产、技术骨干开展了三期"品管圈"活动,制定了一系列改善对策,经过一个月的调试和优化,改造效果开始逐步体现,成纸横幅差比改造前下降了20%至30%,母卷条痕也得到彻底改善。

景兴纸业技改传统,助力公司不断升级设备、优化生产流程,提高产品质量和生产效率。技改策略使景兴纸业在激烈的市场竞争中很好地存活下来,并逐步发展成为行业的龙头企业。

艰难困苦,玉汝于成。

在"亩产效益"评价标准下,各企业被划分为A、B、C、D四个等级。景兴纸业在2015年时被评为B类企业。景兴纸业在环保和技改上的投入超亿元,在这种"亩产论英雄"的激励政策下,用精细化和标准化的考核倒逼企业进行转型升级,提高质量效率,同时也降低能耗,减少污染,提升产品质量。经过一系列的技改和环保投入,2018年,景兴纸业率先取得A类企业标准,

---

① 本课题组2023年6月30日对程正柏的访谈。

这意味着企业能够享受更多的优惠待遇。

技改,每年都是景兴纸业年度董事会经营评述的重要内容。以2022年度为例,景兴纸业各机台提出技术攻关项目34项,完成31项,技改项目立项44项,完成19项,合计投入研究开发费21534万元;完成了JX500型高强纱管原纸、高定量高强度牛皮箱板纸、环保型高抗压防潮瓦楞原纸、环保型高耐折度白面牛卡纸4个新产品鉴定和PEO-CPAM-胶体二氧化硅新型多元助留助滤技术、OCC浆的漆酶增强新技术和干纸巾高效杀菌、抑菌技术的鉴定。未来景兴纸业仍将继续注重技改,持续推进智能制造、绿色制造升级改造,瞄准产业智能化、数字化,打造智能工厂和绿色工厂。

以管理提升效益

优秀的企业必然具有优秀的管理基因。

企业要取得成功,不但要有领先的技术、过硬的产品,还要有一流的管理水平——管理合规化、系统化是先进制造业发展的题中应有之义。

ISO9000 质量管理体系是由国际标准化组织制定的,用于组织进行质量控制的一套科学管理体系。质量管理体系的认证可以完善内部管理,使质量管理制度化、体系化、法治化,提高产品质量,并确保产品质量稳定性,有利于企业发展外向型经济,扩大市场占有率,提高产品的市场竞争力。

1995 年,在景兴纸业发展之初,朱在龙就亲自领导,推进公司 ISO9000 质量管理体系认证工作,对厂内工作制度、工作流程、劳动人事规章等多方面进行难度大、规模大的整顿与完善。通过管理体系建设,整顿当时相对散漫的职场风气,是一种挑战。但是,没有规矩,不成方圆。景兴纸业想要发展,就要破除万难将管理基础打牢夯实。

景兴纸业从最开始的制度体系不完善,到最终在整个造纸行业中率先实现 ISO9000 认证,不但完善了整个公司的管理流程,还帮助管理者积累经验,助力公司迈向现代企业。

不积跬步,无以至千里;不积小流,无以成江海。

数十年间,景兴纸业在 ISO 认证道路上稳扎稳打,不断前行,持续完善体系,通过了一次又一次认证与复审,各项工作的开展更加合理有序,大大提升了客户与市场的认可度。

2002 年,景兴纸业正式获得 ISO14001 环境管理体系认证证书。ISO14000环境管理体系是国际标准化组织继ISO9000质量管理标准后推出的又一项国际管理标准,这两个标准体系对全球经济发展、技术交流、贸易具有重要影响,广泛地被各国政府、企业所重视。ISO14001的认证成功标志着景兴纸业从此进入双体系管理时代,管理规范再上新台阶,也为2019年景兴纸业实现海外版图拓展提供了强有力的保障。

▲ 2024年3月11日到13日,景兴纸业的"四体系"审核

　　除了坚持、完善符合ISO标准的管理体系,景兴纸业还在日常动员整个公司学习"7S"现场管理模式。"7S"活动起源于日本,并在日本企业中广泛推行。所谓"7S",是由整理、整顿、清扫、清洁、素养、安全和节约这7个词构成的,这7个词在罗马文中第一个字母都是"S",所以简称为"7S"。企业开展以整理、整顿、清扫、清洁、素养、安全和节约为内容的活动,称为"7S"活动。想要推行"7S"活动,需要提高职工队伍素养,通过素养提升让员工成为一个遵守规章制度、具有良好工作习惯的人。最初组织员工在工作之余去做卫生的清扫、生产工具的整理,大家还是有不少意见的,那时候是乡镇企业,早期的运行比较粗放,

很多员工在下班后还有家务、农活需要处理。在朱在龙的支持下，鲁富贵将管理体系建设整合为 13 个模块（财务、采购、风险控制、环境保护、能源、人力资源、行政后勤、营销、生产等），一共形成了九十几个制度，每年都会根据大家提出的意见去完善、制定规范，设立奖惩制度。管理层则以自身规范为引领，切实奖励优秀表现，鼓励员工去自我改进、落实工作，通过一段时间的跟踪调查，发现制度落实效果较好，员工的专业水平、工厂的环境都得到显著改观。

▲ 2017 年 3 月，王志明在 7S 动员大会上讲话

品管圈这一概念最早出现在美国。

20 世纪 50 年代初，美国质量管理专家沃特·阿曼德·休哈特（Walter A. Shewhart）首先提出 PDCA 循环，后由美国管理学家戴明采纳宣传。PDCA 循环将质量管理分为计划、执行、检查和处理四个阶段。1962 年，日本东京大学石川馨教授运用 PDCA 循环理论发明了品管圈。目前，品管圈已成为我国企业最常用的管理工具之一，质量环（PDCA 循环）、根本原因分析（RCA）……每一项质量管理工具的发展与推广，都为企业提供

了新的管理思路、管理方法和管理理论。

▲ 2017 年 10 月 21 日公司派员参加第 51 届健峰全国品管圈大会

对于这样一个不断升级、长期出现在各企业发展视野中的新理论、新工具,景兴纸业也用超高的效率、超凡的执行力将品管圈的理念纳入公司的管理体系当中。自 2020 年起,景兴纸业每季度开始设立内部"质量奖",旨在进一步优化产品检验流程,提高员工质量意识,践行公司"推行全员品管,建设质量强企"的质量理念,重点奖励出色完成机台质量检验和质量管理工作的先进班组与个人。通过"质量奖"评选活动,公司充分调动班组员工对质量管理和质量改进的工作积极性,倡导各岗位坚守"工作一次性做对"原则,提升员工发现问题、解决问题的主动性,让公司质量管理水平更上新台阶。

2020 年,国务院国资委要求各中央企业和地方国有重点企业将推动各重点领域的精益化管理、提升作为对标行动的重要内容,不断优化有利于提高效率的要素,剔除低效无效环节,推动企业管理持续迈向精益化。其实,早在 2018 年 9 月,也就是国资委提出要求的两年前,景兴纸业就导入精益 TPM 工作,

追求卓越的景兴基因

PM15、16 作为示范区率先开展。景兴纸业造纸二厂于 2019 年初开始导入。景兴精益 TPM 推行办团队是一支朝气蓬勃、富有战斗力的团队，他们始终坚持攻坚克难，不断追求精益求精，用良好的执行力和组织力成为精益 TPM 管理的开拓者。在精益 TPM 推进过程中，团队每一位成员克服重重困难，用高度的责任心和积极的工作态度，始终围绕公司"四零"目标、促进管理提升等方面开展各项精益管理工作。

▲ 2018 年 10 月，TPM 启动大会

虽然推进工作承受了很大压力，但是推行团队没有退缩，做到坚持原则、按章办事。经过 TPM 团队、3A 顾问组与各部门人员共同努力，景兴"四零"目标取得一定成效。同时，推行办团队注重公司精益文化氛围的营造。自导入精益 TPM 管理以来，景兴员工从一开始拒绝改变，到主动改变，再到逐步养成良好的工作习惯，精益思维已根植于员工内心。景兴 TPM 推进团队以认真严谨、持之以恒的精气神，精致追求、精细把控、精准推进，真正把每一项工作做实、做细。

在 2018 年 11 月 9 日第十六届中国企业管理高峰会上，景兴纸业被授予"2017—2018 年度精益管理践行者"称号；2020 年 11 月 13 日，景兴纸业受邀参加第十八届中国企业管理高峰会，与来自世界 500 强、大型国企、上市公司及众多优秀民企的管理精英共同分享成功的管理经验。会上，公司总经理助理鲁富贵作题为《颠覆造纸行业痼疾，开拓事业新篇章》的交流发言，详细介绍和分享景兴纸业自 2018 年以来开展精益 TPM 管理的经验和取得的成绩，受到与会人员的一致好评。

以环保面向长远

在全球倡导环保的大背景下，各国不断加大环保政策的执行力度，规制力度越来越大。这无疑给企业带来了新的挑战，同时也给企业带来了新的机遇。

我国"十四五"发展规划强调绿色发展的重要性，并要求加快绿色转型和持续改善环境质量。作为污染的源头之一，企业被要求加强污染监控和预警，坚守生态优先和绿色发展的原则。企业必须推动资源的合理利用、生产过程的节能减排，以及废弃物的回收再利用，以此来推动企业的绿色发展。2022 年 1 月，国家生态环境部发布《企业环境信息依法披露格式准则》[①]。这项准则要求企业依法公开环境信息，并规定了信息披露的格式和具体要求。同时，为了鼓励企业积极参与环境治理，国家还出台了一系列支持和激励政策。从党的十八大至今，我国共发布近 130 项鼓励企业参与生态环境治理的激励性政策。

事实上，在这些政策发布前，景兴就已经做了大量努力。景兴纸业一直秉承"创新、节约、降耗、增效"的发展理念，坚持以人为本，注重发展绿色循环经济，实现清洁生产，持续深化资源循环利用、污染治理及节水等工作。以创建"资源节约、环境友好型"试点企业、节水型示范企业为目标，景兴进一步提升水资源循环利用率，降低污染物排放，为国内造纸企业吨纸耗水量的进一步降低提供有力的引领和示范作用，推动行业的可持续发展。

---

① 生态环境部印发《企业环境信息依法披露格式准则》，载《中国环境监察》，2022 年第 1 期。

自 2012 年以来，公司环保投入超亿元。

2003 年，公司设备部的工程师开始着手研究白水系统的技改方案。经过反复讨论和实验，终于找到了一种切实可行的方案。在接下来的几个月里，工程师及其团队努力工作，对白水系统进行了全面改造和升级。通过优化系统结构，减少了清水的使用量，同时也提高了污水的处理效率。经过长时间的努力，废水排放量从原来的每天 10 482 吨降至 7 211 吨，每天减少排放量 3 271 吨，这意味着清水用量比以前下降了很多，污水处理量也随之大大下降。这不仅节约了水资源，而且更有利于环保事业。景兴纸业在浙江全省率先引进造纸行业第一台废水处理高效厌氧反应器，强化废水处理能力，并通过双膜处理（UF＋RO）加强终端废水回用，减少总量排放；其中特别是中水回用技改项目等的实施，使公司的吨纸水资源消耗及污水排放指标均有了较大幅度的削减，吨纸污水排放从原来的 6.5 吨下降至 3 吨左右。朱在龙表示，景兴应成为环保治理的表率，承担更多的社会责任，不断推动行业环保治理水平的进步。此外，公司还与周边村民及社区群众加强互动，分享治污工作的实际情况，让社会公众了解现状、了解事实，以实现社会与企业和谐共存。

与此同时，引进高压隔膜板框处理系统提升固化处理效率；此外，渣不落地、风机消音、光伏发电、废气加盖收集、厌氧沼气回收利用等环境升级改造项目的建设令公司整体水、气、固、音环境治理及节能降耗水平又提上了一个新台阶。

2006 年，景兴纸业引入早期脱硫塔。这在当时国内尚属首例。早期脱硫塔的技术来自一家荷兰公司，这家公司的生产加工设备在上海，但有些关键核心部件仍从荷兰进口。2008 年，公司花 3 000 多万元在 10 号机上进行节能改造，取得预期效果。2009 年，公司投资 2 000 多万元建设 4 台 500 kW 沼气发电机组及配套设施，利用厌氧产生的沼气发电，年可发电 1 091.4 万

kWh，同时减少温室气体排放。

此外，在电能消耗方面，技改后平均每天节约电能897 kWh，虽然增加了两台每天电能消耗900 kWh的泵，但电能消耗却没有明显上升，甚至基本持平。这意味着电能节能项目取得了很好的成效。

空气质量方面，公司采用上海真子琴环保科技有限公司废气处理方案来进行改造，最终废气排放浓度均低于《大气污染物综合排放标准》污染源二级排放标准限值；臭气排放浓度低于《恶臭污染物排放标准》污染源二级排放标准限值，超标去除率大于80%。同时，公司沼气资源综合利用项目作为清洁发展机制项目顺利通过莱茵认证中心的审定，正式在联合国注册成功。该工程项目充分利用废水处理厌氧过程中所产生的沼气资源，变废为宝，为节能减排作出了巨大贡献。

2018年，景兴纸业面临环保要求高、进口废纸限量等严峻形势，但公司仍然坚持在"双增"方面下功夫，在"双节"上做文章，并在修复利废、技术改造、智能管理等方面发掘潜力。在改革创新中，公司各部门取得了显著成效。2019年，景兴纸业提出新方案，如集中供气、高压永磁电机改造、减速机冷却水回用等，以达到节能、降低能耗的目标。公司还搭建了设备点检平台，推行全优润滑，对生产、设备运行情况进行全过程监控管理；通过智能物流、大数据看板等信息化系统的升级优化等方案，进一步推进智能制造。

2022年，公司的一项创新项目——在墙壁上安装光伏发电组件，实现"墙壁能发电"，这在平湖地区属于首创。除了生活用纸碎解站南侧墙壁挂着整齐的光伏发电组件外，公司计划建设低碳绿色环保的分布式光伏发电项目，通过现场调研考察和技术交流，最终确定方案，将墙面作为建设点。该项目建设是公司在多元互补低碳能源建设创新中的一个亮点，目前可发电量达

8.1万度/年。该项目的实施为公司开发利用低碳绿色环保能源打下了扎实的基础,为完成"双碳"目标作出了贡献。

类似事例并不是个案,而是公司在环保方面诸多努力的一个缩影。

在2021年全国"两会"上,"碳达峰"和"碳中和"首次写入政府工作报告。为了提高可再生资源的循环利用,景兴纸业加大技术研发力度,开发出环保型生活用纸系列产品,以脱墨再生浆替代原生木浆,减少木浆消耗和碳排放。景兴纸业持续推进绿色治理,不断深化改革,以创新为竞争力的源泉。

▲ 2006年,景兴纸业从荷兰引进先进内循环厌氧反应器。图为景兴环保项目外景

以创新保持领先

近年来,国际形势复杂多变,全球范围内产业结构和国际分工正在进行,产业格局发生变化,技术进步迅速,循环、低碳绿色经济已成为新的发展主题。

创新,是企业发展动力的不竭源泉。

企业高质量发展,得益于产品创新。朱在龙经常说"不创新,则死亡","多做少错,少做多错,不做全错",他鼓励全体员工奋力前行,以强烈的竞争意识和危机意识,勇于创新,开拓新路。对此,钱晓东很有感慨:"朱董鼓励试错,鼓励大家去尝试新的东西,他一直讲,不成功也是正常的。对于不成功的项目,大家会去考虑后期如何优化,如何能够取得成功。所以我们这几年的节能降耗、改造创新非常多,比如透平风机。原来我们是利用真空脱水,转速比较慢,效率比较低。后来我们改成透平风机,转速快,效率高。转速达到 1 万的话,能节约 20% 左右的电量。"[1]在技术生产、服务经营、节能减排、安全培训、管理方式等方面都需要创新因素的加入,以创新保领先成为景兴纸业重要的基因。

1995 年景兴纸业就成立技术研究开发中心,2006 年经浙江省经贸委批准成为"省级企业技术中心"。经过多年的建设,技术中心具有较为齐全的化学、原材料分析和试验仪器等先进设备,配置有化学分析室、原材料分析室、中试车间和恒温恒湿测试中心。景兴纸业十分重视产学研相结合的科技创新工作,先后与浙

---

① 本课题组对于钱晓东的访谈,2023 年 6 月 30 日。

江大学、华南理工大学、浙江理工大学、陕西科技大学、齐鲁工业大学、天津科技大学、浙江科技大学等国内知名院校和科研机构建立了长期的合作关系,并根据科技创新项目的需要,聘用国内外行业专家、教授、高工、博士等创新链上的高端人才,参与项目管理、开发、中试和技术指导工作,先后设立了博士后工作站和院士专家工作站。

▲ 2017 年 11 月,景兴纸业浙江省博士后工作站成功设立

▲ 2023 年 4 月,引进外籍博士孙燕萍,任景兴企业研究院副院长

景兴纸业技术中心先后开发了高强烟箱专用包装纸系列、高强度低定量牛皮包装纸系列、高强度环保纱管原纸系列、冷冻箱专用纸、环保白面牛卡、高强度防潮型电商包装纸、柔滑卫生纸、润肤保湿卫生纸等系列产品,获得省级新产品 26 项,其中高强度低定量牛皮箱纸板被列入"国家级新产品","环保型低克重高强度瓦楞原纸"项目获嘉兴市科学技术进步二等奖。景兴纸业先后承担完成平湖市科技发展重点计划项目"环保型低定量高强白面牛卡纸开发和产业化"、浙江省科技厅重大专项"废纸造纸污水微排放 DCS 控制关键技术研究与示范项目",完成与浙江大学合作承担"国家'十三五'水体污染控制与治理科技重大专项——嘉兴市水污染协调控制与水源地质量改善项目造纸废水资源化利用升级改造示范工程"项目的研发。景兴纸业技术中心将在清洁造纸、节能降耗、高性能产品开发方面不断深入,技术研发创新能力力争全面达到国内行业内领先,部分达到国际先进水平。

景兴纸业博士后工作站于 2017 年 4 月通过浙江省博士后工作站的审批,11 月获得浙江省人力资源和社会保障局的授牌。工作站先后有 6 位博士后进站开展相关博士后科研工作。公司博士后工作站获得中国博士后基金面上项目 5 项,浙江省博士后课题择优资助项目 2 项,申报国家发明专利 13 项,发表 23 篇中文论文和 15 篇 SCI 高水平学术论文。

景兴纸业院士工作站于 2017 年 11 月签订合作协议,2018 年 4 月通过第九批嘉兴市院士专家工作站的认定。合作院士为加拿大工程院士倪永浩,目前倪院士在加拿大新不伦瑞克大学工作,专业领域为机械浆漂白、高得率浆的性能和应用、生物精炼、纳米纤维素的制备和应用。院士工作站完成 2 个科研项目的研发工作、发表 30 余篇专业论文、发明专利 1 项、实用型专利 10 项、外观专利 2 项、研发出 5 个新产品、制定了 2 个产品标准。

　　2023 年 11 月，景兴纸业绿色低碳造纸技术研究院被认定为浙江省重点企业研究院。这既是对企业技术研发创新实力的认可与肯定，也表明企业在推动科技创新研发平台建设、加强科技创新能力方面取得新突破。也就是说，景兴企业研究院是全省技术创新中心体系的重要组成部分，是企业优化创新资源配置、突破关键核心技术瓶颈、补强产业链创新短板、促进产业优化提升的省级企业研发机构。景兴企业研究院以技术创新和绿色发展为核心，不断推进造纸产业绿色低碳和可持续发展，在追求产品高品质的同时，更注重产品的环境价值。

　　景兴纸业的绿色低碳造纸技术研究院目前拥有 2 350 平方米研发场地及总价值 4 294.9 万元的先进科研设备，拥有专职研发人员 206 人，其中博士 4 人，硕士 11 人，本科 100 人，研究院本科或中级以上职称研发人员 126 人。在研究院内，有纤维分析实验室、原料检测实验室、恒温恒湿分析室、生化分析实验室、分析测试中心等多个实验室。正是在研究院的有力支撑下，景兴纸业先后获得工信部国家首批节水标杆企业和资源节约型环境友好型企业、浙江省绿色企业、浙江省创新型示范和试点企业等荣誉；截至 2024 年 9 月，获授权专利 81 项，包括有效发明专利 24 项；主持或参与国标制定 10 项；承担国家重大专项和省重大科技专项各 1 项。景兴纸业将继续加快企业改造升级，完善绿色制造体系，为我国生态文明建设、引领全球气候治理、实现"两个一百年"奋斗目标贡献一份力量。

以人才厚植潜力

　　景兴纸业很清楚技术水平、管理水平的提高离不开人才,只有人才队伍强大,公司才能强大,要全面做好"育才、选才、用才"的大文章,海纳百川、广招贤才,重点培养青年干部,提拔有能力的人才,着力建设一支高水平的复合型人才队伍。

　　景兴纸业历来重视人才、尊重知识、鼓励创造。在为公司新一轮发展注入活力的同时,为我国全面建设社会主义现代化国家,锻造了一批优秀人才。

　　1997 年引进第一批大学生,这是景兴重要的标志性事件。

　　1997 年,景兴迎来了进厂的第一批大学生,自此迎来送往,景兴在暑去寒来中见证了一个个学子的成长,有的人走了,有的人选择留下,一干就是几十年。程正柏是进厂的第一批大学生。那一年朱董重视人才引进,招进来 14 人,他记得当时和自己一起分配到造纸工艺的有 6 人,后来剩下的只有 2 人。因为那时厂子小,很多人离开了。①

　　"工于形,匠于心。"

　　景兴纸业站在历史新的起点上,以十年磨一剑的决心,打造"一剑传千古"的民族纸业品牌。景兴纸业高度关注青年力量的培养工作,培育青年员工"工匠精神",充分发扬"传帮带"精神,更深层次地开展校企合作,吸引人才。

　　弘扬工匠,追求卓越。工匠精神是一种职业精神,意味着负责任、肯专研,它是职业道德、职业能力以及职业品质的一种体

---

① 本课题组对程正柏的采访,2023 年 6 月 30 日。

现。国家"十三五"规划和党的十九大、二十大报告多次强调工匠精神,弘扬工匠精神已经成为一种共识。在景兴,"匠人匠心"是公司提倡的素养追求。在生产过程中,有些岗位看似简单,但其实需要有高度责任心去对待,做到做精做专业。只有充满工匠精神的人,才能在本职岗位上充分展现自己的工作能力、挖掘工作潜能。

工匠精神已经成为景兴腾飞的翅膀。

从 2018 年起,景兴纸业为培育新时代工匠,开办中青班,鼓励学员多读关于工匠精神、精益管理方面的书籍,并做读书分享,与同事结合工作实际交流心得,学习新知识,把从书本中学到的知识运用到工作中去,提高工作能力,使学员能够真正成为"执行制度的楷模,落实目标计划的先锋",时刻践行工匠精神,并在管理创新、制度创新上实现新的突破。

景兴纸业较早开展师徒帮扶"传帮带"的结对拜师活动,以师傅带徒弟,传承工匠精神与技术的方式,培养新时代的匠人与匠心。在此之后,景兴纸业举办技能操运会,以竞技平台打造工匠精神、打造技能团队,旨在进一步提高员工的技术水平,增进

▲ 2021 年 3 月 29 日,师徒结对仪式

员工之间相互学习和交流，最大限度调动和发挥员工的工作积极性与创造性，加强公司技能型人才队伍的建设，打造学习型、创新型企业，促进公司又好又快地发展。

用挥洒的汗水打造企业精品，是景兴人在日新月异时代的朴素梦想，工匠学院应运而生，承载起了无数景兴人的灼灼热忱。新征程上重唤工匠态度，2023 年 3 月 9 日，景兴工匠学院在程正柏负责筹办下正式宣布成立。公司以工匠学院的成立为契机，努力给员工打造一个标准化、专业化的学习平台，培养了一支高素质的技术人才队伍，为公司高质量发展不断输送高技能人才。工匠学院以史为鉴、以人为镜，向传统取经，勇敢地担负起前辈传承下来的担子，不断培养员工专注技改的意识和品性，让每一张从景兴纸业制造出来的牛皮箱板纸、白面牛卡纸、高强度瓦楞原纸、纱管纸、生活用纸都凝聚着景兴人的匠心。

引进人才不是终极目标，培养人才、留住人才才是景兴纸业的根本目的。

国家"十四五"发展规划推出系列人才工作顶层设计，牢固确立人才引领发展的战略地位。景兴纸业紧跟国家脚步，大力培养德才兼备的高素质人才。多年来，公司不断拓宽人才培养平台，完善人才选拔机制，激发人才工作潜能。

中青班作为景兴的"黄埔"，是人才梯队建设的"蓄水池"和"生力军"。第一期中青班通过层层考核和选拔，最终确定 27 名学员。朱在龙在 2017 年的中青班开班仪式上谈道："打造百年景兴，需要在人才梯队建设方面做精做强，大力培养复合型人才。"他要求大家把目光放得远一些，把步子迈得稳一些，以培训为依托，加快企业人才培养体系建设，让员工持续发挥自己的比较优势，释放创新活力。培训以专题授课为主要形式，以研讨交流、案例教学、挂职锻炼为辅助的教学方法组织开展。培训课程涵盖品德修养、管理理念、业务实操等各个方面的专业知识,旨在培养品德修养高、管理能力强、业务水平精、工作干劲足的高素质复合型人才。高质量发展是全面建设社会主义现代化国家的首要任务,答好高质量发展的时代之问,就要求企业担负起培养高素质复合型人才的重任,以适应新形势和新要求下的产业迭变。中青班培养起来的一代新生力量,既有业务精干的"才",又具备勇担使命的"德"。

2020年11月中青班二期正式开课,他们又以反哺的形式进入人才培养的链条中。

"功以才成,业由才广。"

景兴纸业不仅重视精英才干的培养,还通过岗位轮训的形式构建全员终身职业技能培训体系,每年组织职工职业技能大培训。2022年,公司两个事业部开展培训447项,受训9111人次;各行政职能部门开展培训125项,受训2222人次;大师室开展培训38项,受训539人次;公司级开展培训24项(137批次),受训1729人次①。

提到大师室培训,其实质就是在传统师徒结对的"传帮带"基础上建立起"三师"基地:浙江省"张小红技能大师工作室"、嘉兴市"陆建新技能大师工作室"、嘉兴市"方瑞明技能大师工作室",坚持"以旧带新、转换角色、勤学苦练、发挥团队力量"的人才培养要求,以此锻造企业后备力量,弘扬工匠精神。近年来,公司坚持"科技兴企、人才强企"的发展战略,以工作室为平台开展了各类以师带徒的创新活动,积极鼓励广大技术人员立足本职、刻苦攻关、攻坚破难、大胆创新,在优化和改进工艺、开发创新等方面取得了丰硕成果。

另外,景兴纸业先后和众多高校建立了校企合作关系,并

---

① 本课题组对沈守贤的采访,2023年6月30日。

与浙江科技学院共同成立了国家级工程实践教育中心，形成人才培养、科学研究、实验室共建等校企合作新模式。2011年4月9日，校企合作成人教育班的开班标志着校企合作的深化，这也是国家职业教育改革的题中应有之义。专科教育时间为2.5年，本科为5年，采用面授及网络授课相结合的方式进行，由浙江科技学院老师定期来公司授课，毕业后由浙江科技学院成校颁发毕业证书。首次报名共有21人次，参加报名的员工中，年龄最大的达到42岁，其中轻化工程本科专业6人次、制浆造纸技术专科4人次、制浆造纸技术（装备及其自动化）专科11人次①。终身教育的理念被贯彻到了企业的人才培养中，职工在比学赶超的氛围中有了"不学习就要落后人一步"的紧迫感，打破固定型思维模式，树立起了"终身都在成长成才路上"的理念。

▲ 2013年9月，与浙江科技学院校企合作成人教育班开学典礼

---

① 《校企"牵手"，人才"充电"》，载《景兴报》，2011年第4期。

▲ 2015 年 7 月 16 日，与浙江科技学院校企合作班毕业典礼，共有 101 人毕业

▲ 2021 年 9 月 24 日，浙江科技学院在景兴设立实践创新基地

国家与企业就是水和鱼的关系，国家战略目标指向就是景兴人才战略制定的基本依据。为深入贯彻国家高质量推进"一带一路"建设总体部署，助力浙江"一带一路'丝路学院'"建设，服务嘉兴"走出去"企业人才需要，景兴纸业于 2019 年结合公司战略目标、围绕改革需求制订培训计划，坚持内训为

主、外训为辅的原则开展培训工作，建立了内部讲师管理制度，同时积极筹划景兴大学的建设，组织了在线学习系统的调研等工作。2023 年，景兴纸业更是与马来西亚优理大学在嘉兴南洋职业技术学院共同签订了中马"丝路学院"合作框架协议，携手共建"一带一路"人才培养培训基地。2024 年 4 月 18 日，浙江景兴纸业与嘉兴南洋职业技术学院、马来西亚优理大学三方成功举行了中马"丝路学院"现代学徒制联合培养班合作协议线上签约仪式。

▲ 2023 年 3 月 22 日，景兴纸业、嘉兴南洋职业技术学院与马来西亚优理大学在嘉兴南洋职业技术学院共同签订中马"丝路学院"合作框架协议

以文化凝聚合力

企业文化是企业的灵魂,是构成企业核心竞争力的关键,是企业发展的原动力。

长期以来,景兴纸业不断加强企业文化建设,将其内化于心、外化于行,形成了强大的凝聚力、导向力和辐射力,为推动公司高质量发展注入强大活力。公司通过系列文体活动营造出"工作在景兴,享受在景兴"的良好氛围,为外来人才提供更好的生活与工作条件。

▲ 2018 年 4 月,生活用纸事业部优秀员工读书会

景兴纸业始终把提高职工精神文化生活作为企业文化建设的重要内容,通过各种有效文体活动载体,不断增强职工的自觉参与意识和团队凝聚意识,让员工更快、更好地融入景兴大家庭。自 1997 年起公司就开启了每年举办职工晚会的惯例,在重大日子里,举办迎国庆、庆建党、跨新年、迎五一等大型盛会,调

动员工参与的积极性，丰富了广大员工的业余生活。公司先后建立了朗诵比赛、联谊会、运动会和卡拉 OK 演唱会等活动传统，依托公司党群部和工会，组织开展丰富多彩的文体活动，以此凝聚人心、增强团队意识。

为营造学习型的工作氛围，景兴纸业从 1998 年开启首届操运会，举办有关企业发展、专业技术、管理等方面的知识竞赛。公司结合实际，广泛开展"比、学、赶、帮、超"活动，狠抓员工理论学习和业务知识学习，营造创优争先的良好氛围。公司于每年初制订活动，计划经费一次性审批到位，用于开展文艺演出、演讲比赛、管理采风、新员工军训、优秀员工疗休养、人才座谈会、青年员工联谊、家长学校、各兴趣协会等各项活动。

▲ 2013 年 1 月 10 日，人才座谈会

桃李不言，下自成蹊。

一些小的活动，看似无为而治，其实充满了朱在龙为人治企的大智慧。大家乐意"以厂为家"，在老厂的时候，景兴的工作人员和家属都会住在厂里，相互之间比较熟悉。搬到新厂之后，公司建设了篮球场等体育娱乐设施，大家平日里的交际更加便捷

多样。员工之间的沟通多了,在一起业余活动的时间久了,团队氛围自然而然就营造好了。

▲ 景兴职工业余篮球比赛(摄于 2018 年 5 月)

员工积极参与各种活动,在"健康杯"篮球赛、职工运动会、技能操运会、职工棒垒球友谊赛、演讲比赛、青工技能比赛上不断取得优异成绩。赵敬桃就是以厂为家的受益者之一,作为机长,一方面他要参加企业管理培训,学习除技术外的管理知识和技巧;另一方面他还积极参与公司组织的消防演习和知识竞赛等,每次活动,都让他充分感受到团队力量的伟大。① 企业的凝聚力在一次次的活动中不断得到强化,大家作为队友共克时艰,又作为对手相互促进,逐渐形成"你中有我,我中有你"的企业氛围。赵敬桃既能沉下心来钻研技术,又能在活动中与领导同事打成一片,"事成于和睦,力生于团结",在企业的培育和同事的激励下,他先后两次获得先进工作者称号,这更加激励他要珍惜工作岗位,不断提升技能完成各项工作任务。

① 《专访赵敬桃:淡定的心态,娴熟的技术》,载《景兴报》2013 年第 8 期。

追求卓越的景兴基因

▲ 2014 年 6 月，职工演讲比赛

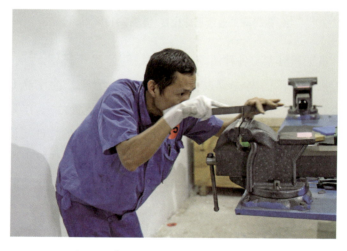

▲ 2018 年 9 月 13 日，职工机械技能比赛

景兴纸业不仅让员工在活动中感到快乐，更要让员工感到成长、让员工找到自己的价值定位。公司努力使员工认同这样一个观念：进公司不是光为了拿工资，很大程度上还会改变人的命运和机遇。一粒种子要经历种植、生根、浇水、施肥才能开出绚烂的花朵，景兴的每一名员工正是在这里落地成家，接受企业

的培养与关怀,逐渐走向成熟,成为新时代洪流里的搏击者与奋进者。

▲ 2017年4月23日,公司员工参加全市职工万米健步走活动

▲ 团建活动中的景兴职工(摄于2018年6月)

　　景兴纸业自建厂以来,始终坚持"自我激励、自我管理、自我发展、自我约束"的"四自"方针,努力建设"学习型景兴",并把"八个一"活动(企业精神、厂报、宣传橱窗、员工活动室、文体团队、宣传册、企业宣传片、厂歌)作为工作重点来抓。自2001年起,景兴纸业将企业文化转化为看得见、摸得着的直观物质文化,更新制作更加精美、务实的公司宣传网页,设计企业视觉形

象识别手册、策划拍摄企业形象《共创美好明天》宣传片、录制《我们的前景无比辉煌》厂歌等等。其目的只有一个，打造景兴文化品牌，提高企业知名度，为景兴更好发展储备原动力！

▲ 2012 年 12 年 29 日，"唱响景兴"合唱大赛

《景兴报》自 1997 年 10 月 24 日诞生，标志着景兴纸业营造文化的开始，通过《景兴报》，讲好景兴故事，发展与振兴景兴企业文化。朱在龙寄语景兴："成熟的企业不但应有完善系统的科学管理，更应有自己独特的企业文化。靠简单的资源组合资产不是景兴永久立足的根本，支撑企业脊梁的应该是企业的精神，是不断进取、开拓创新的景兴精神。只有让其渗入每一位员工的心灵深处，景兴的明天才会充满希望和辉煌！"企业报既是企业文化建设的重要载体之一，又是企业对内对外宣传的重要窗口。《景兴报》作为企业报纸，报道内容围绕着景兴纸业的发展和动态，记录员工干部们的所思所想，书写的是景兴人的真情与思考，起到了加强员工内部想法互通与对外连接的作用。在主编和全体编辑人员的努力下，《景兴报》连年获得各种荣誉：2010年《景兴报》编辑曹海兵获得第三届"浙江省优秀企业报工作者"殊荣；2010 年《景兴报》获"2009—2010 年度全国造纸产业优秀

报刊奖"；2010年《景兴报》获省"优秀税收宣传专版"称号；2019年《景兴报》入选"2017—2018年度全国造纸产业十佳企业报刊"；2022年《景兴报》获评2021年度"浙江省优秀企业传媒"；等等。现如今，《景兴报》已经刊发300多期，创刊27年，《景兴报》的发展就是景兴发展的缩影，《景兴报》与景兴品牌早已发扬光大，景兴的企业文化作为一种价值观被企业员工以及市场共同认可后，已形成一种黏合力，使得员工与员工、员工与企业之间产生巨大的向心力和凝聚力。

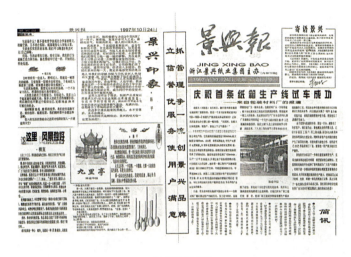

▲《景兴报》

强大的企业文化，塑造了公司一个个卓越的个体。

景兴纸业不乏勇攀高峰、顽强斗争的优秀普通员工，他们在理想的指引下，超越自我，挑战极限，追求卓越，以苦战实战的精神在强手林立、群雄逐鹿的纸业市场竞争中拔得头筹。

如2011年度"岗位贡献奖"得主毛建明就是这样一位普通但不平凡的景兴员工。他从1992年进入景兴后，埋头深耕于岗位，朴实无华，默默奉献；对待工作一丝不苟，认真负责。毛建明在浆料处理上下足功夫，对每一道环节充分挖潜，提高了工作效

追求卓越的景兴基因

率，为高效生产、降低成本作出了有力贡献。

再如，获得曹桥街道 2022 年度"工人先锋"荣誉称号的陈良杰，不断超越自我，全身心地奉献于学习与工作。作为先天性听障患者，他不服输，利用业余时间废寝忘食地自学 CAD、CDR、AI 等制图软件，同时不断查阅档案信息弥补工作经验不足，最终熟练掌握设计软件、纸箱生产工艺，在制图员岗位上扎下根。此外，他还凭着一股不服输的学习韧劲，在计算机专业领域拓展技能，先后获得嘉兴市、浙江省、全国、世界残疾人职业技能大赛"文本处理"项目金牌，实现计算机"文本处理"技能大满贯。这样求真务实、拼搏进取、追求卓越的景兴人还有很多，他们身上正是汇聚了超越自我、挑战极限、追求卓越的景兴精神，是景兴纸业高质量发展的磅礴助力。

▲ 2023 年 3 月 29 日，陈良杰获世界残疾人职业技能竞赛冠军

岁月无言，春秋有痕。经过长期的发展壮大，景兴纸业取得了骄人的经营业绩，也积淀了丰厚的精神财富，企业文化铸就了企业之魂，为公司的跨越式发展打下了坚实基础，积蓄了不竭的发展动能。

以责任承载初心

企业的责任范围很广，但最重要的是对员工、对社会的责任。

"居者有其屋"是对员工负责、提升职工幸福感的大事，是景兴纸业坚持以人为本的重要抓手。2012年2月，造纸公司职工公寓落成，公司上下欢欣鼓舞。公司职工公寓包括双人间、单身公寓、二室一厅、三室一厅，所有的房间按照标间设计，每个房间都配有电视、空调、独立卫生间和阳台①。在职工生活区还配有篮球场、网球场、乒乓球室、健身房、图书室等活动场所，给员工打造了温馨、舒适、文明的居住环境。

通过人文关怀促进企业良性发展一直是朱在龙放在心里的大事。比如员工居住的三号宿舍楼，因为建设时间早，设施老化、管理不善等问题开始出现，这些细节很快就引起了他的注意。"栽下梧桐树，才能引得凤凰来，我们要让职工住得舒适。"在实地走访后，管理层就修缮问题快速达成一致意见。

2020年公司对三号楼重新粉刷房间、走廊、楼梯墙身，走廊过道重新封顶，室内地砖重铺，并且更换了老旧卫浴设施。2021年底为员工配套自助公用洗衣机两台，户外晾衣区一处，解决了员工洗衣难、朝北房间晾晒衣物难等问题。2023年初，考虑到宿舍楼前的绿化树木过于高大，影响室内采光，后勤部门结合实际情况进行了全面的修剪工作。之后又按照计划对三号宿舍楼多年存在的外墙、楼顶渗水问题进行了改善，室内旧空调、旧电

---

① 《让员工体面工作分享成果》，载《浙江工人日报》，2013年8月19日。

视机、两个楼层的旧家具淘汰更换，每间卫生间也做了干湿分离①。全新的配套设施，合理的室内布局，让员工在工作之余有良好的休息环境。从"有房住"再到"住得好"，职工在企业关怀下，逐渐拥有了"回家"的幸福感。

2001 年 9 月，景兴按照职工捐资及企业等额划拨的原则，成立了平湖地区首家"1＋1"互助互济基金，采用"职工捐一点、企业拨一点"的资金筹集办法，建立贫困职工的救助机制，为遭遇生病住院、工伤、车祸和意外灾害的职工发放救助金。"1＋1"互助基金是工会主席沈守贤在温州培训时学习到的，之后得到了朱在龙的大力支持，见贤思齐，大力推进，在景兴取得了很好的成果，后来还在全市进行推广。工会号召所有职工根据个人情况自愿募集资金，2000 年第一次募集就筹到 7 万元，朱在龙代表公司也出了 7 万元。沈守贤说，公司把募集资金分成两个部分，大头交给市慈善总会和街道分会，20％的份额给企业里比较贫困急需帮助的员工。一旦碰到员工重大疾病，市慈善总会会给每人 3 000 元，公司出 2 000 元，这样既维护企业法人的利益，也维护了职工的利益。②

提到"1＋1"互助基金，沈守贤对职工受益的事例如数家珍。

2006 年生产部一名职工的父亲得了脑溢血需要住院治疗，母亲又是残疾人，家里本就不富裕，又加上一大笔医药费需要支付，基金分两次救济了 2 000 元；包装材料厂一名职工因食管爆裂急需进行第二次手术，由于家庭困难，妻子长期病休，孩子又要上学，无法支付医药费用，互助基金及时进行了救济。

即便在 2009 年，美国次贷危机波及中国，企业亏损面不断扩大，景兴工会在这种艰难处境下仍坚持以人为本、以财为末，

---

① 《改善住宿环境，提升员工幸福感》，载《景兴报》，2023 年第 4 期。
② 本课题组 2023 年 6 月 30 日对沈守贤的采访。

积极发挥着为企业分忧、为职工解难的重要作用。

2014 年在公司工作二十余年的一名老员工先是其父亲重病住院,接着妻子也生病需要做手术,而女儿还在上学,自己成了家里唯一的收入来源,工会送去一笔救济金帮他渡过了难关。

无数的缩影构成了企业职工互助的写照,正是"1＋1"互助基金的筹建,让景兴人面对生活多了几分"行到水穷处,坐看云起时"的淡然。目前"1＋1"互助基金已募捐五次,慰问困难职工500 多人次,发放资助款 60 余万元。该基金在完善困难职工帮扶体系、畅通困难职工救助渠道的基础上苦下功夫,把企业和员工融合成了唇齿相依的共同体,使员工在为企业发展壮大敬业拼搏的同时,享受到了企业发展带来的温暖。

即便还是在初创阶段,社会公益领域中就能看到景兴纸业的身影。

每年初冬,景兴纸业团委和曹桥行知幼儿园团支部都会合力开展爱心助学结对活动,为幼儿园一些有特殊需要的孩子带去物质上的资助和精神上的关怀。景兴纸业是土生土长的平湖市民营企业,公益活动承载着企业的家乡情结,希望通过这些活动能实实在在地为家乡人作一些贡献,也希望家乡学子像初升的太阳一般,在今后的人生道路上绽放属于自己的光芒,为家乡的发展添砖加瓦。公司积极参加各类助学、助困等公益慈善活动,如在平湖青田"千企结千村"专项行动中,公司积极与经济薄弱村结对,利用企业资金、信息和市场等,促进农民就业增收,提升村集体经济持续增收能力;面对新型冠状病毒感染疫情,公司通过平湖市红十字会捐赠 80 万元现金和捐赠价值 40 多万元的"品萱"保湿抑菌生活用纸等物资,充分彰显企业在稳健发展的同时回馈社会的责任担当。

景兴纸业履行企业社会责任的视野还不断从家乡扩展到全

国。从 1995 年起，公司先后对四川广元 48 名贫困学生，曹桥街道陈燕、陈美霞、江晓琴、江晓东等同学进行了结对助学，资助他们完成学业。近年来，公司又捐出大量资金，对嘉兴大学、嘉兴职业技术学院的 35 名学生进行了爱心助学。

▲ 2017 年 4 月 19 日，公司党员自发组织无偿献血

▲ 2018 年 12 月，朱在龙代表公司向平湖市行知中学捐款

▲ 2020 年 11 月 17 日,王志明代表公司向浙江科技学院捐款

▲ 2022 年 7 月 12 日,朱在龙代表公司奖励平湖中学优秀学子

　　2018 年,公司积极响应国家"精准扶贫"工程的号召,承担起龙头企业的社会责任,与安徽省宿州市萧县大屯镇进行一对一的基础教育精准扶贫结对,向该镇张楼小学捐赠 60 万元,用于学校建设与村道修建,改善落后的教育基础设施,促进其基础教育的发展,并将学校更名为"张楼景兴希望小学"。公司在蓬勃发展的同时,始终坚持回馈社会、奉献爱心,长期支持"精准扶

贫"工程、希望工程、困难职工资助工程、社会公益慈善事业、文化事业的发展,得到了社会各界和公众的广泛好评。

▲ 2018 年 7 月,朱在龙代表景兴捐款建设张楼景兴希望小学

▲ 张楼景兴希望小学的孩子们拿到助学款

习近平总书记在党的二十大报告中指出:"中国式现代化是物质文明和精神文明相协调的现代化。"

景兴纸业面对中国式现代化建设中的新使命、新任务,重视精神文明建设及其作用发挥,统筹多方资源,持续积淀和涵养推动企业高质量发展的内在驱动力,为增强企业核心竞争力提供坚实支撑。

　　"超越自我,挑战极限,追求卓越",这 12 个字凝聚了景兴纸业发展的企业精神,也汇聚了景兴纸业发展的"十大基因"。景兴精神是景兴纸业发展的精神支柱,是景兴纸业发展之魂。面向未来,朝着百年景兴目标,我们相信景兴纸业将进一步深化景兴精神文明建设,把精神文明建设有效融入企业各项工作中,促进企业各项工作的协调发展,努力实现文明创建和事业发展的"双丰收"。

III 造纸逐梦　共话桑麻

景兴纸业从乡镇企业起步，经历产能扩张、改制、上市、国际化战略等，它的每一步都能印证我国改革开放发展的坚实步伐。在这个发展过程中，朱在龙董事长始终以包容开放、昂扬向上的精神姿态，带领他的团队，在企业经营管理、科技创新、人才队伍建设、企业文化建设、党的建设、社会责任等方面不断创新，成果卓著。在本书编写过程中，我们访谈了景兴纸业的高管团队。他们充满感情地讲述了他们与景兴纸业同成长共发展的不凡经历，也分享了很多景兴纸业发展过程中鲜为人知的珍贵故事。

不断突破的景兴

王志明,1968 年 11 月生,大专学历,高级经济师。现任公司董事、总经理,平湖市景兴物流有限公司执行董事、经理,平湖市景兴包装材料有限公司董事长,景兴控股(马)有限公司副董事长,绿创工业(马)私人有限公司董事。历任平湖市第二造纸厂团支部书记、统计科科员、企管科科长,浙江景兴纸业集团有限公司企管科科长、生产部副部长、销售部经理,浙江景兴纸业股份有限公司总经理助理、副总经理,浙江景兴板纸有限公司董事、总经理,景兴国际控股(香港)有限公司执行董事、经理等职。

谈景兴大事和重要节点

我是 1991 年来到景兴的,那时候景兴还是一家乡镇企业,只有两台很小的机器。之后我大致经历了这么几个重要节点。

第一个重要节点,就是我一来就参与了 3 号机项目开机。3号机的车速是每分钟 100 米,投产后整个产能翻了一番。

第二个重要节点,是"3250 工程",当时的两台纸机是华东地区最大的机器,帮助我们逐步建立起了市场,整个产能又翻了一倍。这对景兴来说是非常具有突破性的项目,政府在资金方面的支持力度比较大,而且市场在上升期,公司很快就度过了资金紧张时期。那个时候景兴的发展势头已经比嘉兴区域其他造纸厂好了,所以政府对我们的投资力度就更大了。

第三个重要节点,是 10 号机建设。10 号机是华东地区最大的纸机,在这之前,四五台纸机加起来的产量也就是一年 10

万吨,10号机的出现使景兴的产能又翻了一番。当时在江浙沪这边,国内像玖龙这样的大型造纸厂还没有扩展过来,因此10号机对公司来说是非常大的转折点,使景兴在行业内的市场影响力增大了很多。不过当时景兴资金比较紧缺,我那时负责销售,国家开发银行对我们的扶持很大。那时候我们很担心,1998年市场势头不是很好,销量也不是很好,现在又增加了10万吨,怕市场接受度没有那么高,压力也很大。我们就不断地想办法向重庆、四川、湖南、沈阳、天津、北京等全国各地扩展,那个时候其他地区没有这些品种,大集团还没有铺开,我们通过船、火车等交通工具,打开了市场,发挥出了10号机的重要作用,现在它的产能可以达到20万吨。

第四个重要节点,就是改制——景兴和茉织华以及日本的2家企业组建股份公司。我们在2000年左右就开始筹备上市,中间经过了很多波折,因为那个时候证券市场也不完善,我们也尝试过和国企合作,但是没成功,后来就找到了茉织华,它在我们之前成功上市,比较有经验,辅导了我们五六年,才成功上市。从乡镇企业转变过来很不容易,而且当时要求非常严格。公司发展以后,管理层适应起来比较困难,我们就引进了ISO9000,开始有意识地进行管理创新。随着景兴发展壮大,我们不能像过去乡镇企业那样做事缺少标准和规定,财务制度也不断规范,公司适应新的规章制度也花了几年时间。

2006年9月15日,景兴纸业在深圳证券交易所上市。上市这个重要转折点在于解决了资金压力,为后期12号机和15号机项目提供了保障,后续几次融资成功,我们把生活用纸也做了起来,年产量可以达到170万吨,其中150万吨包装纸,18万至20万吨生活用纸。在全国的造纸行业中,景兴排在第二十名左右,在纯包装纸领域可以排到前十,这几年发展速度没有那么快,跟玖龙的产量相比要差10倍。所以2019年我们开始筹备马来西亚项目,计划是一期产量 80 万吨,二期 60 万吨。目前是那边建一个工厂,但销售还是以国内为主。马来西亚政局是比较稳定的,批准的东西一般不会改变,政商关系比较简单,这对我们来说很重要。

谈个人在景兴的成长历程

我是 1997 年开始到销售部的,做了 12 年左右。我发现每过 5 到 10 年都会有金融危机的波段,比如 1998 年、2008 年、2015 年,还有 2023 年。经济不好的时候,哪怕微利或者不赚钱,也要让内部正常运行,保证现金流是正常的,保证公司能产销平衡、正常运转。我们之前的销售网铺得很大,近十年逐渐收回来,因为大型造纸厂已经在全国铺开,产品同质化越来越严重,在外地的竞争力逐渐减弱了。这几年我们把 95% 以上的销售放在江浙沪地区。平湖最大的优势,就是处在这个经济圈的中心。长三角地区运输便利,经济发达,客户交流来往都很方便。长三角片区五家较大的造纸企业,都有各自的品种,形成一个平衡,目前是一种良性竞争状态,企业之间也会互相交流,采取一些价格保护措施。近几年经营环境好了很多,现在预付期只有一个月,风险小了很多,中国的整个社会风气越来越好,和国际环境逐渐对接,这样资金回款压力越来越小,景兴纸业的负债率就很低。

景兴纸业的投资方向一直在制造业,一直以来奉行的都是在自己的主业里做精,对外投资不能对主业有影响,保证主业投资。造纸行业投资规模大,门槛比较高,进来的新人不是很多,但是包装门槛低,投资的人比较多,但是能赚到钱的很少。景兴这么多年来一直聚焦于造纸全产业链的发展。

2011 年底,我开始任总经理,也十几年了。生活用纸这块我们做了也有 10 年了，竞争比包装纸还要激烈，投资也大。包装纸幅宽 3.6 米以下的纸机基本都淘汰掉了，而且现在环保限制比较多，造纸行业在能耗、土地、环保方面想要寻求突破很困难，再加上近年来国家提倡高质量发展，因此有很多企业破产了，留下来的都是良性的。所以景兴很重视技改，也是从成本角度去考虑，除了原料成本，能耗成本最高。

谈景兴经验

景兴一直以来缺少专业团队来制定专业标准，于是找了深圳的一家公司来推"精益"，效果很好，就合作了几年，并且全公司全员推行。造纸行业在传统观念里就是脏乱差。虽然现在都是封闭式生产，但是一旦有故障还是会出问题，所以通过这些管理活动，做好平时的保养，形成一个标准化的流程和制度，不会因人员的变动而改变。

这几年景兴一线管理上年轻人才非常多，尤其是马来西亚项目一出来，快速培养了一批年轻人。我们一直很重视人才培养，过去员工不识字，一边上班一边农忙，直到 1997 年我们才第一次招了一批专业技术的外来大学生。一家企业的发展除了需要机器设备的更新以外，人才梯队培养是非常要紧的，所以我们近年来从员工的年龄上、学历上都做了更多提升，比如马来西亚的项目对外语要求比较高。目前在马来西亚的管理层都是年轻人，以后都要回到总部的，近年来每年都要招聘很多人，每年都有留下来的硕士层次人才，因为方向比较明确，就是往管理层培养，但是本科生留下来的少，因为都要直接进厂，跟着师傅上手操作，现在的年轻人不愿意长期待在车间，而且发展空间有限。目前公司待遇还可以。一线基层员工广招，不限学历和专业，因为现在自动化程度高。为了留住本科生，尤其是电气设备、工程技术、造纸工艺这三个专业的本科生,人力资源部门也有专门的管理团队对大学生进行关怀,每年都有"大学生座谈会",让大家都来谈谈心得体会。景兴还有月度、季度员工交流会,很多聚会都会拉上这些年轻人,让他们有一种融入感。

我一直主张要加速推进年轻人才的培养。景兴现在建立了院士工作站、博士后工作站,自己搞了研究院,最近新聘请了新西兰来的华人博士,带领年轻人做一些结构性分析,这些措施也会促使年轻人愿意留在景兴。景兴还有从芬兰来的外国专家和博士,外请专家一方面是国家鼓励,另一方面我们企业也需要不同的观点和方法,解决我们自己看不到的问题。

我们的中青班已经进行两期了,除了短训,还想模仿学校来进行长期培训,最长的有一年的培训,但并不是脱产培训,要一边上课一边上班,培训出来以后,大部分人会升到中层以上。一年的课程体系也是我们自己设计的,会从外面聘请专业的老师。中青班还有一个好处,就是使部门之间熟悉了很多,之前中基层之间都不太认识的。中青班是先自愿报名,然后部门推荐,最后筛选。课程以管理类为主,也会有实习类、技术类,还会进行轮岗交流,每期30人,目前第三期正在进行中。

我们有一个"品管圈"活动,专门做一些品质改善,就是每个部门建立一个圈,一般5到10人,花半年时间去做课题,年底有专门的委员会进行评定,根据实际成效给予个人和团队奖励,几万元到几十万元都有。奖励是在评审以后根据节约成效进行的,也是激励员工业务的一种方法,而评定标准是觉得哪个项目思路好,有创新,能够启发公司未来的发展。技改预算每年都要有一两千万元,主要是提升品质、降低能耗、提高产量这三个方向,还有一些关于安全管理、环保方面的。

再就是风险管理,我们每年都强调风险和危机。早年的风险管理主要是针对应收款管理不足,因为有很多逾期和欠债不还。后来我们逐步意识到，需要建立一个风控体系，通过防范制度的建立，把企业建成一个健康的有机体，不论外界环境如何变化，我们都能应对。这几年有很多公司破产，比如茉织华，之前它是景兴的大股东，现在其股票已经退市，卖给日本人了。

谈朱董和未来

朱董很早从基层出来，乐于接受新事物。这几十年来世界变化太大了，一家公司的一把手四十年来没换过，是不多见的。我觉得做董事长要有一定的浪漫主义，不仅能把握大方向，还要对员工有人文主义情怀，敢想，敢做。

朱董说过一句让我印象非常深的话——"做我们认为不可能的事情"，当时觉得很多不可能的事情，景兴后来都做到了。朱董学习能力很强，各个领域都有涉猎，思想接受程度很高。我最佩服的是，朱董在上市期间把所有财务知识都学通了，一个人应对现场过会答辩。

朱董平时没有什么爱好，也没有不良嗜好，以厂为家，闲下来就在公司散步走路、在办公室看看书。

目前公司投资最大的就是马来西亚项目，马来西亚建厂减少了区域限制，有港口的运输优势，市场可以进一步扩大。就管理方面来讲，我们要多向国际先进企业学习，设备和技术还是要学习欧美、日本等，他们的造纸、包装、印刷技术都是最先进的。

关于未来的发展，我认为要做精做强，在本区域再扩大的可能性比较小。因为设备慢慢老化，我们可以再建一个基地，这样更便于更新改造，而且品种结构还可以做更多细化，提升市场占有率。"再建一个景兴"的愿景，让三个厂独立运行的同时，还能互相扶持，扩大景兴的优势，具有更强的竞争力，这可能需要花费 10 年到 20 年的时间。

筚路蓝缕景兴路

戈海华,1965 年 9 月生,大专学历,高级经济师,中共党员。现任公司副董事长,浙江省造纸协会副理事长,浙江省平湖市质量协会副会长。历任平湖市第二造纸厂生产科长、生产副厂长,浙江景兴纸业集团有限公司常务副总经理,浙江景兴纸业股份有限公司总工程师、总经理,浙江景兴板纸有限公司董事等职。

谈个人进入景兴、在景兴成长并走上领导岗位的历程

景兴的前身是平湖第二造纸厂,建厂时是一家乡镇企业,是曹桥乡和平湖市供销社联合办起来的。1984 年中国进入改革开放初期,集体经济的基础比较薄弱,乡政府办企业缺乏资金实力,所以联合平湖供销社一起办厂,供销社相对来讲有一定的流动资金。当时每个员工,包括我在内,都是"带资进厂"。我们在农村没活干,就想着进厂,所以向亲戚借钱,凑了 2 000 块钱才进了厂。当时这些钱是很大的数字,是很不容易的。

当时曹桥乡有几个退伍军人在嘉兴民丰造纸厂工作,我们就向他们学技术,请他们来安装和调试设备,依靠这些师傅的帮助,才办起了企业。

我们都是从农村来的,造纸机都没见过,看不懂图纸,也不会安装,说到底,什么也不会,只能从别的厂请有经验的老师傅来教。所以设备安装完以后,我们厂就联系到杭州余杭的一家造纸厂,安排厂里 18 个人去学习造纸技术,从打浆开始到成品一点一点学起来,我也是去学习的人之一,当年我们这些人被称

造纸逐梦 共话桑麻

为"十八罗汉"。

我们这批人学完回厂以后，有很多人离开了。一是因为当时我们生产的水泥袋内衬纸卖不掉，只能堆放在仓库里，工厂开工三天，又停个三五天，工资很少；二是改革开放以后，有些脑子活络的人就想自己做生意。说到底还是当时厂里的技术、市场销路等方面都不行，建厂一年多，实际上效益并不好。

十多年以后我回想了一下，虽然当时产品的销售价格很低，但原料成本也便宜，因此毛利率很高，但是由于不懂管理，也不懂技术，大好的机会就这样白白流失掉了。

到了 1987 年，造纸厂的效益一直不见起色，曹桥乡政府也很着急。后来逐步打开了市场。

市场打开以后，我们又面临两个大问题。第一个是设备问题，1984 年市面上好一点的设备是没有的，都是私人企业生产的，技术精度不高，使用过程中问题频出，我们也不懂设备维护。第二个是没有懂造纸技术的人才。当时潘力强被派来做我们厂长，他觉得我在生产一线干活勤快，能吃苦，爱钻研，所以就推荐我去杭州的造纸学校进行造纸理论和技术的系统性学习。那是 1987 年，潘厂长 26 岁，我 22 岁。

因为我们一行人是厂里派去的，已经有一定的生产经验，因此造纸学校给我们专门开了短训班，要在一个月内把所有理论性的基础知识学会。我们作为企业一线生产人员，相对来讲更加熟悉设备，所以对零部件有一些印象，只不过以前一直是跟着老师傅凭经验画图，没有经过系统培训，注意不到一些细节性或技巧性的东西。我们那时每天都会把第二天的课程预习好，这样第二天学起来就轻松一些。

我们上了 4 节课以后，老师就把我们短训班学生画的图纸，挂到他们专业的中专班里面。他说，你看，人家只学了 4 堂课，画出来的图纸就已经非常漂亮、非常到位。而有些已经学了两年或三年的,还画不好。当时这位老师跟我们讲得很清楚,其他的作业你可以抄,但机械制图必须要自己学,如果不懂机械制图,人家就算把图纸放在你面前,你连抄都不会抄。我们画的图叫齿轮箱,它的构造把所有机械制图的理论性知识全部包含在内了。

6个月后学成毕业,我回到厂里。以前设备出现故障后,因为我们不懂技术,看不懂图纸,就找不出原因,只能把很重的滚子拉到嘉兴民丰造纸厂去检查。但是加工师傅说不需要滚子,只要有图纸就行。我们不会画图纸,就只能拖着滚子去,让人家现场测绘。我会画图纸之后,直接把图纸给加工师傅,不用再费劲把笨重的零部件拉出去。这对我后来的生产管理实际上是触动很大的。

1988年初,我从杭州造纸厂回来后,正好潘厂长的挂职时间也到了,就由朱董(朱在龙)担任厂长,我任副厂长,分管生产和技术。当时朱董24岁,我22岁。造纸技术有了,市场也打开了,我们就开始搞生产。当时国内正兴起"全面质量管理",我学习了系统性的理论之后,认识到产品标准和质量要求的重要性,就专门去造纸仪器厂买了一些造纸的检测设备,用来检测产品质量。当时我们的产品质量在江浙一带是小有名气的,基本上不愁卖。

产品质量好了以后,我们又想办法提升产量。因为销量好了,客户来拿产品,交不出来是一个麻烦。所以当时朱董提出"生产不停,技改不断",我们边生产,边进行技术改造,改造以后,生产中发现了缺陷,再改进,然后提升产能。每年都会有大大小小的技术改造,感觉哪里不好了,要停下来改,改了以后产能得到提升,所以改造一直越来越多。

朱董派我去日本进修过两次,学习日本的统计技术和精细化管理模式,对我的启发很大。我用数码相机把需要学习的东西拍下来，带回来研究，用到技术改造上，特别是对 10 号机帮助很大。

谈对景兴是重要转折点的事件以及景兴突破的原因

第一个突破是我们的产品质量和市场趋于稳定之后，1989年扩建了 2 号机，1990 年扩建了 3 号机。1988 年 1 号机的年产量不到 2 000 吨，到 1990 年的时候，3 号机的年产量已经达到 1 万吨，几乎是 1 号机和 2 号机年产量的总和，这是我们产能上的一个巨大提升。而且 2 号机和 3 号机的整个工艺造纸都是我负责设计的。我通过生产实践过程，慢慢摸索出了一定的基础，知道哪些地方合理，哪些地方需要改进，所以每一台造纸机一直在不断的摸索过程中完善和改进。

第二个突破是"3250 工程"。3 号机扩建完成以后，我跟朱董开始探讨品种优化问题，怎么做生产档次高一点、附加值高一点的产品。1992 年的时候，3 号机一天的利润是 1 万块钱，这在当时是非常厉害的，我们一个月有三十几万元利润，还掉了全部贷款，手里也有钱了。有了钱以后，朱董感觉市场非常不错，所以 1992 年提出了"3250 工程"，要从原来的 1 万吨产能，增加到5 万吨。整个平湖市的领导，包括老厂长都说，你们两个小年轻真是蛮胆大的，5 万吨产量简直不可想象。

我们感觉市场好，有生意可做，也没想多多，觉得能搞就搞。这笔投资对我们厂来讲也是一个里程碑，朱董的压力是很大的，毕竟要投资 3 000 多万元。当时贷款额度有限，也不像现在能用房子作抵押贷款。我们就分工，朱董主外，跟政府打交道，我主内，负责设备采购安装、调试生产。为了方便"三班倒"的员工休息，我们建了员工宿舍。我几乎每天都要半夜十一二点才能回到宿舍，回来以后还要看看书，或者到车间去看看生产上有什么问题。外界感觉造纸厂风气非常好，厂长、副厂长、几位负责人和家属吃住都在厂里。说到底还是因为年纪轻，也就二十六七岁，家里面没负担。

真正的转折点是 10 号机。10 号机建设是我在朱董领导下亲自参与设计的。到目前为止，这台机器的工艺流程还是最完善的。当初我们的设计产能是每年 15 万吨，现在已经达到 20 万吨，最高的一年做到了 23 万吨。它的效率最高，赚钱也最多，当年朱董代表公司还奖励了我 10 万块钱。10 号机的成功意味着我们的技术、生产规模和效益都有了很大提升，对后来的公司上市影响很大。

谈对景兴特别重要的做法或经验

1993 年有一个污水事件，造纸厂的纸浆没有处理好就排放到河道里，造成堵塞，船没法行驶，鱼苗也大量死亡。我通过私人关系找到嘉兴民丰造纸厂的一位污水处理专家，去他那里学习怎么处理污水。这次经历让我意识到存在一个误区，原本我们认为污水处理的最大压力来自外界，而实际上最大的压力恰恰来自造纸厂内部——巨大的排水量造成巨大的污水处理规模。我就内外部两手抓，一方面重建处理污水的沉淀池，另一方面是内部节水，用滤网把流失的纤维浆料回收，节约原料。经过一年的努力，造一吨纸的耗水量从 300 吨降到 80 吨。附近的居民不再投诉，河道也不会堵塞发臭，污水也能够再循环利用起来，我们的压力一下子小了很多。

后来，我们引入了早期脱硫塔，它的污水处理效率高，占地面积小，而且能产生沼气，沼气可以用来发电。这样一来，污水处理所耗用的电完全由沼气发电供给，污水处理几乎是零成本。2011 年我开始分管热电厂，把发一度电的耗煤量从 600 多克，

133

降到目前的 130 克。

还有就是固体垃圾的处理问题。原本污泥垃圾全部堆在垃圾场，后来我觉得一定要想办法处理好这些垃圾，这事关造纸厂能否生存下去的问题。公司决定对固体垃圾进行燃烧处理，2013 年我开始接手锅炉浇筑工程。那时我压力很大，因为投资了四五千万元，害怕搞不起来。我在跟设计院沟通的时候，发现锅炉设计思路和工艺都存在问题，我就自己上手修改。锅炉燃烧垃圾，每年大概能够节约 3 万吨标煤，这个量是非常大的。后来山东的造纸企业也来我们这里参观学习怎么处理固体垃圾。实际上我只是牵了个头，具体操作还是要依靠整个技术团队。

我一直跟团队讲，环保这一块如果没做好，企业和老百姓都是受害者，所以思想观念要对，要把环保看作是自己的事情。我做环保是无成本运行的，通过处理废弃物来降低原煤消耗，对企业来讲实际上是一个创收的过程。当环保进入无成本运行状态时，才是最可靠最长久的环保。垃圾和污泥处理是造纸行业的大问题，把这些后顾之忧彻底解决掉，造纸行业的发展生存才会好。

谈景兴能够不断发展壮大的因素

首先是团队凝聚力，这跟朱董的个人魅力有关，他从来不计较个人得失，我们相互信任，没有猜疑或钩心斗角之类。

第二是齐心协力。我们企业在发展过程中，任何一项大事，公司上下都是在分工的范围之内把各自的工作做好，从来没有一句怨言。

还有就是比较关心职工的生活。1997 年，我们引进了一批大学生。为了留住他们，我白天和他们一起工作交流，帮助解决工作上的难题，晚上大家都住在厂里，我经常去他们宿舍里聊天,帮助解决生活上的困难。后来,我又将其中几人的对象也调到厂里来,解决了他们成家方面的后顾之忧。对于没有对象的男同志,厂里也是组织联谊活动,尽可能地给这些年轻人牵线搭桥。刚开始工作的时候,这些年轻人买不起商品房,厂里就建了单身宿舍给他们。成家和工作问题解决以后,这些年轻人就安心留了下来。现在,他们都是景兴的主要技术骨干。

树立资本市场口碑

汪为民,1950 年 11 月生,本科学历,经济师,中共党员。现任公司副董事长,上海景兴实业投资有限公司董事、总经理,景兴控股(马)有限公司董事,绿创工业(马)私人有限公司董事,浙江莎普爱思药业股份有限公司董事。历任上海茉织华实业发展有限公司副董事长,上海茉织华股份有限公司董事会秘书、财务总监、副总经理,上海九龙山股份有限公司董事、副总经理、财务总监,四川景特彩包装有限公司董事等职。

谈景兴上市

我是 2001 年来到景兴的,原来在中国华源纺织工业部工作。当时我在平湖帮助茉织华上市成功以后,就有几家当地企业和我们联系,希望我们帮助他们上市。景兴那时还是一家小企业,计划扩大规模和上市,但资金不够,抵押的厂房和土地也不值钱。茉织华作为大型上市企业入股,替景兴担保了 4 亿多元贷款,这是景兴起飞的一个时机。茉织华是中日合资企业,景兴相当于引进了日资,所以就利用日本的一些旧设备,继续扩展规模。从 2001 年开始,景兴从 10 万吨产能,慢慢走上比较快的发展之路。每家公司都有一个发展过程,我也跟朱董说过,过去的历史非常艰难,从破旧的厂房做成现在这个规模,是一个跨越式发展。我常驻上海这边,负责景兴证券和投资方面的业务,平湖那边是以生产为主,深圳那边也有办公地点。

难度最大的就是贷款额度问题。浦东当初发展不快,企业不多,中央给它特权,比如说有1亿美元贷款额度的企业就可以上市,但是它找不到这种企业。当时我在上海证管办的朋友就说,把上海作为企业注册地就可以了。所以当时茉织华的实际注册地在上海。景兴本来也准备走这条路,但后来额度制取消了,改为由券商进行担保推荐,券商的权限很大。当初我们请的是国泰君安,但是涉及上市,他们必然要选择实力强的,景兴那时的实力是不足的,所以后来我们选了现在的中信建投,以前叫华夏证券。

景兴发展确实是比较快的。很多企业的发展会多元化,比如景兴纸兴有两大主业支撑,在一定意义上抗风险能力也会比较强,但是有些企业的业务太多了,甚至原来的主业现在都变成了副业。景兴的每一步都是在造纸这条路上走,朱董真的是将毕生努力都用在造纸上的企业家,像这样的企业家在投资圈里或者上市公司圈里是不多的。从国外的投资理念来说,一家公司做专业的东西才是最好的公司,但在中国,多元化业务可能会更有利于发展。景兴前前后后的募资也有几十亿元,但对外投资基本上都是造纸。在整个上市过程当中,景兴坚持以造纸为主,不断升级品种,原来只有粗糙的瓦楞纸,后来慢慢研究出低克重高强度牛皮纸,在细分市场深入打磨。

实际上包装纸在全国的用纸中占比最大,因为所有工厂里出来的东西,都需要包装纸,所以它的需求量是很大的,坚持走这条路是有道理的。我们都是外行,不如朱董对行业发展的认识深刻,我们就是大体了解,跟着他走就行了。

上市以后,景兴一直围绕着一个主业和几个细分品种发展,从一个产能只有几万吨的小厂发展到现在年产能150万吨的大企业,现在又在马来西亚搞了一个60万吨的项目,马上还有新的项目投产,总体规模可以达到300万吨,在中国算是比较大的厂了。在中国这么大的一个市场当中,有十家八家大企业是很正常的，不可能一家垄断。

造纸完全是看纸的价格、品种、质量和用途，来决定是不是受市场欢迎。第一就是价格，生产厂家太多，价格就便宜。第二就是纸的品种，你这个品种是别人没有的，而且还是市场需要的，那么价格就是你说了算。造纸很难有壁垒，因为不一定非要用木纤维、竹纤维之类的都可以。实际上纤维越长，纸张的抗强度就越好。第三是纸的质量和用途，景兴以前做箱板纸，后来也扩展到生活用纸。有的纸一捏就破，强度不行，所以我们要做比较高档的、低克重高强度的纸。所以后来的生产就是从产品的单体质量和用途上进行细化，但是这个方向和中国目前大规模的小企业相比，不是一条好的出路，因为小企业很容易拼过你，人家只看重价格，质量上马马虎虎也过得去。如果要长期生存发展下去，必然要走上一条正规化的企业化的道路，做好品控和管理。

上市之后，资本市场普遍认为景兴的股票是一只好股票，因为这家企业一是比较稳扎稳打，二是信息披露比较及时，还有就是每年的业绩情况和大家正常的想法是差不多的，同时也很遵守规则，没有违规的事情。

总体来说，作为上市公司，景兴是一个好企业，一个稳步发展的企业，在资本市场上还是能够得到一定认可的，融资的话也会认为你不是来圈钱的，而是为了发展，在资本市场上有一定的信用度。当然现在有的公司如果试图出去圈钱可能什么也圈不到，因为现在股市不好。这是要根据实际来的，危机感是有的，朱董每时每刻都处在危机和改革过程中，始终把危机放在自己前面，然后去挑战它。

谈景兴成功要素

总的来说，景兴刚好赶上了拼命干活来发展的时代，朱董抓住了历史机遇,如果没有这个历史机遇,现在的发展几乎是不可能的,因为现在有资金、有实力的人太多了。从这个意义上来说,抓住历史机遇和朱董的坚持不懈,这二者之间是紧密相连的。

景兴能够发展的起点就是朱董孜孜不倦地在走自己企业的发展之路,这才是他成功的根本。

朱董每年在年初都会谈危机、谈风险,在这个方面他是做了充分准备的,因为每年的形势都是严峻的、不可控制的,所以要有危机感,在危机中求生存、求发展。第二个就是对前景的判断,从历史的经验来说还是比较准的。第三个就是抓住几个主要点,包括上市,这是一个机会很难得也很不容易的事情,还有生产上,品种要适应社会发展的需要,要及时技改,例如在价格战的情况下,抓住了低克重高强度这类东西,就在很大程度上消除了价格战产生的影响;还有就是从上游拓展了造纸领域,抓住了原材料的生产,从整个产业链进行控制,上下的波动就会减少,同时可调节的余地也会加大,例如价格高的时候对外销售,价格低的时候内部消化。景兴除了箱板纸之外,还有生活用纸等,进入新的细分领域,一开始可能还会亏钱,毕竟已经有发展得很好的企业,所以开始的时候总是要有些低价格高质量的东西,还有吸引别人的特殊用处,这总归是要有一个过程,从景兴的角度来说,现在还在朝前走的过程当中。

我们企业目前来说最大也是最重要的是发展品牌问题,就是怎么样使我们的产品走入细分市场。目前这条路也在走。从这个角度说,我们企业就不是 40 年了,真正的发展历史是 20 年。前 20 年景兴是从一家濒临倒闭的乡镇企业一步步走到生存、走到上市的路。真正的发展是后面 20 年,随着经济形势和市场情况的变化,景兴一路走来相对来说比较稳扎稳打。因为朱董比较稳当,一是他对造纸有一颗不老的心,永远要做下去;

二是他对行业有一定的灵敏度和经验，为景兴的发展奠定了基础；三是他抓住了很好的机会，走了上市的通道，不断在资本市场募集资金，募集的资金又不断用于主业的发展，形成一个良性循环；四是他在下游的品种发展方面，走向一个其他领域，即使碰到了困难，但也是处于发展的过程中。

谈"爱待在工厂的老板"

朱董是住在厂里的，他家人都在厂里。这么一个大企业家，按理说他的兴趣爱好会有很多，但他不是。他到外面出差就是为工作的事情，我跟他出差了很多地方，他基本上不出去玩，在游玩上兴趣不大，走马观花式的，想的还是明天跟客户谈什么。怎么说呢，这也算是一种兴趣爱好吧，他就是全身心扑在工作上面。他就是爱厂，家就是厂，厂就是家。

互信尊重中把事情办好

徐俊发,中共党员,大专文化,高级会计师。曾任浙江省平湖市第二造纸厂财务科长、副厂长,2001 年 9 月起任浙江景兴纸业股份有限公司副董事长、副总经理、财务总监,兼任公司平湖市景兴包装材料有限公司、南京景兴纸业有限公司、重庆景兴包装有限公司、上海景兴实业投资有限公司董事职务、浙江景兴板纸有限公司副董事长。因年龄原因,从 2013 年 1 月起不再在公司担任职务。

谈与景兴的故事

一晃这么多年过去了,我和景兴的故事太多,都不知道从何说起。我先给你们讲一个我们和银行打交道时的故事吧。我个人有这样一种处事方式,用一句话来形容就是"八八六十四,八八六十五,八八六十三"。这句话是什么意思呢?就是说最开始对外谈合作时,实际标准是"八八六十四",但我从对方的角度来考虑,提出"八八六十五",也就是主动让一点利给对方,对方对我们就认可了、信任了,长期合作之后,也愿意给我们一些优惠,也就变成了"八八六十三"。合作中人与人之间互信和尊重非常重要。我当时与杭州的平安银行打交道,我们发展急需资金,平湖当地的银行贷款要 5‰ 至 5.5‰ 的高额利率,我试着找外地的银行,碰巧遇到了杭州的平安银行,给了我们 3.3‰ 的贷款利率。1995 年的时候,我们又需要资金,平安银行的领导很信任我们,主动提出贷款利率可以为 3.1‰,我跟他说你们也要吃饭的,并提出可以按照 3.3‰ 的利率来算。银行的工作人员很感动,行长特意

141

帮我们申请了3%的利率，我们最后借到了3.2亿元资金，省下了一大笔钱。这件事让我印象很深刻，也算是在工作中收获的处事智慧。这件事情让我明白，只要你尊重别人，愿意通过坦诚甚至让利的方式和对方建立起信任，就可能有超越预期的收获。

我担任了比较长时间的财务总监，为了公司发展需要，负责和各个金融机构协调好关系，沟通公司发展信息，提出相关的需求。从1996年开始，每年我都要拜访差不多一百人，大多数是金融机构、银行的信贷员，比如国家开发银行、交通银行、世界银行之类。有一年冬天雪下得很大，我和他们交流工作一直持续到了晚上12点，回家的时候发现地面已有十多厘米厚的积雪，寒冷刺骨，但是我觉得这是我们工作的需要，我既然做了这个岗位，我就要努力去把所有工作做好。到现在为止，我也要时不时地和政府、银行等机构协调我们公司的发展事项。偶尔也有厂商给我推销煤，要给我什么好处费，我都坚决拒绝了。我在生产线上待过，我知道煤的质量很重要。

在员工管理上我也不断学习改进。1995年，景兴筹建热电厂，素质比较高的员工通过考试被选拔出来，并派往抚州电力学校学习，我自己也去了，学到了很多专业知识。我们十分重视生产安全，万一出现工伤事故，也一定会及时处理。有一次厂区发生了事故，我们和另外一家公司都被要求承担责任，我根据之前学到的知识据理力争，后来经过调查，明确了责任应该由对方承担，这件事情帮助公司避免了数十万元的赔偿金。当然，如果员工在厂里上班发生工伤事故，我们就要主动积极地去解决，有温度、有感情地去解决。比如，我们会给他同样在厂里工作的亲人、朋友放假，鼓励他们多去看望受伤的员工；对家庭有困难的，还要给予额外补助；遇到一些特殊情况，我们无法解决的，就请当地政府协调解决。努力通过人性化的方式处理工伤事故，多方面安抚，保证受伤员工的心理健康和合法权益。我在任副厂长期间，没有发生过大的事故，这一点我还是很欣慰的。

1989 年，我参与了公司经济责任制度的起草。原先我们公司没有考核，做多做少都是一个样，月度工资也是按照标准按时发放。在每个季度考核齿轮油的时候，我发现一个季度居然需要两三千块钱的齿轮油，比我在学习培训的时候了解到的金额多了很多，于是我就开始走访调查，发现有的员工私自售卖机油或者送给别人。此外，操作失误导致的机油浪费也屡见不鲜，我们的员工没有节约意识，这是很不好的。找到原因后，我就把机油额度定到一个月 900 块，帮公司节省了生产成本。同时，我也对员工们设立了相关奖惩措施，我白天较多办理融资方面的事情，晚上回车间检查，要求大家严格按照制度办事，对违反制度的行为，我们采取不罚员工先罚组长的方式，必要时进行经济方面的惩罚，效果还是很好的。后来，我又向公司提出三班制员工可以打到 120 分，但是行政人员的评分不能超过 100 分，满分是120 分，分数越高奖励越高。三班制员工工作辛苦，他们努力工作，我们要做到赏罚分明。

谈景兴遇到的困难

景兴发展当然不是一直顺风顺水的。我刚到景兴的时候只有一台宽幅 1 092 mm 的机器，当时公司需要扩展、技改，在发展、运营方面都举步维艰，那时候和我们合作的银行少、资金匮乏。后来大家一起努力，就慢慢好起来了。

2018 年朱董和王总去马来西亚商谈业务，出发前关照我协调处理公司的各方面事宜。记得他们是 8 月 16 日出发的，结果18 日就刮起了台风，大暴雨导致污水处理池里的水溢出来，流到河里把河道污染了，甚至淤泥还把河道堵了。市政府相关部门认为这是河道污染，且省政府有关部门领导第二天正好要来

143

平湖督促检查。情况特别紧急，我赶紧组织力量，维持正常的工作秩序，各部门各司其职，行政部负责接待，采购部采购大量净化水质的明矾，我自己留在现场指挥处理污水，把河道里的污泥挖出来，通过机器将污泥析出去。当时天气还不太好，风很大，我们经过一天一夜的奋战，河水终于变清了。第二天，省有关部门领导来平湖督查，因为我们处置得当，没有产生重大的影响。为了把事情尽快、彻底解决，我连续三天每天早上5点就给奋战在一线的工作人员送早餐，和他们一起忙到晚上十一二点才回家，正因为大家能够同心协力，我们才能及时解决这个危机，我们当时的表现也得到了朱董的充分肯定。

景兴在发展过程中也遇到过资金缺乏等问题。2006年上市之前，很多银行不愿意给我们提供贷款，我们需要尽快寻找出路，我们找了信托公司，融资了3 000万元。上市之后，我们的资金问题得到逐步解决，开始尝试对莎普爱思投资。这一投资过程并不一帆风顺，当时我们面临很多质疑和挑战。首先，提出质疑的是股东，他们认为莎普爱思所在的眼药水行业产品品种单一，产品竞争力不强，投资风险比较大，反对我们的投资提案。为此，朱董派我调查了解，我和券商、律师、朱董、董秘几个人经常商量到凌晨三五点，收集各种渠道的信息进行分析。最后我们用莎普爱思毛利率高达92％，有丰厚的利润等数据，说服了股东。同时，因为莎普爱思是国有企业转制为股份公司的，根据规定上市需要金融办批准，并且需要平湖市政府出具资料证明莎普爱思在转制过程中没有损害公共利益和他人利益。朱董和我在相关会议上据理力争，表明我们上市的决心和态度，最终市政府支持了我们的观点，出具了相关证明。解决了以上种种困难，这场对莎普爱思的投资才得以顺利进行，2011年，我们投资莎普爱思2 000万元，这个项目也成为我们对外投资历史上精彩的一笔。

谈朱董印象

人品往往是从一些小事上看出来的,朱董工作认真负责、专业性强,为人讲义气,关心我们每一个人。有一次,我和朱董去杭州的浙江经贸委办理文件,因为后面还要赶到北京开会办事,所以我们需要尽快处理好杭州这边的事情,但是负责印制文件的办事员一直忙碌,无暇处理我们的事情。眼看时间越来越紧,朱董就主动提出来帮办事员打印、装订。他甚至做得比办事员还要到位。这位办事员被朱董的热心和理解所感动,立即优先帮我们处理了问题,最后我们也按时赶到了北京。朱董的热心和对这位办事员的体贴既帮助了别人,也方便了自己,这深深地触动了我,也让我对这件小事印象深刻。

朱董还很擅长学习,愿意深入基层去了解员工的想法。朱董在 1985 年学习了半年造纸技术和理论,他不断扩大技术改造的范围,推进工厂设备、机器设备建设,不断为景兴的发展奠定设备、技术基础。1991 年,朱董因公乘船和另一艘船严重相撞,那时正是"3250 工程"筹建时期,朱董乘船前往德清一家纸厂洽谈业务,遇到了严重的水上交通事故。朱董头部严重受伤,住院很长时间。但他仍然时时关心公司的事情。我每天下班去看望他,他会认真听取我的汇报,了解公司的发展动态。

2023 年 5 月,朱董和我还参加了街道党委书记主持召开的曹桥街道"四敢争先、一线破难"政企亲清现场办公会,会上我们对景兴生产经营状况、未来战略布局和近期工作重点等做了详尽的报告。直到现在,朱董还是把自己放在生产经营的一线,对员工们的意见都充分地听取、采纳。朱董和大家平时的沟通就非常充分,他平时一直住在厂里,也非常注重和中层、基层员工的交流,大家都说他爱厂如家,做到了真正的关心员工,我们对朱董也都是发自内心的尊重和敬佩。

造纸逐梦　共话桑麻

从内到外提升公信力

盛晓英，女，1970 年 10 月生，大专学历，高级会计师，中共党员。现任本公司董事、副总经理、财务总监、税务管理部经理，景兴控股（马）有限公司董事，绿创工业（马）私人有限公司董事，嘉兴禾驰教育投资有限公司执行董事、经理。历任平湖市第二造纸厂助理会计，浙江景兴纸业集团有限公司董事、财务部经理，浙江景兴纸业股份有限公司财务部经理，浙江景兴板纸有限公司监事等职。

谈在景兴的成长经历

我是 1988 年 7 月财会专业毕业，毕业后被分配到当时的乡镇企业工作，也就是景兴的前身——平湖第二造纸厂。从最初的财务助理到财务主管，再到今天的上市公司财务总监，算起来我已经在景兴工作了 35 年。

我刚到第二造纸厂的时候，年纪还很小，虽然读的是财务专业，但也是纯理论性质的，多亏了当时的财务负责人的悉心指导，也经过实践当中不断的磨炼学习，我才能够慢慢担负起公司财务工作的重任。我刚来的时候，厂里只有 1 号机和 2 号机两条生产线，产能也只有 1 万吨。后来生产条线增多，又设立了多家控股子公司，再加上后来上市、财务投资，原有的财务团队很难应付新出现的各种挑战，团队的任务也不再只是基础的财务工作。财务部门人员的数量和结构也发生了变化，从最初的三四人，发展到现在接近 20 人的团队。因为我是中专毕业，文化程度不算高,所以后来我又参加了 EMBA 班,考了高级会计师资格证。景兴在不断发展壮大,我必须不断成长进步。自 1996 年开始我就分管公司的财务,一直到今天。

谈公司发展遇到的难题

我感觉有这么几件事情,我印象特别深刻。

一是股份改制与 PM10 资金缺口。2001 年我们公司改制为股份有限公司后,先后成功吸引了三家战略合作伙伴的加入:上海茉织华股份有限公司、日本制纸株式会社以及日本纸张纸浆商事株式会社。当年公司产能仅为 10 万吨,于是就开始着手建设 15 万吨的生产线——PM10,对资金的需求量很大,大概需要 2 亿元,这在当时是个天文数字。银行融资成本很高,在八九个点,如果做融资租赁,可能十几个点都不够。朱在龙董事长当时就做了一个决定:把他的个人股权转让给了两家日本企业和茉织华,把它们吸收为股东,引进来资金,成功化解了当时的资金难题。

我们造纸属于资本密集型行业,现在建设一条 30 万吨的生产线,至少需要投入六七亿元,而一条产能 40 万吨的生产线,最起码需要 15 亿元的资金投入。我现在回想起来,都不得不佩服朱在龙董事长的战略眼光,如果仅仅靠企业自身的积累,根本无力投资,来不及建设这样一条生产线,更加跟不上行业产能提升的脚步。而如果企业原地踏步,不去寻求新的发展,则迟早会被市场淘汰。后来,10 号机成了我们景兴的"功勋之臣",不仅利润可观,还在上市过程中发挥了不可忽视的作用。但当时投建 10 号机的决策非常不易,一是没钱,二是市场不景气。原先 10 万吨产能的时候,客户数量就只有这么几家,15 万吨的产量如何销入市场呢? 这对销售和技术人员都是一个考验。同时还要吸引别人投资，让他们看到公司的成长性和未来，这是很不容易的。朱在龙董事长能把握住轻重缓急，哪怕损失一点个人股权，牺牲个人的一些利益，也要把公司做大做强，才有了我们的今天。

二是"八年奋斗"终上市。其实从 2001 年进行股份制公司改制以后，公司已经开始准备材料，为申报上市做准备了。申报材料到证监会需要此前三年的财务数据，所以 2001 年申报材料，必须提交 2000 年、1999 年和 1998 年的财务数据。整个上市过程，其实是从 1998 年开始，一直到 2006 年上市成功，算起来正好八年。

原本企业申报上市采用核准制，是有指标的，比如某省某行业有几个指标，企业必须拿到这个指标，才能去申报材料。后来由于证监会审核人员发生变动，第一次申报材料以后，我们一直在排队等待审核，这一等可能就是几个月或半年，财务数据就必须更新。如此反复，所花费的时间和精力是巨大的。虽然上市是在 2006 年，但在此之前，我们财务部门已经做了海量的工作。

当时为了顺利上市，公司专门成立了一个上市团队，由证券公司、会计师、律师等中介机构人员和企业内管理层领导组成。在得知确切的"上会"日期后，上市团队就提前几天着手准备上会材料，将招股说明书中核心的内容进行全面梳理，包括行业、市场、财务以及社会责任等方面一一列出来。经过四五天的讨论和整理后，团队在上会答辩时很顺利，最终我们顺利获得通过。

回想那段痛并快乐着的时光，一群人在一起为了同一个目标努力，还是值得回味和被想起的。我个人也是从这次经历中获益匪浅，专业能力得到进一步的提升。经历是一种成长，也是一种收获，得益于这段经历，我现在任职于景兴的财务总监，也很荣幸地于 2019 年被浙江省财政厅评选为"浙江省先进会计工作者"，进入了浙江省会计专题人才库，担任过高级会计师评审会委员,后因年龄超出条件而退出评审会。

三是2008年的金融危机。2006年9月景兴上市后,度过了一年多比较平稳的时光,就遇到了2008年全球性金融危机。普通老百姓可能对这次金融危机的影响感受不深,但我们企业的感受却非常明显。其实从2007年第四季度开始,公司股价就一路下跌,产品销售价格更是断崖式下跌,特别是2008年的一年时间里,公司就亏了2.6亿元左右。尽管原料价格也在下跌,但市场通货紧缩形势严峻,再加上制造业本身需要常备库存,产品库存上升。直到2009年1月,中央提出4万亿的实体经济投资计划,实体企业才如"久旱逢甘霖"般活了过来。资金周转和产品流通慢慢恢复,市场渐渐有了起色。

2.6亿元的亏损还不是最大的问题,更加严重的是,作为一家上市公司如何对股民和各大股东有所交代。面对资本的压力、市场的不景气、经济危机后的经营压力,朱在龙董事长亲自去跑市场。前几年我们的利润比较可观,口袋里有钞票,即使行情不好,也能稳稳地过日子。但是2008年不一样,我们本身口袋里没钞票,资产负债率也比较高,经济又一下子不好了,那时候真是雪上加霜。虽然说上市以后公司的融资渠道拓宽了,比如去银行借点钱,或者再到资本市场上发行一点债券,但是那时候整个大环境都不好的前提下,借钱的成本就会很高。2009年经济开始慢慢复苏以后,2010年和2011年相对来说还是正常的,虽然达不到2008年之前的水准,但也能正常盈利。另外,2013年到2015年国内造纸行业内部的产能过剩,造成竞争过大,我们的盈利压力极大。

谈朱董对个人的影响

我感觉朱董有几个显著特点:一是他懂得充分信任与授权。

在景兴工作的 35 年间，我能从一个初出茅庐的财会毕业生，做到上市公司的财务总监，不得不说里面有运气的成分，但更重要的是，我遇到了好的平台以及"伯乐"。

资金管理是我们财务管理部门的一个重要职能。公司自从五届董事会第九次会议通过后，每年董事会都会授权董事长行使决策"使用自有资金购买一定额度的银行理财产品"，我会根据自己掌握的金融信息，在合适的时机把相关的产品信息推荐给董事长，并对不同的产品进行比较，分析优劣势，以便朱董决策。朱董给予我充分的信任，配合默契，把握时机。幸运的是 2022 年在理财或存款产品上公司获得收益 2 000 多万元，为公司整体业绩的实现添砖加瓦。我在景兴工作有 35 个年头，非常安心。财务这么吃香的岗位，要是在别的地方，三十多年都不知道换了多少财务经理了，早就被外面挖走了。其实并不是没有猎头公司找过我，2006 年景兴上市后，网上可以看到高管的年薪，一些成长期的企业，特别是计划上市的企业也需要财务方面的专业人才，有几家企业给我开出了更高的年薪和期权条件。面对高薪的诱惑，说不为所动肯定是假的。但是我觉得朱董这个人有打拼事业的干劲，他能将景兴从一家名不见经传的造纸小厂发展成今天行业内知名的国际化大型企业，是非常不容易的，也是很有魄力的，所以我还是愿意跟着朱在龙董事长打拼。

不仅如此，朱董还从不斤斤计较。有时候工作上确实比较辛苦，但是心情很愉快，这也是我能在公司坚持工作 35 年的重要原因。目前，包括我在内的景兴在职高管大多都是一直跟着朱在龙董事长从 0 到 1 的，可以说我们整个团队的凝聚力跟朱在龙董事长的人格魅力是分不开的。

二是股权激励。2017 年 7 月，朱董向董事会提出，为吸引和保留优秀人才，调动和提高公司中层管理人员及核心技术人员的积极性和创造性，将股东利益、公司利益和员工个人利益有效地结合在一起，让他们共同分享公司发展成果，实现公司与员工的共同发展，经公司 2017 年第一次临时股东大会通过，对核心技术人员和中层管理实施股权激励措施。价格按当时公司前 20 个交易日均价的五折来计，其中 50％限售期为 12 个月，另 50％限售期为 24 个月。但当时因为好多员工手头没有这么多的宽裕资金，只能通过银行借款来筹集资金。朱在龙董事长当机立断，为需要借款的同事提供个人信用担保。股权激励实施以后，因二级市场受国家金融去杠杆以及宏观贸易环境消息面影响持续走低，到第一期解禁时，公司股票价格已低于激励时授予价格，若第二期继续实施已经达不到激励效果。朱在龙董事长果断向公司董事会提出并经股东大会通过，决定终止实施股权激励并回购注销已授予未解锁的全部限制性股票，以避免激励对象受二级市场股价波动的不利影响，更专注地投身于生产经营工作，努力为公司和全体股东创造价值。最让我们感动的是，当员工遇到问题的时候，朱董想得很周到，但是他从来不会提这些事情。对他来说，只要员工把职责范围内的事情做好了，他一定会在能力范围之内，站在员工的角度去考虑问题。在大家眼里，朱董绝不是那种把钱看得特别重的人，他不计较得失，是真的在做事业。因此不管是管理层、一线员工，还是整个公司的运营，整体来讲一直都是很稳定的。

朱在龙董事长对员工的照顾不仅是在工作上，也是在生活上，比如员工的住宿问题、员工子女的教育和就业问题，不管是否成功，他都竭尽所能帮忙联系。所以，"同命运，共成长"这句话一直深深刻在我们景兴人的心里，即使外面有很大的诱惑，但景兴提供的成长空间，以及上下级之间稳定的信任感是非常难得的。

景兴未来最可期

徐海伟,1968年4月生,大专学历,高级经济师。现任公司副总经理,景兴控股(马)有限公司董事,绿创工业(马)私人有限公司董事,景兴(江苏)环保科技有限公司监事。历任中国核工业第二二建设公司四工程公司财务科主管会计,中国核工业第二二建设公司平湖分公司财务部财务主任,南京景兴纸业有限公司总经理,浙江景兴纸业股份有限公司总经理助理兼生活用纸事业部总经理等职。

谈与景兴结缘

在加入景兴之前,我在一家央企做了16年专职财务。2004年12月,董事长找我谈话后,我正式加入景兴,负责南京景兴这块工作。

刚开始,我在南京景兴负责财务这一块,一个月以后,我的工作能力获得了朱董和大家的一致认可,我就直接被任命为总经理。在朱董的领导和同事们的努力下,半年后,南京景兴就扭亏为盈,让我很激动,也很感慨。

2016年春节,我和很多以前单位的同事相聚,谈及我的工作变动,说我当时不走也可能有很好的发展。但在这件事上我并不后悔,在景兴的工作经历让我对纸箱包装行业的运作流程有了系统、全面的了解,拓宽了我的视野,提升了我的行业竞争力,我非常感谢这份工作为我带来的一切。

我在南京景兴待了6年,当时我们的规模很小,只有30多亩地。2007年10月,景兴附近的一处60亩空地因为长期空置被开发商收回,开发商问我们有没有意愿把这块地拿下来。和朱董汇报后,我们都认为应当抓住这个好机会,于是把地买下来,重新规划工厂和设备。2008年7月正式投产,随后产量翻了一番,这件事为南京景兴后续的发展奠定了很好的基础。

谈景兴经验

我觉得景兴能够成功是因为我们抓住机会、采取合适的策略去促进发展,在公司人力资源结构布局上能够做到精简有效,更重要的是我们有一位专业性强、知人善任的领导者。两年后,也就是在2010年底,我回到总部分管整个供应链的采购,到现在已经13年了。从这13年来看,尽管市场波动很大,但我们还是能很好地抓住机会,特别是2020年疫情开始,木浆价格就逐步下滑。早些时候木浆价格在7 000元左右,在2020年9月已经跌到每吨430美元,人民币含税约3 300元。我们就是在那个时候开始战略采购,尽管我们一个月只有5 000吨的用量,但保持了每个月1万吨的采购,持续了几个月,这几个月我们的采购量比原来增加了大概3万吨。到2021年上半年的时候,市场价格开始上涨,木浆价格从最开始的430美元,涨到了860美元,最高达到880美元,这次采购给公司节省了大量资金。

精简也是民企的特色,人员结构简化能够在保证效率的前提下控制成本。现在我们采用每月一人进行采购的机制,也会对每月的采购工作进行定期复核,有监督机制是比较好的,同时也会找另外几家对比价格,看看价格是不是合理。我们还会进行网上校对,开通了京东等供材渠道,但这些平台都是一些通用公司项目,很多专业的造纸物资它们是没有的。

说到景兴的成功,当然离不开朱董。朱董很重感情,相信下属,疑人不用,用人不疑,工作中和他的沟通都非常有效,指令和语言都很简洁。本来采购方面是朱董在办,在我接手以后朱董就逐渐放手,合适的平台和管理机制让我们能够发挥自己最大的潜力。采购部门是公司的重中之重,民营企业的特点是人员最少,效率要最大化,供应部加上经理、副经理一共 14 人,还包括处理外贸所有的进口单证、合同,马来西亚的采购也都在总部,真要从规范流程的角度出发,肯定要配备 45 到 50 人。要完成公司每年 36 亿元的采购,每个月每人的合同不低于 300 份,工作量很大,风险也很大,所以要加强监管,价格要市场化。我们有一个集采系统,可以通过多方询价比较,是很完善的。我们团队成员有的熟悉英文文件,有的清楚国际贸易规则,供应部叶高其经理特别负责任,从前端到中端的工作他一个人都做了,包括和供应商沟通交流报价、谈价,合同的对接,信用证的开取,发货以及跟发货人沟通。叶经理做采购经理做了二十多年,2022年退休,然后又被返聘。朱董是非常信任大家的,景兴也为我们创造了一个很好的发展平台。

朱董在工作中会认真听取我们的专业意见。2011 年本地的再生资源回收企业返还 50% 增值税的政策取消了,意味着废纸收购价格会提高。2 月底,我向朱董提议去外地建立一家再生资源回收公司,享受当地税收返还政策。经过相关调研,在朱董的支持下,我们的外地公司很快就开始运营了,为公司节约了大量成本。

朱董的专业性也很强,对造纸、财务都很熟悉,让我很钦佩。在上市之前,朱董每天阅读财务相关的书,他的毅力、恒心都是景兴成功之路上不可或缺的。他非常能吃苦,也没有老板的架子,不讲排场,我们出差经常半夜才回来,非常辛苦。还记得2005 年跟着朱董出差,晚上 10 点多才到北京,过了饭点,就想在酒店吃泡面凑合,最后还是我去点了一份炒饭。朱董吃苦耐劳的精神深深感染着我们每个人,也与李强总理提出的"走遍千山万水,想尽千方百计,说尽千言万语,吃尽千辛万苦"的"四千"精神相呼应。

谈马来西亚项目

2017 年,国家针对固废进口发布了一项禁令,经过三年的过渡,全国实现了对废旧金属、废纸、废塑料的禁止进口。在这样的政策背景下,要解决造纸原料紧缺的问题,只有通过国外建厂的方法回到国内。同时,美国的废纸质量、牛卡纸纤维非常好。我们国家缺乏木浆,100％的木浆都是依靠国外进口,因为我们没有森林砍伐,我们国内虽然有几家生产木浆的工厂,但它们的木片也都是从国外进口的。国内我们只有一个生产基地,一直以来,我们都有扩展和建厂的计划,但受当地土地资源、能耗、排放等指标限制,无法满足扩产需求。随着近年"一带一路"建设的推进,降低碳排放的要求,国家对造纸产业会有重新定位,我们景兴也希望能够成为国际化的公司,所以逐渐产生了向海外拓展的想法。

建造纸厂最重要的就是原料,纤维强度越好纸就越好。这些年美国造纸企业也感觉到了,通过废纸利用可以降低一部分成本,所以他们有的造纸企业也加了 20％左右的当地废纸,利用废纸造纸是有利于碳减排和成本的降低。官方数据显示,中国废纸回收率 46％,按照造纸总量一亿两千万来看,除去生活用纸、出口的包装纸、烟卷纸没办法回收,其实国内箱板纸的回收率能达到 98％。所以说因为回收率偏低才要禁止,这个说法应该是不成立的。

选择境外投资的时候,要考虑的因素很多,所以跑了很多国家。选择马来西亚,一是因为那里的政局稳定,适合长期发展;

二是那里的配套交通设施建设较为完善；三是那里的港口在全球排名前列，有天然良港，海岸线很长，工厂距离巴生港和吉隆坡机场都比较近，华人也比较多，沟通也便利；四是因为工厂的人员配置和招募机制比较成熟，劳动保护法很完善。根据"当地员工不能低于百分之八十"的规定，我们招了很多当地的华人，基本上是管理人员，基层员工招聘了很多尼泊尔、斯里兰卡、印度的外劳。我们也派了很多员工过去，帮助海外公司形成良好的企业氛围，我们的员工宿舍、食堂也修建得很好。

马来西亚政府只批了三家企业，所以后续没有什么大问题，土地也是永久的。目前一期已经试生产了，二期计划生产 60 万吨高档成品纸，可以替代进口牛卡纸。再生浆的生产原本计划在 2021 年 5 月启动，因为疫情耽误了两年时间。有一期作为基础，二期应该会非常顺利。

谈景兴的未来发展

造纸肯定是朝阳产业，再发达的国家都得采用纸箱包装，因为纸箱包装是可持续、可利用、可循环的。再生造纸是真正减碳减排的产业，碳减排是可以交易的。以前大家都觉得造纸是污染产业，其实目前国内的造纸水平在世界上来说应该是最先进的，没有比中国造纸企业更好的，我们去国外，包括去美国，现场都是脏乱差的。我们 1 吨纸排水 3 吨，他们排水 10 吨。木浆项目基于我们国家的现状并不合适，景兴现在推行的竹浆项目通过打造环保理念，价格稍高，也更符合一些企业高级、绿色的发展理念。当然，竹浆产业是一个真正共同致富的项目，有很大的发展潜力，我国竹资源比较丰富，竹子生产的周期较短，只有两三年，我们有符合环保要求的完善的设备，对竹子的收购能够充分调动当地竹农的积极性。

谈景兴对市场的把握

大概是从 2022 年 6 月开始,景兴已经在控制采购,降库存,我看到了一个商机。2022 年 3 月,美联储开始第一次加息,这个时候世界大宗商品的价格开始往下走。我认为加息一定会持续,美国 10 年期国债的收益率也在上涨。美国的国债收益率上涨意味着美国采取的是"收羊毛剪羊毛"的政策,也预示着大宗商品的价格还会往下走。果不其然到了 5 月,大宗商品的价格开始以 0.5％ 的速度往下降,到 6 月我要求采购开始控制库存,每个月用多少买多少,进行现货交易,不能期货买卖了。因为期货买卖,发货基本上都要推迟两个月,海运费价格也是最高的时候,订不到仓。到了 2022 年年底的时候,木浆价格还在每吨6 000 元左右,最高的时候到了 7 200 元,董事长问我:你一直说浆价要跌,但是还没跌下来,你到底有没有把握? 我说董事长请你相信我,我对自己的判断很有信心,它不跌是不正常的,是跟市场背道而驰的。所有的大宗商品价格都在跌,为什么这个产品不跌? 必然是后面有人炒作,我们要博弈,看他们能不能挺得住,如果他们有足够的资金和实力来挺这个市场,那么肯定没问题;一旦挺不住,价格肯定就是断崖式下跌。果然价格到了2023 年 2 月的时候开始往下走,到 3 月,上海召开了一个纸浆国际会议,他们问我怎么看待这个问题,我说你们都说每吨5 000 元已经到底了,但如果我没猜错的话,到 4 月底,价格肯定会跌破 4 000 元。他们不相信,结果 4 月下旬的时候价格就已经跌破每吨 4 000 元。我们 4 月采购的价格就是 3 850 元,算回归低点了。这一步我们看得也非常准,避免了接近 6 000 万元的损失。能够抓住这个机会真的一是凭经验,二是要对市场的变化保持敏感,对宏观经济学感兴趣。

乡镇小厂的非凡蜕变

姚洁青,女,1969年5月生,本科学历。现任本公司董事、副总经理、董事会秘书,上海景兴实业投资有限公司董事,浙江景兴创业投资有限公司监事,浙江冶丞科技股份有限公司董事。曾先后在上海三毛股份有限公司、上海九龙山股份有限公司工作。

谈为何下决心加入景兴

景兴改制的时候,朱董把很大一部分股份转让给了九龙山,让当时还在九龙山任职的我有机会接触到景兴纸业,通过景兴改制并筹备上市的契机,加入景兴并担任董秘一职,从此见证了景兴这家很典型又具有特殊意义的民营企业的成长过程。

初识景兴的时候,景兴给我的感觉就是一个乡镇小厂,规模小,办公楼、车间也较陈旧,几条产线加起来大概有十万吨产能。当时那条18万吨的生产线还没出来——直到后来拿到国家开发银行的一个项目贷款,才在IPO前拥有稍具规模的三十几万吨的产能。谁也想不到,这个设施称得上简陋的乡镇小厂能成长到今天这样的规模。

真正让我决心留下来的原因有两个,一是景兴的工作氛围,二是朱董知人善任。景兴整个团队高层之间没有什么不和,即使我当时在外围工作,也能感受到景兴的团队很团结很紧密,大家都是围绕着一个中心,目标很明确,相互之间不会扯皮,这是景兴能够快速成长的原因之一。后来我作为景兴的高管在上海工作,和朱董之间经常电话联系,朱董对我很信任。有时候我会觉得他怎么这么相信人呢?我觉得这是他的优点。他相信我,我就肯定会给他做好,更加会站在公司的层面去考虑问题。

对我个人来讲,我30多岁就来到了景兴,可以说是把最好的年华都奉献给了景兴,那时候年轻,也愿意闯一闯。记得有次公开发行项目,券商会安排很多投资机构,我要负责游说他们。在一个宾馆的小会议室里,一组一组的人过来,我就不停地跟对方讲,还要上门拜访,在几个城市之间来回不停地跑。直到最后,在市场很糟糕的情况下还是成功发行了。在景兴我也学到了很多,因为我是负责投资这部分的,需要了解各方面的信息,把握经济风向的变化,在这个过程中积累了很多经验,是我很好的成长机会。

谈景兴纸业上市

造纸确实属于资金密集型行业,需要多途径融资才能扩大规模,而且当时中国经济正处于快速腾飞的黄金10年,朱董觉得景兴的规模很小,融资可能有一定的难度。造纸行业投入非常大,哪怕一条产能十几万吨的生产线,投资最起码也要10亿元。这一方面是因为设备全靠进口,另一方面是环保投入太高,基本上要占到整个投资额的20%至30%,这还是在当时水处理比较落后的情况下。

由此就导致很多民营企业,如果在创业初期经营不好的话,银行就不会借贷,没人"雪中送炭"。所以说,对造纸行业中的民营企业来讲,非常需要踏入资本市场,通过资本市场打开融资渠道。但是当时景兴没有上市经验,人员、思维等各方面都欠缺经验。所以朱董出让了很大一部分股份,用来引进战略投资者,一部分股份转让给了茉织华,另外转让给了两个日本股东。十几亿元的项目贷款必须要有担保和背书，别人看到上市公司是你的股东，才愿意借钱给你。景兴引进股东之后，茉织华作为一家上市公司，给景兴提供了很强的资金担保后盾。另外，日本的环保造纸领域在国际上是领先的，这让景兴在技术和工艺上都有了很大提升，向它们学习了包括废水回收等很多方面的先进知识。

引进股东之后，因为各方股权是相对平衡的，那么谁来当董事长呢？因为朱董比较懂造纸行业，所以就由他来担任董事长。但是另外一家上市企业也想更多地参与景兴的经营中，所以就推荐我来担任董秘。

朱董把景兴当作自己的孩子，总是放心不下。市场低迷的时候，公司运营的压力很大，有些人也想把景兴买下来，在非常困难的时候，景兴也跟别人谈过各种方案，但最后都因为各种原因没有谈成。我看最后不签字的时候朱董是放松的。让朱董签字没有那么容易，一旦说有哪个原因不签了，我就觉得他很放松。所以说，我觉得他放不下景兴，放不下的是责任，是对这个事业的一种热爱，我总觉得天塌下来也还有朱董顶着。

景兴真正上市是在 2006 年，经过了五六年的申报时间。理论上是不需要这么长时间的，但是多种原因导致了上市的艰难。一是景兴上市刚好处在中国资本市场各种制度改革的过程中，一旦推出新制度，就会出现暂停审核的情况；二是 2003 年"非典"疫情的影响；三是因为政策改革，我们更换了保荐机构。结果所有的流程都需要重新再来一遍。

景兴在提交上市申报材料的时候，和行业内其他知名企业相比，大家基本都是站在同一起跑线上的。由于景兴寻求 A 股市场上市的过程较久，而行业中部分其他企业等不及就选择去香港上市了，上市过程非常快，等到景兴 IPO 的时候，它们有的已经在香港完成 IPO 了，并且还做了多次再融资，这个过程刚好赶上了中国发展十年黄金期，使得它们获得快速扩张的资金，并逐步成为行业龙头。

虽然从规模看，景兴和头部企业差距较大，但在公司销售区域覆盖范围内，这样的规模所获得的边际效益是最优的。且长期看，作为强周期行业，在经济环境好的时候，大企业确实拥有显著的规模效应，但是当经济出现瓶颈、市场需求回落后，规模是不是越大越好就值得商榷了。对于资金密集型的造纸行业来讲，最怕的就是现金流不好。和行业其他优秀企业相比，公司负债率是很低的，朱董就非常注重财务稳健，因为造纸行业就是靠钱堆出来的，但是如果盲目扩张，一旦大家集中释放产能的话，就会碰到很多问题，例如新厂的折旧就很高。

谈景兴的投资理念

2008 年金融危机后，在资金流允许的情况下，景兴慢慢开始关注投资。一开始景兴比较倾向于自己直接投资，后来发现如果自己直接投资，因为不是专业机构，好的项目投不上，自己找上门的项目多多少少会有问题，存在较大风险，虽然从总体上讲，景兴对外投资回报可观，但在摸索的过程中，景兴也是吃过一些亏，有过一些教训的。

景兴在投资过程中也是慢慢学习，通过一个个投资，慢慢地建立起了自己的投资理念。

从我本人角度，我更看重资金安全，然后才去考虑是否会有好的回报。所有的投资一定要有安全垫，最起码就我个人的经验来讲，所有的投资没有五到七年是看不到结果的，所以在这种情况下，就需要足够的资金安全，年化 10% 就已经算是很好的项目了。同时，我还要考虑扣除资金成本之后，是不是有足够的收益。投资项目到期以后，如果没有达到我的预期，哪怕这个项目后面再好，我们也会通过一定的措施把本金和年化补偿金都拿回来，因为我要对公司负责。有一年我一下子拿了 4 个项目回来，有人就去朱董那里"告状"，甚至在会议上当面骂我。但朱董是心里有数的，表态说我做得对。我觉得对的事情肯定是坚持要做的，因为我站在景兴的立场，投资也是要有底线的，那些让我帮助做担保又不给我抵押股份的，我肯定不同意。

虽然现在景兴在外面还有一些没有收回的投资，但是规模已经很小了。现在景兴找的投资合作伙伴，需要和景兴有相同的理念。

谈景兴海外投资

近年来，国家寻求绿色发展和高质量发展，不允许废纸进口，国内企业有大概 7 年的过渡期。各企业都在找渠道，行业龙头企业在国外有工厂，现在景兴也开始在国外建厂，想办法进行海外转移，从而减少国内的碳排放和耗能。

2019 年我们开始准备海外建厂，先后去过柬埔寨、泰国、越南考察，最终选择了马来西亚。起初我们觉得马来西亚是有风险的，因为国家政策不稳定，经过与当地政府的多轮接触，才成功投产。能在有很多风险的时候投资马来西亚，对于景兴而言，是下了很大决心的。在马来西亚建厂可以让景兴两条腿走路，不光是纸浆，长远来看也可以做成品纸，一方面可以巩固自身，另一方面等到市场好转之后，更有能力去扩张。当时对于投资马来西亚的项目，朱董好像没有犹豫过，大家也觉得这是不错的决定，正是这种稳中求胜的策略，让景兴纸业能够"任凭风浪起，稳坐钓鱼台"。

景兴管理精益求精

鲁富贵,1973 年 1 月生,本科学历,中共党员,高级人力资源管理师。现任公司副总经理、纪委书记,平湖市景兴物流有限公司监事,浙江省平湖市信息化行业协会副会长,浙江省平湖市安全生产技术协会副会长。历任平湖市第二造纸厂秘书、厂办副主任,浙江景兴纸业集团有限公司企划部副经理、团委书记,浙江景兴纸业股份有限公司管理部经理、人力资源部经理、监事、总经理助理等职。

谈个人在景兴的成长历程

我是 1994 年 5 月 12 日进公司的,从事管理工作,包括管理信息化、体系建设与管理企划等。当时公司还没更名,叫平湖第二造纸厂。我刚来就跟在朱在龙厂长旁边,那时候制度都还不健全。因为我学的是经营管理,朱厂长说,"你搞管理嘛,肯定要先到各个部门锻炼了解",就安排我到采购科、统计科、销售科等部门都转了一圈,让我花三个月去轮岗,这样每个地方都熟悉了。那三四个月对我帮助很大:搞管理首先要了解生产,我和车间里的员工一起三班倒,熟悉整个企业的流程。很多知识书本里是没有的,厂里的资料里也没有,都得靠请教学习和自己摸索出来的。这些经验,对现在我考虑问题、参与制定政策有很大帮助——大方向与基本框架都已了然于胸。

1995 年,公司开始申请 ISO9000 管理体系,把这个重任交到刚来公司一年的我身上。当时公司几乎没有任何正式制度,

163

需要通过 ISO9000 来完善整个流程。当时压力很大，因为原来没有制度框架，老员工做事情大多很随意，把这些管理理念和要求引进来的时候，一下子有了很多规矩，有的员工习惯了"无轨电车"，戴紧箍咒，他们不习惯，甚至因为罚款而吵架。但是，做管理就不能当老好人，这也是慢慢锻炼出来的，我们就在大会小会上不断地做思想引导工作。我们公司的 ISO9000 体系是1996 年通过认证的，当时是全国纸类第二家认证成功的企业。浙江省造纸行业的企业都组织到景兴来学习，我负责给他们培训、讲解、做报告。因为那年工作做得比较出色，1996 年年底公司奖励了我 1 万块钱，这在当时是一笔"巨款"。

朱厂长勇于放手，愿意培养年轻人，把 ISO9000 建设重任放在我身上，虽然我当时怕做不好，但还是想坚持，就向老师傅、同行请教和交流。其中一个老师傅教我怎么锻炼气场，发言讲话声音要大，声音大，慢慢的心就安了。那段时间我晚上经常加班到 10 点、11 点，写东西没有文件参考，其他人写的东西我也不满意，就去走访调研，然后重新编写。这段时间对我一生的帮助都很大，当时苦过来了，后面的事情就不再怕了。1996 年在认证过程中大家就感觉到了 ISO9000 的好处，因为做事有章可依。之后为了让大家尽快熟悉了解文件，在厂子隔壁的中学，我们每天晚上加班加点给员工开展了两三个月的培训。这为后来大家成为公司骨干员工打下了坚实基础。这次认证完成后，后面的认证也变得简单了。

1994 年我刚来公司的时候，车间里工资才一两百元，我当时第一个月实习是没有发工资的，第二个月发了 350 元，第二年工资就涨到了 800 元，1995 年 800 元的工资已经很高了。当时朱厂长对我要求也很高，他说："白天你根本没空的，白天工作，晚上充电。"1997 年，他把创办《景兴报》的任务交给了我，我每天补天窗到凌晨两三点，烧好夜宵吃完才睡觉，第二天早上 7 点又要开始工作。当时的办报方针是：宣传、引导、沟通。报纸中的景兴论坛是每位领导自己写，来引导大家的工作重心，朱厂长对此也十分支持。当时一张报纸是来之不易的，排版很不容易，文字都是一个字一个字手动调的。作为创始编辑，我参与了一百多期的报纸制作，感觉《景兴报》跟自己的孩子一样，现在我办公室里还保存着完整的一套《景兴报》。

从 2009 年到 2011 年，我开始分管安全部门。前面两年都比较太平，2011 年发生了一些事故。当时我也是初次处理这些事情，由此意识到安全生产十分重要，而当时安全操作规范意识还有不足。2010 年我又新增分管品管，品管圈第一届、第二届是我去主推的，中间因职责多次调整没人去推进了，2010 年又组织大家重新启动，不以年而是以届为单位，时间久了就变成了景兴的一种文化。直到 2012 年建议被采纳，通过制度将全年每月开展的企业文化活动固定下来，比如演讲比赛，2023 年已经是第十七届了，有将近 20 年的历史。这些经历造就了我扎扎实实做事情、坚韧不拔、不怕吃苦的品质，也推动了景兴文化的形成。

2002 年，我负责环境管理体系建设；2014 年，我负责职业健康安全管理体系，后来还有能源管理体系，这些国际体系的理念都是比较超前的。在这些基础上，这几年又开始推动新员工的体能测试。基于多年导入的卓越绩效管理模式，2013 年的卓越绩效体系获得了嘉兴市长质量奖，当时也很不容易。后来我们又通过了知识产权管理体系认证，目前在推社会责任体系。这些体系企业需要，社会需要，因为它是一个管理体系不断优化和变革的过程。

合理化建议小组工作是从 1998 年开始推进的，提出"不要让合理化建议空箱"。关于合理化建议的过程开展，现在的分三级评比就是当时提出设立的，先是部门进行月度评比，再就是公

165

司季度评比。在这个过程中，我们发现了很多问题，比如员工的呼声和意见很难传到上级，机构扁平化，员工怕部门领导打击报复所以不敢提建议。朱董很支持我关于合理化建议的想法，于是开始实施。但是新的问题又出现了，前两个月进行得很好，到第三个月提不出建议来了。一个原因是确实提不出建议来了，另一个原因是部门领导一票否决，员工怕领导。后来我经过深入现场调研后提出，给部门定指标，先求量再求质，一直坚持到现在，成为公司的一大亮点。

谈管理体系对公司的提升

主要是做事有规范了，并且有很多经验沉淀下来了。首先，安全事故是血的教训，出了事故要及时把流程漏洞补齐，形成新的制度规范和文件。新员工一进厂，我们就会给他们做培训，从头到尾仔细讲解和学习，事故也就少了，把这些经验都沉淀在了有形的制度中，通过制度让大家按部就班地工作，公司才能有序运转。其次，以前公司领导干部出差不放心，现在是分工分权，就像华为那句话——"让听得到炮声的人做决策"，有了规定的流程，每个人身上都有自己的职责。从 2003 年开始，我们就制订了年度计划与绩效考核标准，从董事长到各级领导都要进行刀刃向内的考核，每个部门都有自己的指标，层层分解，奖勤罚懒，如果考核没达标都要扣奖金。随着体系越来越多，为了提高效率，最终我组织将管理体系建设整合为 13 个模块：财务、采购、风险控制、环境保护、能源、人力资源、行政后勤、营销、生产，等等，共形成了九十几个制度，每年都在进行完善，到 2023 年为止，各部门的考核标准已经更细，都有了各自的部门建设大纲。比如每个部门都有人才培养的指标，每个人身上都有考核：产量质量考核、成本考核、环保安全考核、利润考核等等。目前公司的考核机制是个人50％挂钩,50％保底给你,50％参与考核,这个力度很大,大家也都是有压力的,但与此同时也有助于形成企业文化。编写一项制度需要考虑的事情很多,写出一个制度真的很不容易,但是这很重要,我十分认同任正非的一句话,"企业最终靠的是管理,这是以后的大趋势,管理机制就是企业留下来的最重要的财富",因为随着人员一批一批退休,最后留下来的就是管理体系那些规范和要求。

朱董一直对自己和身边的人有比较高的要求,凡是对企业有利的,他都会及时引进和推广,同时通过压担子、给机会磨炼下属。当年推行ISO9000是这样,后来朱董觉得应该进行全面改革了。2015年以来,景兴全面深化内部改革,成立了四个改革小组。一是采购小组,每年都要制订详细的采购优化计划。二是减员增效领导小组,采取自动化和信息化等方式多管齐下将员工分流到新项目或者合并岗位,2012年到现在共减了近900人;增效是当年朱董提出一个人每年产量1000吨,那个时候一个人产量只有七八百吨,现在已经达到每个人每年产量1300吨,实现了增技增效。三是双增双节领导小组,负责开源节流。四是正风肃纪领导小组,公司从2015年以来对作风问题很重视,这么多年,有的人的思想已经根深蒂固,没有什么进取心了,通过正风肃纪教育整顿、投诉举报和回避制等多种举措,查出来有干部员工拿回扣被辞退的,也有被判刑的,通过系统化的教育整顿,有助于风清气正的良好氛围形成。

精益TPM项目从2018年底启动,我担任推行办主任,通过推行办主导推动员工去改进,建规范,同时按规范去跟踪落实,从而使得员工养成新的习惯,效果比较好,整个精益专业水平得到了提高。2022年又新增阿米巴、人才复制和供应链等精益项目,逐步推进全面精益,帮助大家提升就是帮助企业发展。我们还制定了包括服务礼仪、现场设施、窗口评分等内容在内的

《对外服务管理办法》。除建立健全供应商验厂体系外，现在还有一个新评定，对客户的风险评估，去现场进行信用评估，从而降低风险。关于管理体系，还有信息化与工业化两化融合建设至关重要，因为是数字化平台，成本比较大，一个项目一期400多万元，但是一个点能节约电100多万元，效果非常好。随着企业规模的日益扩大，作为一个综合性部门，"向管理要效益"就显得尤为重要。

谈朱董对个人的影响

我一进厂就跟在朱董身边工作，平常交流也比较多，对朱董比较了解。朱董文章写得很好，思路很开阔，他原来学习很好的，读高中的时候他的作文就贴在黑板上作为范文给大家展示。朱董出差回来不管多晚，哪怕是10点、11点都一定要来厂子里转一圈，会叫我陪他一起去现场。我一直很佩服，朱董尽管每天压力很大，只睡3到4个小时，却能把自己调整好，始终有年轻的激情。

朱董对工作一直要求严格。我们有一次在一起开玩笑，我对朱董说："那个时候天天批评我，表扬的太少。"朱董也说："还好我那个时候逼了你一把，你发展比较快。因为你做得好的我都放在心里，批评是为了激励你，帮助你成长嘛。"

朱董是个不满足于现状、奋斗不息的人，他为人谦逊，善于听取意见和建议，并且风险意识、忧患意识特别强。前几年，我提议车间操作不要带手机，因为玩手机会引发一些生产和安全事故，朱董听后觉得很有道理，马上采纳了这个意见。无论经济形势如何，每次开会他都会结合国内外大事，他先说大的宏观的，然后总会说一些不利的因素，有利的、不利的因素他都会分析到。景兴有一个很重要的精神就是自加压力、挑战极限，因为到外面看的多了、交流多了,朱董感觉到我们自己存在很多不足,就要突破和超越自己。朱董到现在一有空就看看书,事业就是生命,走路也一直在不断地思考,有的时候在节假日会突然打电话给我,说他想到了什么新点子,怎么做更好,怎么把这个企业搞得更好,投入产出比更高。朱董的行动速度非常快,应变和创新方面他做得很好,是我们的表率。前面刚刚说的 ISO9000 质量体系的认证也是他首先提出来的,全面改革也是他提出来的,包括这个数字化平台也是他提出来的。精益也是我们一起交流的,当时也是其他企业在做,沟通后决定下来的。朱董一直在思考、创新、突破。真的可以用"奋斗不息"四个字形容。这么多年了,一直保持这种动力,真的不容易,他现在已经 60 岁了,但依旧如此激励自己,没有想过要停下来休息。工作就是他的快乐,他事业心很重,这是值得大家学习的。这也是我们景兴的精神:超越自我,挑战极限,追求卓越。

朱董总是抓最难啃的骨头,自己做表率,身先士卒。比如说现在精益项目的高层结对,朱董首先提出要求结对最大最难的 12 号机,12 号机是产能最大的,从原来的 36 万吨提升到现在近 41 万吨。还有结对生活用纸一部、二部,在效益运行突破方面也是重头戏。朱董会经常与我们分享交流学习优秀企业的经验,给我们推荐电视剧《绝密 543》,这其实也是他自己一直以来"变不可能为可能"的真实写照。公司上市准备了 8 年时间,从很小的乡镇企业到现在跨国公司,真的不容易。还有前面提到的人均千吨计划,从 2012 年的人均 700 多吨到现在的人均 1300 多吨,现在要努力向 1500 吨进发。

这 30 年和公司一起成长,看到它越来越壮大,我觉得能在里面贡献自己的力量是一件很幸运的事,对我自己的成长也帮助很大。朱董的火车头带得好,我自己今后还有很多东西要去学习,还会永葆初心,继续努力!

青春奋斗在景兴

廖昌吕,现任景兴纸业副总经理,历任公司技术员、车间主任、项目技术主管、品技部部长、项目制浆段负责人、技术中心经理、工程项目部经理、品管部经理、副总工程师、总工程师。

谈个人进入景兴成长的经历

我于 1997 年学校毕业后就加入景兴这个大家庭,至今已超过 27 年。回想起来,在我参加工作的二十多年里,正赶上国家经济高速发展,与此同时,我们国家造纸业也处于飞速发展的时期,"百年机会正逢时"。1997 年刚进厂时,我担任车间技术员,1998 年公司 8 号机生产线投产运行,我担任车间主任,参与了多个特种纸新产品的开发,拓展了公司产品系列,其中 $28\,g/m^2$ 转移印花原纸开发项目成果荣获浙江省第十四届青工"五小"科技成果二等奖。

在 2000 年世纪之交,公司迎来了发展历程中的重要节点——10 号机牛皮箱板纸生产线项目筹建,这是具有里程碑意义的事件。之前我们的纸机都是比较小的机台,几台纸机年总产能也就在 10 万吨左右。而 10 号机的净纸幅宽达到 4 800mm,速度达到每分钟 500 米,年产量达到 15 万吨。能参与如此重大的项目是一个难得的机会,我非常幸运地进入了公司 10 号机筹建项目组,全程参与了筹建工作。

毫无疑问,10 号机项目非常重要,景兴纸业由此实现了跨越式发展,也为 2006 年公司实现上市奠定了基础。同时,能参与 10 号机项目建设,对于我个人来说也是非常重要的。那时我刚毕业不久,在 10 号机项目建设过程中边实践边学习,扎根于先进机台筹建的第一线,让我实现了从理论到实践的重要跃迁。

之后,我参与了公司很多重要纸机的建设和技术改造,如 2005 年 11 号机项目建设、13 号机"美废"替代木浆项目建设。2006 年,我参与建设 5 600mm 宽幅的 12 号机建设,以及后来 15 号机前期技术方案的制定。2014 年,我负责 16 号机低克重高强度瓦楞原纸项目的具体实施和执行,填补了公司系列产品的空白,提高了公司的市场竞争力。

除了这些建设项目之外,一些重要的项目改造也给我提供了很好的成长和锻炼机会,10 号机和 12 号机项目改造都是由我负责具体实施的。2016 年,12 号机膜转移施胶机技术改造项目实施;2020 年,10 号机膜转移施胶机技术改造项目实施。这两个技术改造项目的主要任务是增加表面施胶机,提高产品质量。技术改造项目需要在有效的空间和时间内完成,还要保证产能不下降,因此实施难度很大。在没有图纸的情况下,我们通过现场测量、理论推演等诸多方法,克服了很多改造中遇到的难题,尽量缩短停机改造时间。经过大家的共同努力,这些机器的改造都在 2 个月内顺利完成,并达到预期效果。技术改造使得整个生产线得到重生,产品质量有了很好的提升,难能可贵的是,生产成本也有相应的下降。同时,技改对产量提高也有很大的帮助,比如 10 号机和 12 号机经过改造后,年产量均有比较明显的提高。通过技术改造,进一步提高了公司的竞争实力。

谈在景兴的技术创新

企业的活力和发展离不开持续的技术创新,技术创新是企业生存和发展的关键,它不仅能够帮助企业提高竞争力和盈利

171

能力,还能够促进社会和经济的全面发展。景兴纸业始终坚持和重视企业的技术创新工作。我在担任技术中心经理期间,积极参与公司创新平台的搭建,配合和支持公司科协工作,每年组织几十项科技创新项目和品质提升品管圈活动项目的开展,为公司带来不菲的经济效益,同时也为公司在 2011 年获得"高新技术企业"认定创造了社会效益。并且,为了提高技术人员创新工作的积极性,我参与制定专利创新奖励制度和内部职称评定制度,让真正创造价值的技术人员获得物质上的鼓励和实惠,让公司技术创新活动焕发出前所未有的活力,发明和实用新型专利技术不断产生。另外,我也重视技术人员的培养和团体建设,参与校企和企企交流活动,带头参与技术职称评定工作,率先获得"高级工程师"技术资格。

企业发展不止,技术改造不断,公司每年投入大量资金,保证了各机台产品始终保持不错的市场竞争力和市场占有率,也使得景兴能持续稳步发展,在日益激烈的竞争环境下保持长盛不衰。2005 年,我肩负挑战,负责实施执行 13 号机"美废"替代原生木浆项目喜获成功,为公司每年创造上千万元的经济效益。

在产品开发方面,公司也是不遗余力,保证新产品成果不断。我参与和组织了多项新产品开发,如:新型低碳环保型纱管纸技术开发、保鲜纸板产品开发、石膏护面纸板产品开发、高强度挂面牛皮箱板纸的开发、高抗水高强度白面牛卡纸开发和新型冷冻抗水性牛皮箱板纸开发等,并获得省级新产品认定。景兴由小到大,不断发展成为中国上市公司的一员,这些都离不开景兴人的不断拼搏和持续创新。

奋斗在景兴马来西亚工厂

随着景兴的日益发展和国家对固废进口管制,在海外建厂以解决原材料问题成为公司决策层的必然选择。景兴高层领导经过反复考察、遴选，最后决定在马来西亚建造新的生产工厂，这是公司发展很重要的决策。2021年3月，马来西亚工厂建设期间，我带队赶赴马来西亚负责项目现场实施和协调。当时工地及毗邻区域还是不毛之地，而且正逢新冠病毒感染疫情迅猛传播，我们先遣团队共6人面临着严峻的挑战，当时也感觉压力特别大。因为疫情肆虐，马来西亚当地政府也出台了行动控制令。我们团队初期不得已只能在室内办公，厂房建设进度受到较大影响。另外，毕竟是第一次在异国他乡建厂，缺乏经验，客观上也存在文化差异，这些因素造成现场协调工作遇到前所未有的困难。生活和工作习惯、语言环境、法律法规、执行标准等与国内都有差异，需要我们去适应并努力克服困难，积极推进各项工作。因为疫情的原因，那一年我们一直坚守在马来西亚岗位，一年多时间都没回国。我们的想法很简单，就是大家团结一致，一起努力保证马来西亚项目能按照计划全力推进。

现在看来，我们马来西亚项目虽然受到诸多不利影响，但最终在大家的努力下项目顺利投产，浆板生产也在2023年5月成功试运行。合格的浆板源源不断地为公司总部提供高质量的原料，助力企业实现更好的发展。

我想强调的是，我们中国企业在海外投资要注意各种风险防控，尤其是法律法规方面的风险，应该详细了解当地的法律法规和环境安全要求并严格遵守，否则容易造成当地环境污染进而引发纠纷，甚至导致停产整顿。我们在环保上做到严格要求，严格把控三废排放环保标准，努力做到零投诉、零罚款。

海外投资建设和投产运营，标志着景兴进一步做大做强，迈向了新的台阶，也面临着更多的挑战。在这个过程中，我只是做了一些力所能及的努力。应该说，我们很多景兴人都为此付出了辛勤的汗水与智慧。

初心如磐，红领景兴

沈守贤，1962年5月生，大专学历，中共党员，高级经济师、高级政工师。现任本公司监事、党委副书记、工会主席、总经理助理，浙江省平湖市党建研究会理事、浙江省平湖市总工会副主席，浙江省平湖市曹桥街道总工会副主席。历任平湖市第二造纸厂生产车间班组长、企业管理办公室副主任、企业安全管理办公室主任、公司工会副主席、纪委书记、行政部经理等职。

谈在景兴的成长经历

我生于1962年5月，2022年退休之后被公司返聘。1977年我毕业于浙江省平湖中学，高中毕业时，国家有相关政策规定，需要下乡锻炼三年才能考中专。在下乡锻炼的三年间，我做过石灰厂工人、中学代课老师，也在国营企业里做过合同工，但结果都没有发展。后来，我从国企合同工出来自谋职业，我买了一条6吨的水泥农船跑上海-平湖的河道，主要是收购废纸。我把收购来的废纸，卖给当时的乡办集体企业平湖第二造纸厂，后来凭借自己与企业的诚意，1990年10月进入了景兴。

在景兴，我一开始是锅炉车间的司炉工，后来根据公司岗位工作安排，凭借自己的文化水平，成为锅炉车间的水质处理与化验员，主要是解决生产过程中产生的水垢问题。之后，公司又让我去学习煤炭检验，那时候造纸消耗的蒸汽都是锅炉燃料煤炭。后来我在检验工作中发现了采购部进来的煤炭"以次代好"的问题，通过检验把关，解决了问题，从原来生产一吨纸单位消耗

500 公斤左右煤炭减少到单耗 350 公斤左右。由于工作比较出色,公司后来把我调到企业管理办公室担任副主任,其间还担任过企业安全管理办公室主任。2004 年公司将行政部、人力资源部与党工委办公室三个部门合并在一起,第一年同时兼任三个职位让我感到压力很大,尤其是人力资源这块,肩上的担子很重,经过六年努力,我慢慢培养了一名副经理,协助我处理各种问题,减轻了很多压力。

从 1990 年我进厂到现在的 34 年来,我在景兴各个部门和生产一线都工作过,还参与了《景兴报》的编辑工作,以及相关外联、党建、工会工作。

谈公司发展历程

我是 1990 年进的厂。1984 年以前企业是日用品造纸厂,做很粗糙的卫生纸,产量很少。1984 年 8 月,乘着改革开放的东风,平湖第二造纸厂跨出了创业第一步,一台 1 092 mm 三网四缸造纸机,年产单一的普通箱纸板和瓦楞纸 1 000 吨,有固定资产近 60 万元,职工 75 人。由于资金、人才、管理经验和生产技术都十分缺乏和落后,企业发展严重受阻。当时企业拖欠银行贷款 120 万元,亏损 10 万元,濒临破产。

1985 年 1 月,年仅 21 岁的朱在龙怀揣着 2 000 元集资款来到平湖第二造纸厂,成为厂里第一批创业者中的一员。他这个人工作认真,勤奋好学,很快就从一名一线工人走上组长、主任、科长等领导岗位。1986 年 10 月他被选派到浙江省造纸工业学校学习,1987 年 7 月学成归来,就被提拔为平湖第二造纸厂副厂长。半年之后,他又被任命为平湖第二造纸厂的厂长。年纪轻轻当上厂长本是件高兴的事儿,可是面对企业的困境,他更觉得责任之重,压力之大。周围的人也议论纷纷。面对质疑,临危受命的朱厂长下定决心，一定要把企业办活、办好、做大。当时的朱厂长一改先前的"大锅饭"制度，制订和完善了具体的岗位责任制，按照工种、工作表现的差异对员工进行考核奖惩。同时，他还扩建了2号机，增添了一台1092 mm四网五缸造纸机。当年企业就扭亏为盈，创造了30多万元利润。

从1988年到1991年的4年时间里，朱董带领企业完成技改项目10个，让企业尝到了实实在在的甜头。1992年，景兴抓住高强度、宽门幅瓦楞原纸和牛皮箱板纸的市场空缺，投资3 250万元进行技术改造，购买了两台2 400 mm纸机，我认为这是公司的重大转折点。当时情况艰苦，启动会现场搭的棚都是用毛竹搭的，主席台是用模板铺起来的。第二年年底，这两条生产线顺利投产，新产品一上市，就受到客户青睐。1994年，仅这两条生产线就让平湖市第二造纸厂实现销售收入8 000多万元，利税1 200多万元。

不断的技术改造，不懈的技术创新，使平湖市第二造纸厂实现了企业规模和综合实力的双丰收。1996年1月，经浙江省有关部门批准，平湖市第二造纸厂进行改制，组建浙江景兴纸业集团。1997年，集团对4号机进行改造，每年新增产量1万余吨。1998年，景兴又扩建8号机，成功开发了转移印花原纸和铝箔衬纸，为公司工业包装用纸薄型化积累了技术基础。1999年，企业又引进国外先进设备，建成了年产2万吨高档工业包装用纸的9号机。2000年，企业包装用纸产量首次突破10万吨大关，实现销售收入5.4亿元，利税7 500万元。

但是，我们并没有满足于眼前的成功，2000年下半年，景兴集团又斥3.2亿元巨资兴建一条年产15万吨高档牛皮箱板纸生产线。这是一项跨世纪工程，也是景兴走向全国的历史性工程。两年后，随着这条生产线的建成投产，景兴高档牛皮箱板纸的年产量达到近25万吨，在业内处于领先水平。2001年9月，景兴又趁热打铁与日本制纸株式会社、日本纸张纸浆商事株式会社进行战略性合作,将企业整体改制为"浙江景兴纸业股份有限公司",并准备上市。

上市要求三年之内没有受到任何处罚,大家都感到工作压力很大。景兴投资 12 号机花费很大,第一期目标年产 30 万吨,后来又追加到 45 万吨,这也是公司的一个转折点。12 号机、"3250 工程"和公司上市是我最难忘的三件大事。2006 年 9 月 15 日,景兴纸业在深圳证券交易所挂牌上市,公司进入了新一轮发展快车道。随后,公司利用募集到的资金先后建设一条 45 万吨牛皮箱板纸生产线和一条年产 20 万吨白面牛卡纸生产线,一举进入年产工业包装用纸 100 万吨的大型造纸企业行列,实现了由集团企业到股份制企业再到上市公司的华丽转型。

谈个人工作成果

我提出推动建立工会"1+1"互助互济基金,得到了公司领导的重视,目前已经募捐过五次了,用完以后再募捐新的,这个经验还在全市得到了推广。这是我在温州培训的时候学习到的方式,把之前的扶贫基金改成"1+1"互助互济基金,由工会号召所有职工募集资金,每个人原则上不低于 30 元(自愿)。2000年第一次就募集到了 7 万多元,朱董代表公司也相应拨款 7 万多元,每一笔钱如何使用都是公开并公示给公司职工的,平时碰到突发重大疾病的员工,只要是家庭经济比较困难的,工会就会伸出援助之手,一次性给予 5 000 到 10 000 元的补助,对特殊困难家庭还组织捐款。

从 1997 年到现在,我担任过三年工会副主席,2000 年通过选举担任工会主席。我们工会下设 14 个分工会,三十多年来我代表组织多次参与纠纷调解与处理工作。2003 年公司被中华全国总工会评为"全国模范职工之家"，2022 年企业获得"全国和谐劳动关系创建示范单位"荣誉称号，嘉兴市五县二区只有我们景兴一家获得。

党建工作也是我的重要工作。公司于 1984 年 8 月成立党支部，2000 年 9 月升格为党委，2010 年成立纪委，现有党员 241 名。公司党委紧紧围绕企业发展，以党建为引领，努力实现发展强、党建强、人才强的"三强"企业。《景兴报》截至目前已发行了 300 多期，成为宣传核心价值的重要舞台。同时，我们也认真落实"第一议题"制度，组织学习贯彻党的二十大精神并征集学习心得。

公司强调发挥先锋引领作用，采取"党员＋职工""党小组＋班小组"等形式，广泛开展领办攻坚项目，促使车间人均效率提升 10%，实现降本 500 多万元。公司每年开展先进评选活动，公司选送获得全国劳动模范 1 人，国务院津贴获得者 1 人，省级劳动模范 2 人，嘉兴市级劳模 1 人，平湖市级劳动模范 1 人。我们都认为，人是发展的根本，也是最核心的竞争力。

公司强调"三业三化"，以"敬业、专业、乐业；标准化、精细化、极致化"为统领，统筹各类教育培训资源，构建全员终身职业技能培训体系，全力打造强担当、敢作为的队伍。近几年公司的培训经费投入始终保持在每年 130 万元以上，师徒结对传帮带，建立"三师"管理制度，先后成立了浙江省"张小红技能大师工作室"、嘉兴市"陆建新技能大师工作室"和"方瑞明技能大师工作室"，为公司内部"师带徒"培养机制搭建了优质平台。公司还会定期举办各种文艺活动和公益活动，促进公司良好氛围的形成，履行企业的社会责任。

谈景兴发展关键

一是以人为本，人才兴厂。人是生产力中起决定性作用的因素,企业发展离不开高素质人才。三十多年来,我们景兴始终坚持"人才兴厂"战略,坚持"走出去"和"请进来"的人才培养模式。1991年,3号机开机前,企业选派一批员工去嘉兴民丰造纸厂培训学习。1994年,4号机、5号机上马前,公司又选派50余名员工到安徽安庆造纸厂学习取经。1995年,公司派出优秀员工前往浙江省造纸工业学校进行为期两年的脱产培训,同时还出资让部分中层干部学习深造,培养了一批素质过硬的技术和管理人员。1997年,一批造纸制浆、电气仪表专业的大学毕业生走进景兴,大部分人后来成为公司的技术骨干和中高层管理人员。为补充新鲜血液,近年来,公司每年从浙江科技大学、南京林业大学等高校招揽人才,同时还从同行中引进专家50多人。引进人才是前提,留住人才是关键。为此,企业也动了一番脑筋。在1997年引进的第一批大学生中,男生偏多,为了让男员工留下来安心工作,企业与平湖金平纺织厂组织了第一届相亲大会,帮助解决个人问题,企业还为他们举办集体婚礼,让这些异乡人真切感受到景兴大家庭的温暖。在首批引进的13名大学生中,就有9人在平湖安家立业。不仅如此,企业还切中要害,用"薪"留人。2010年景兴进行薪资制度改革,逐步建立起以职务薪酬为主、技能薪酬和技师薪酬为补充的薪酬体系,拓宽和畅通薪酬晋升渠道,提高员工的工作积极性。近年来企业职工薪酬增长率保持两位数增长,2012年人均年收入近5万元,2020年人均收入10多万元,2021年人均收入12多万元,在平湖乃至嘉兴地区都处领先水平。我觉得公司上市前后变化最大的地方在于公司的起点高了,融资不再那么困难,企业有资金了。

二是重视科技,推动创新。"科学技术是第一生产力",我对此深有体会,我们景兴就尝到了科技创新带来的甜头。早在1995年,公司就成立了"企业技术研究开发中心";2006年,该中心被浙江省经贸委评定为省级企业技术中心。技术中心现有工作人员 105 人，具有本科以上学历或中级以上职称的有 68 人（其中博士 2 人），占中心总人数的 64.76％；中心还建有多个实验室、检测室，并配备了各种先进的试验仪器和设备，企业的多数创新技术都是在这里诞生的。景兴还积极与浙江大学、浙江科技大学等大专院校建立技术合作关系，走产学研融合的道路；同时聘请国内知名院校的学者为技术中心客座专家，多次邀请世界 500 强企业——日本制纸株式会社的专家来技术中心进行技术协作和交流。通过加强对外合作与交流，企业的科研水平始终紧跟世界造纸科技发展的潮流，攻克了一大批技术难关。近年来，企业在废纸高效处理技术、宽幅高速纸板机抄造技术、自控技术、造纸化学品应用、各种节能降耗技术及废水处理技术等方面取得重大突破，开发了多项新产品和新技术。通过自主研发以及项目转化，企业开始生产新型环保牛皮挂面箱板纸、低克重高强度白面牛卡纸、新型环保纱管原纸、环保型白面牛卡纸、高强度烟箱专用纸、吸尘器集尘袋卡口板专用纸等系列新产品。这些工作的开展为企业产品提档升级和节能减排打下了良好的技术基础。

三是重视环保，绿色发展。传统造纸业因为污染和资源消耗，容易对人类的生存环境造成破坏，因此朱在龙董事长就一直强调"景兴纸业绝不能以牺牲环境为代价来换取眼前的发展"。正是这种高瞻远瞩的眼光，让景兴成为造纸业的环保先行者，企业坚持"清洁生产、预防污染，实现可持续发展"的方针，发展绿色造纸。企业自创建以来主要以废纸为原料进行生产，减少资源消耗。为减少污染排放，企业不停加大环保投入。1998 年，为配套太湖流域"零点行动"，公司在原有 700 万元投资的基础上追加 350 万元，对原来的废水处理工程进行改造，新增了从国外引进的 DFA 气浮处理系统，日处理废水 15 000 吨。2000 年，公司又投资 620 万元设计采用了 A/O 生化处理工艺,年削减污染原量 650 吨以上。2006 年,企业斥巨资,在全省造纸行业中第一家从国外引进厌氧生化处理设备;次年 4 月,该项目通过嘉兴市五县两区现场评审,得到上级和专家的一致肯定。2008 年,企业又投资 3 000 多万元对 10 号机进行节能改造。2009 年到 2013 年期间,企业再投资 2 000 多万元,建设 6 台 500 kW 沼气发电机组及配套设施,利用厌氧产生的沼气进行发电,不仅每年可节约 1 000 万多度电,还可大量减少温室气体的排放。2012 年,企业投资 8 000 万元,启动实施中水回用技改项目,该项目于 2013 年底建成使用,每年可减少污水排放 340 万吨,这也为国内造纸行业进一步降低耗水量提供了技术支持和实践经验。

四是关爱员工,不忘初心。企业始终坚持“以人为本”的管理理念,尊重员工的个人价值,激发员工的创造思维,形成以员工为中心、尊重人、关心人、激励人的机制和奋发进取的文化氛围。为加强员工民主参与、企业民主管理,公司制订并出台“浙江景兴纸业职工代表大会实施细则”,与职工签订“工资集体协议书”以及“女职工劳动保护专项协议”,保护员工的合法权益。2002 年 9 月,企业工会还在平湖市非公有制企业中,率先成立“1＋1”职工互助互济基金,采用“职工捐一点、企业拨一点”的实施办法,建立贫困职工救助机制。企业在发展中还积极投身公益事业,履行社会责任。2006 年,企业响应国家号召,积极参与平湖市“千企联百村、共建新家园”活动,分别与曹桥街道的曹桥村、勤安村结成互助对子,帮助村民修桥铺路。多年来,企业积极拥军优属,保持军民鱼水深情,优先录用 50 多名退伍军人到企业工作,同时关爱弱势群体,帮助 193 名残疾人就业。不仅如此,企业还长期支持希望工程、困难职工资助工程、社会公益慈善等事业,累计社会各类捐款达近亿元。

与景兴共同成长

钱晓东,1975 年 5 月生,本科学历,中共党员,工程师。现任本公司总经理助理兼工业用纸事业部总经理。历任景兴纸管公司班长,景兴股份公司 PM7 车间主任,PM10 制浆主任、生产主任、经理助理,PM13 副经理、经理,生产三片区经理,工业用纸事业部总经理等职。

谈个人在景兴的成长

我是 1998 年 7 月进入景兴的,1999 年我 24 岁,竞聘当了车间主任。对于造纸行业来讲,我是个外行,当时厂里有很多有经验的老员工,我也不太清楚为什么让我当车间主任,也许是当时大家的文化程度总体比较低吧,我中专学的是机械专业,可能学历上有点优势,在纸管厂工作认真、肯吃苦肯钻研,取得了一定的成绩吧。现在大家都说当时朱董、戈董、人事经理的眼光准,企业也有魄力,让我这么一个没经验的新手去当车间主任。一开始,确实厂里的老员工不太愿意听我的安排,我压力很大,当然反过来我觉得也正常,毕竟当时我年纪轻,而且作为外行,什么也不懂。

我第一次跟朱董接触的时候,在景兴纸管厂,朱董问我有没有兴趣做销售,我考虑到自身的性格等各方面因素,觉得还是沉下心来做生产技术研究合适。我觉得企业最终是通过大家的努力工作来取得盈利的,这样大家的发展也会更好,所以我就沉下心来专攻生产,做出业绩来,就会有其他的了。我先是在老厂的

7号机车间当主任，2001年参与了10号机项目建设，2010年又开始负责13号机。2016年，我开始管理15号机，克服了很多问题，让15号机实现了盈利，我也在2020年升任事业部总经理。我刚开始负责15号机的时候，因为对机器不是特别熟悉，所以经常会检查机器，去熟悉机器的各个方面。有一次，我去检查流浆箱唇口挂浆的时候，抓住一根玻璃管（我以为是钢管，其实是玻璃管堵住发黑了），结果玻璃管爆了，划伤了我的手和手臂，当时缝了三十几针，手上的筋都断掉了，我可能是景兴历史上唯一一个发生过工伤的部门经理。

我们现在能够有这样比较好的条件，真的要感谢景兴提供的平台。每个人的成就，就好像爬山一样，你爬的这座山越高，人就越能显出来，如果山不高，你这个人就显现不出来，所以大山的这个平台很重要，要感恩景兴。

谈个人成长需要的基础

一是基础教育，这对于思维等各方面能力的提升都很重要。二是考虑问题要有前瞻性，我一直跟自己说，做事情至少要考虑到未来五年，总体的前瞻性很重要，具体到做生产管理上来，就是怎么样把这台机开得更好，起码五年之内不落后。三是开放精神，我一直保持着接受新鲜事物的开放心态，接受改变。四是减压，遇到问题的时候如何解压很重要。以前我最怕晚上有电话打来，半夜接到电话马上要跳起来的。现在我的压力也是很大的，要统筹考虑公司的生产设备、环保的运营、人员的稳定性、公司的盈利等等。朱董的压力也很大，目前整个造纸行业的利润下滑了很多，在大环境影响下单个企业也是逃脱不了的。2023年上半年景兴没有亏损，还是不错的。

183

谈本人负责过的项目

首先是 10 号机，这是景兴第一台大型高速纸机。2001 年 7 月，10 号机项目组成立，考虑到经验不足，公司专门派团队到珠海去学习，当时去了 20 多人，现在剩 10 多人，都是景兴的技术骨干。10 号机从 2002 年开机到现在，已经运转了二十多年。当年在开机过程中，我们克服了很多问题。第一个问题是，景兴之前的机器车速只有每分钟 100 至 200 米，而 10 号机的车速要达到每分钟 500 米，这个跨度和考验是非常大的。而且我们当时也缺乏对这种高速机器的操作经验，在日本专家团队和自己技术团队的共同努力下才成功的。10 号机的稳定运行及盈利能力对景兴的成功上市起到了决定性的作用。第二是废水处理问题，原先废水浓度低，只进行好氧处理即可，现在则需要先进行厌氧处理，再进行好氧处理。景兴在行业中也是比较早使用厌氧处理技术的，是比较创新的做法。10 号机顺利开机之后，当年就实现了盈利，在这个过程中也磨炼了一批中坚力量，目前的管理层很多都是参与过 10 号机项目的，例如副总廖昌吕、副总工程师李六柏、马来西亚生产经理唐永生、造纸一厂经理钱建锋等。10 号机最初设计的产能是年产量 10 万吨，后来追加到 15 万吨，现在能做到 25 万吨，效率发挥出来了，效益就更大了。

2010 年，我开始接手 13 号机。13 号机项目是 2004 年启动的，那时是做瓦楞纸形势最好的时候。原本 13 号机由日本控股和管理，因为他们对市场把握不好，管理的灵活性也不够，做出来的纸质量不好，一直没有盈利。景兴 2007 年收回股权以后，各方面慢慢改变优化，2010 年开始，我们对 13 号机进行了优化，增强了纸的抗压性能，又引入低档挂面纸的生产来提升利润空间，2011 年就实现了盈利。日本管理这台机器的时候，目标是做到每月1万吨的产能,实际上这个目标实现也难,而我们现在一个月能做到1.7万吨。在优化13号机的时候,还发生了一件让我印象深刻的事情。我们改造13号机,为了做挂面纸,增加了除砂器。我记得2010年快过年的时候,为了调试改造的除砂器,团队的几个人三班倒去运行这个设备。原来产能设计要每天500吨的,但是除砂器开起来只有200吨不到,对运行产生很大的影响。为了解决这个问题,我们团队5天5夜在厂里基本上没有睡觉。因为设备是连续运转的,需要人看着,同时,连续运转的过程中会产生很多问题,需要及时处理,我们就得守在现场,及时研究调整。后来,我们发现是供应商的设计存在问题,导致除砂器处理能力不够,于是我们又进行了一系列改进和调试,最终13号机成功达到500米的车速,日产量达到500吨,生产出合格的箱板纸。那一年公司组织的年度聚餐我们也没有参加,想想还是值得的。做生产管理的,生产第一,断纸就是指令,停机就是战斗。

2016年,我开始管理15号机,也遇到了很多困难。15号机是2010年启动的,到我接手的时候还没有盈利,甚至一度要向公司借钱给工人发工资。我当时也是有些犹豫的,毕竟10号机和13号机,我是取得了一些成绩的,一直这样继续下去相对轻松一点,如果去15号机,做不好咋办?后来公司领导跟我讲这一次调动对景兴非常重要,我才决心担起这个重担,挑战一下,毕竟还年轻。

15号机的设计产能是20万吨,但是一直达不到这个产量。2016年我接手之后,对15号机进行了一些优化,让它慢慢恢复正常运转,目前能做到年产量23万吨左右的产量,取得了很大突破。2018年,机台考核成绩比较好,15号机一度成为各机台工资最高的,15号机的成功也在一定程度上助力我后来升任事业部总经理。

谈朱董对个人的影响

朱董把一家很小的快要破产的乡镇企业，发展到今天这么一个国际化的、大型企业，是非常不容易的。朱董很注重创新，而且他的创新立足于实际问题，在解决问题的过程中去创新，不断找到企业发展的点。朱董对于生产各方面都很精通，我的很多想法都是在和他沟通的过程中产生的。

为了更加了解公司一线的情况，朱董基本上每个星期都要跟相关负责同志谈话。一方面，我们汇报分管的情况；另一方面，他的想法也会跟我们沟通。一般老总到了这个层次，不一定知道业务第一线的情况，但是他非常清楚，而且他做事能够当机立断，及时去做。朱董也鼓励试错，鼓励大家去尝试新的东西，不成功也是正常的。因此对不成功的项目，大家也会去考虑后期如何优化，如何能够取得成功。所以我们这几年的节能降耗、改造创新非常多，比如透平风机。原来它是水环式真空泵，转速比较慢，效率比较低，后来我们改成透平风机，转速快，效率高，能节约 20％ 左右的电量。

朱董很关心员工，疫情防控期间经常打电话慰问员工，让我们注意身体。但他在一些原则性问题上很坚持，比如他的家属很少在景兴工作，避免让景兴变成一个家族企业。

谈景兴未来需要重视的板块

第一块是减人增效。景兴的产能一直在提升，同时员工数量在下降，需要工作梳理更加通透，更能抓住重点工作。10 号机最开始的时候一个班组有 22 人，现在下降到 11 人，但工作量还是一样的，这一方面得益于设备机械化、自动化程度的提高，流程得到优化，另一方面是员工技能提升，职责分工方面也做了很多改革创新。

2008年金融危机的时候，朱董就提出要全面深化改革，那时我们就开始致力于减人增效等工作。目前生产人员这一块，我们在行业中做得是比较好的，跟国内其他公司相比，同样的班组，我们比他们要少3人左右，每少一人，一年就能节省十几万元的人力成本。

其实员工数量下降还有一个原因，造纸行业是很辛苦的行业，机器24小时不间断运行，车间的温度很高，很多年轻人都不愿意到车间工作，所以这其实也是倒逼我们做减人工作，不然以后招不到人了。

第二块是人才培养。人才这方面，其实我们自身的培养还没有跟上企业快速发展的速度，员工的总体学历水平不高，中层基本上也都是高中毕业，后来招的大学生是专门充实到技术研发部做技术工作的。所以近年来我们做了几个工作，一是在人才复制方面，推进标准化建设，把造纸的全部流程，包括设备、工艺等，都做成标准的、可操作性的、图文并茂的说明书，让新员工能够快速熟悉相关业务。员工的培训正需要这些能够快速习得、贴合实际的知识。

二是针对不同层级的员工都开展了培训，包括班组长培训、管理人员培训、品管知识培训等。之前景兴的一些员工跑到平湖的同行企业去工作，因为他们工资高一点，后来他们又回到景兴，说明我们各方面都在提升。

第三块是产业链的构建。景兴近年来一直致力于打通产业链，增强抗风险能力，因为一旦我们掌握了上下游，就能解决原料及库存等方面的问题。比如原材料这一块，马来西亚的原料基地已经建起来了，已经在正常使用了。现在不让进口"美废"，考虑到未来的发展，如果国内的造纸企业没有海外基地的话，成本压力是很大的。下游我们有自己的纸箱厂，这样抗风险能力就强了。

第四块是企业文化方面。景兴一直很注重企业文化，组织员工参加各种活动，如专家研讨会、演讲比赛、运动会等。朱董也非常支持这些活动，我觉得这也体现了一个企业家的格局，格局很重要，这种格局之下我们的老员工不会选择离开。一个企业能够长期发展下去，需要花费很多的人力精力去做这些，要关注员工的各个方面，要增强企业的凝聚力，是很不容易的。

目前我们整个公司都在推行 7S 管理和 TPM 管理工作，一个人的办公桌是什么状态，体现了他的工作思路是怎样的，以及最终的业绩是怎样的。如果办公桌很乱，没有按照标准来，那么说明你的要求、标准也不高，最终对员工的标准和要求也不高，业绩也就不会高。

最后是环保。以前景兴面临着很大的环保压力，后来做了许多优化，包括增加废水处理能力，研究异味及噪声处理并真正落地，之后三年的环保运行都比较稳定。

景兴现在正在做的一些事情其实也是在为以后打基础，以前侧重于生产管理，现在是采购、销售、行政等全面精细化管理，探索标准化的管理模式。企业越是发展到后期，标准化越重要。采购、销售、行政等这些方面，标准化的难度可能很大，但是如果这些方面能实现标准化，对于企业来说非常重要。越是不能跨越这一步，就越是容易出问题，越是存在风险。全面精益，任重道远，也是未来企业的必选之路。

景兴生活用纸品质路

高业星,1979 年 4 月生,硕士研究生学历。现任本公司总经理助理兼生活用纸事业部总经理。历任本公司生活用纸销售区域经理、运行总监,生活用纸事业部副总经理,生活用纸事业部总经理。

谈生活用纸

我们现在在做的"再生生活用纸",是真正环保、低碳的,不像市面上炒作的竹浆本色纸,其实都是伪环保,依然要砍伐竹子,只是竹子的生长周期比木头快一点。再者,所谓的"本色"、没有把颜色去掉,实际上竹浆的颜色并非是黄色,也不是说一定对人没有伤害,它没有经过高温消毒,大部分都是通过染色后变成黄色的。这几年竹浆本色纸市场在走下坡路,竹浆主要是四川那边还在发展。竹子产量最大的也在四川,他们还在发展这个产业,只不过从"本色"又转变成以"漂白色"为主角。最开始这种纸出来的时候,宣传的理念是"本色",没有公害,不经过处理。但造纸无论是用木头,还是用竹子,都是需要工艺处理,都有污染,怎么可能完全环保?像我们的再生生活用纸,它就是属于环保概念的,因为我们在重复利用资源,实际上就是废纸,比如学校的书本纸、办公废纸等,收回来以后,我们经过处理,变成再生用纸。但书本纸本来就是回收的废纸,收回来再重新利用第三次,甚至第 N 次。我们收回来以后,经过处理做成生活用纸。

目前,再生纸的成本比木浆纸要低很多,但也要看整个原材料市场的波动和变化。中国一直提倡环保,但是消费观念很难转变,大家觉得再生纸不好。国外一些国家,像日本、美国、澳大利亚,也提倡环保,一定要用再生纸,而且再生的要比木浆的贵。

现在有几个理念,一个是"可再生",一个是"可降解",我们的再生纸是可降解的,但可降解也要分品种,而且应该更贵,像卫生纸在国外一定是要可降解的,因为卫生纸全部是放在马桶直接冲走的,不可降解的话就会堵塞马桶。所以我们出口到日本、韩国、英国、加拿大、美国等国的产品,必须要可降解。像同行业有些纸就不是可降解的,成本会高一点,工艺要求比较低。现在市场上很流行"可湿水的纸",沾了水也不会破,我们也有这种纸,在工艺上稍加调整,比如原料结构、湿强多加一点就不会破了。其实原料都是一样的,就是比例的问题。

我在公司的工龄算短的,我是 2011 年进来的。2011 年正好是生活用纸项目启动时期,我相当于是生活用纸的创始人,因为我来的时候什么都没有,连产品都没有,第一包产品是在我手上做出来的。来景兴之前我在洁柔工作了 6 年。我原来是做销售出身的,是做市场营销的。我毕业以后就做销售,生活用纸在 2010 年后,随着大型造纸企业的转型升级,导致产能严重过剩,市场竞争日趋激烈,持续爆发了价格战。可以说,我经历了生活用纸的发展全过程。

生活用纸发展最好的时候是在 2010 年以前,景兴转型也是因为看到了生活用纸这块的发展比较好,2010 年开始募集 9.6 亿元资金做生活用纸。整个中国的几大造纸企业,过去做工业用纸、文化用纸,后来也都转型了。大家都转型以后,就导致整个市场的竞争激烈,我们也是其中之一。原来没有太多大品牌的生活用纸,后来百花齐放,虽然中国生活用纸的消费每年在递增,但是消费的递增赶不上产能的释放。

这些大的造纸企业,它们的产能不像过去的国产纸机,一台纸机可能一年也就几千吨产能,现在是一年几万吨、几十万吨的产能。我一直跟他们开玩笑,我说这个不能当饭吃,消费量每年增长百分之零点几,产能却每年增长百分之几十,竞争太白热化了。现在市面上的四大生活用纸企业——洁柔、清风、心相印、维达,清风做得最大,维达价格应该是最高的,超市促销的要么是心相印,要么就是清风。我们景兴的生活用纸不容易打开市场,所以我们主要还是做差异化,因为我们的劣势是没有浆,没有原料,也没有品牌度。现在打造一个新的品牌太难了。20年以前,在中央电视台做个广告,多投点费用进去,品牌效应和知名度会马上得到提升,因为那时竞争没有这么激烈,而且那个时候大企业很少。现在有钱的企业太多了,现在看电视的越来越少,更没人看广告,深入人心的品牌也多,市场竞争确实太激烈了,花钱也不一定能打造出一个品牌。

景兴是从工业用纸到生活用纸转型比较成功的企业之一,这得益于几个优势。第一,我们的地理位置优越,交通方面运输成本低。第二,我们领导做事比较稳健,一步一个脚印,不像别人,生活用纸一上就是30万吨、50万吨,现在又出来几个100万吨,卖不出去就只能降价,你亏钱做,永远不持久。第三是走差异化,大家都做抽纸,我们就做环保再生纸、高端木浆纸系列,别人不做的东西我们来做,前期可能推广难度和投入比较大,但是一旦做出来,我们就会有优势了。

谈打造品牌

我们每年都有新的产品研发出来,是借助我们自己的实验室和企业研究院的优势进行研发,不对外委托。

我认为未来还是要稳健第一,一步一个脚印。其实我个人

191

做事也是稳健当头，整个团队的风格也都是这样。现在很多人说要多投钱，先把品牌做起来，经过我多年的经验分析和判断，在目前的市场行情下，不适合大手笔的投入来冒极大的风险创造品牌，因为我这一路经历太多太多。

我们现在给国内其他企业做代工也蛮多的。从利润来看，肯定还是我们自己品牌的利润更高一点，但是费用投入率会更大，因为代工不需要有很多的业务人员，只要一个跟单的就行了，订单过来，这边立即安排生产。咱们做自己的品牌，就需要一个庞大的团队。但他们赚的空间肯定比我们更大，因为品牌溢价比较高，比我们高 10 个点以上，比方说下游这些经销商，他们愿意卖维达，但是不愿意卖品萱，因为品牌认可度高，会更好卖，比方说在超市卖，消费者会主动去拿它，你的品牌放在维达旁边，即使维达贵一块钱，大家还是会去买维达。

我们最早做上海市场是在 2011—2015 年，所有的卖场都尝试做了，家乐福、大润发、卜蜂莲花等等，投入费用也是特别高，卖场要收促销费、陈列费、地堆费、海报费什么的，一张薄薄的纸头就要收那么多费。

品萱在 2011 年上市，当时我们的想法是至少要做区域性（华东）的一线品牌，我们投入了很多人力和资金，进了华东地区所有的超市和卖场，也花了很多进场费，做了三四年的时间。我们最好的时候一个月做到了 2 000 多万元营业额，一年算下来也有两三亿元，但是成本投入太大了。后来从 2015 年开始，我们就慢慢退出超市和卖场，因为确实毛利不高，亏得太多。

2014 年的时候，我们的纸机开始投产。因为我们的成品一开始是委外代工，只有一个品牌，后来我们就上了自己成品的生产设备。厂房的建设投入也蛮大，投了 6 亿多元，第一期上了 3 台纸机，其中 2 台是进口的，1 台是国产的，产能是在 6.8 万吨。

其实 2015 年，3 台纸机的产能就已经达到 6.8 万吨。纸机

192

投产的时候,品萱就开始慢慢退出市场。2016 年开始,正好有一个战略调整期,我们以卖半成品为主,成品为辅。另外我们也给洁柔、维达等一些品牌做代工,至少要使机器运转起来,我们也有这么多员工,停了也不行。

外行人可能觉得打造一个品牌很容易,其实这是很难的。很多转型做生活用纸的企业早就倒在我们前面了。很多实力强的企业,工业用纸、文化用纸的总产能更高,但是生活用纸也做不起来,亏得比我们更多。我当时一看,不能再这样下去了,还是要进行策略调整。一个企业没有造血的功能,就很麻烦。我们开始以卖半成品为主,1 万吨卖成品,剩下的 5 万多吨卖原纸。我们下面有很多加工厂,这个时候的原纸行情还是蛮好的,因为大家都是刚刚转型升级,还没有真正冲击到我们在华东的地位。到了 2019 年,生活用纸开始盈利,一年盈利了两三千万元,中间还遇到了疫情,要不然盈利更快。

2022 年 1 月 18 日二期 TM5 生产线开始正式投产,现在总的产能是 18.8 万吨。我们现在以做差异化产品为主,其实也是因为一开始走了比较多的弯路。我们一开始只生产普通的卫生纸和抽纸,因为机器刚刚开机,要保持纸质的稳定,后来在竞争过程中确实也遇到了很多困难,于是开始进行产品结构的调整。整个市场行情是不太行的,大家的产能越来越大,做大众化的产品肯定是没有未来的。

2018 年公司开始调整战略做餐巾纸,我们的餐巾纸现在占我们总销量的比例还是非常高的,很多高档星级酒店都在用我们的产品,还有一部分出口到国外,不过不是我们直接出口,是我们把半成品卖给下游的客户,他们再做成成品出口到美国、欧洲。这个产品现在我们可以说没有竞争对手,别人一直在模仿,但做不出来,我们一个月产三四千吨,而且价格很高。为什么别人做不出来呢?因为要在纸上印上整版的彩色油墨印花,比方说一张餐巾纸，整版的印花我们印好了，他们拿过去自己印，但是油墨一上去，纸就破了，这个是我们独有的技术。

这项技术可以申请专利，但是申请专利就等于是公开了。这项技术也跟我们长期的技术改造有关，我们很重视技术改造，每年大大小小的技改项目非常多，朱董对技改这一块投入也非常大，所以别人没法超越，这是一种管理理念。包括我们现在生产的现场管理，我们已经超了别人几个级别。就拿生活用纸来说，市面上的几家企业每年都是 100 多万吨的产能，但他们的工厂管理还没有我们的精细化。在现场生产管理这块做得好的企业目前最多也就做到 7S 管理，而我们现在已经做到了精益管理，而且我们的精益管理已经做了 5 年，可以说是在 7S 管理上又升了一级。具体体现在哪些方面呢？我们把设备包含进去了，原来的现场管理是不包含设备的，现在你到现场去看，我们的设备都非常干净，维护得很好。

因为当你追求卓越管理的时候，成本自然而然就下降了，设备维护好了，没有非计划停机，设备没有故障，产能都能发挥出来，等于成本也下降了，质量也上去了，这是别人没法超越的。我们现在已经开始运用数字化管理平台。车间现场 DCS 室，里面是各种数据集成，整个生产过程中异常的数据，我随时可以在平台上看到。这套系统前期一次性投入很大，但维护成本不高，后期第三方每年要收维护费，这个费用很低，就是前期的调研和开发需要花费很多精力，研发团队搞了一年多的时间，要完全符合我们的需求，因为可能别家用这套系统可以，但是拿到我们这里就不行。原因之一是企业的管理模式不同，组织架构不同，产品结构也不同，比如维达是靠成品的，我们是靠半成品的，所以根据我们的情况量身定做的系统才有用，否则的话就是放那里看看而已，而且这是跟精益管理理念融合到一起的，我们先做了精益管理，然后再开发的这套系统。包括我们产品的差异化——再生生活用纸也是属于差异化的一种。如果再生纸的推广改善以后，一台纸机就可以满足生产。目前我自己感觉这个市场还没有人做，但我们已经在做了，完全符合国家发展的大趋势。

但是我们要有一个过程，要有一个引导消费的过程，就是要通过政府的层面去推广产品。现在各地都在推出这种政策，政府对企业有要求、有引导，然后消费端再有一点引导。可能在产品标准上还需要后续修改，因为没有标准就不能做，比如只能做卫生纸和擦手纸，不能做面巾纸。

在国外，我们的再生纸可以用作餐巾纸，可以放在餐桌上用，就证明这个东西没有问题，但是在国内就不行。所以我们出口半成品，国外拿去做餐巾纸、面巾纸都可以，而在国内只能做卫生纸，做面巾纸就违法了，因为产品标准没改。

一个是刚才我说的餐巾纸，别人模仿不了，还有一个是再生纸，第三个就是吸水衬纸，它是放在卫生巾、纸尿裤里面的，要有吸水的功能，而且要透气，不能破。这种纸其实要求蛮高的，有的质量不好，小孩尿完就很难受，好的产品基本上戴一晚上不会变样。2023 年我们刚刚开始做这个产品，现在也在批量生产，价格高，要求也高，销量也还可以，在华东地区占有 30％的市场份额，年产量也有 20 000 吨，利润也高一点。

我们现在还在做一种柔纸巾，就是在纸巾里面加进去乳霜保湿因子，在纸造好了以后，再进行第二道工序，把保湿因子辊涂上去，摸上去有点柔柔的、湿湿滑滑的，其实不是湿的。该产品的包装非常好，利润率会高一些，但是价格太高了，普通消费者可能不愿意买，相比普通的一盒纸，至少差一倍以上的价格。这种纸我们现在基本上只在线上卖，线下的成本太高了。线上也在推，走的是微商模式，分销不能超过三级。

谈海外市场

我们前段时间去了韩国，韩国市场我们才开始做。上次我们去，确定了 50 天 5 000 吨的产量，意味着我们一台纸机全包了。朝向国外可能是一个方向，我们的产能是先设置 18.8 万吨的目标，这个目标还是比较稳健的。其实对生活用纸来说，在华东，18.8 万吨生活用纸造纸产能已经排在前三了，每个月要 15 000 吨，每天产量 450 吨以上。对于华东一个区域来说，消化产能对销售还是有极大的挑战，因为除华东以外的区域运输成本太高了，就不具备竞争优势。

我们感觉往国外走这个方向可能是对的，韩国市场很稳定，也缺乏龙头造纸企业，我们的成本优势就显现出来了。韩国的人工工资很高，消费也高，但我感觉没有中国好，他们山区很多，产业主要是集中在首尔地区。国外的市场和客户会比较稳定，只要他们跟你合作，价格和质量就不会有太大的变化，会一直很稳定地持续下去。中间贸易商把我们的原纸买过去，到了韩国再卖给其他企业，他们自己再贴标，做自己在当地的品牌。我们的再生生活用纸在国外很受欢迎，他们的环保意识很强。

我们品萱的产品也卖到日本、澳大利亚、沙特阿拉伯等地，但是量不大，一个原因是品牌的认同问题，还有一层原因，就是中国的产品包装方式和国外的不同。比方说卷筒卫生纸，国外市场都是叠加式包装，国内因为设备局限，上面是不压花的，而国外是两边压花，压一些装饰性图案，这在国外是有专门研发要求的，所以我们就得改造设备。

谈朱董印象

朱董没有休息日,很辛苦的,晚上 10 点还在办公室。他也没有什么个人爱好,为了强身健体,就走走路,基本上每天走上万步,只要有空就在厂区现场查看。他高瞻远瞩,企业发展到不同阶段、不同时期,他都会有新的创新及新的变革来带领企业不断壮大成长,他的格局非常大,记忆力非常强,凡是汇报过的工作中各类事项都能够记住,并及时沟通、跟踪结果,完全具备企业家精神。

我印象最深的是他对我的帮助和提拔,因为我负责整体生活用纸事业部是从 2018 年才开始的,以前我是负责销售的。我在公司的工龄算短的,公司很多员工都有二三十年工龄,而且我又是外地人,朱董对我的工作非常关心,哪里运作得不好,就马上给我指点出来并给出意见和建议。他的管理理念是很人性化的,这就是企业文化、管理文化。他很善良,平易近人,考虑周全,为人也很低调,这也就是我们死心塌地跟着他干的原因。他在平时的工作中要求也很高,但是他要求你要对你的这块工作负全责,一定要给企业创造效益和价值。我们也觉得这种要求是对的,企业本来就是经营性的,董事长要对这个企业负责,我们员工也要对自己的板块负责。

由于市场行情变化及人员结构调整,2018 年我接手生活用纸事业部,也算是一个契机,把我推到了现在这个位置。可能当时确实做得不太好,因为整个生活用纸行业形势也不好,面临洗牌,我就做了两个大动作,一是进行产品结构调整,二是调整客户结构,不赚钱的客户我就砍掉了,他们做得越大,我亏得越多。因为当时的情况已经很差了,根本看不到未来的希望,所以在朱董的支持下,我用了三个月的时间进行调整,无论是开发新客户，还是开发有差异化的产品，全部调整到位。

那时我压力是很大的，因为又要管生产，又要管销售。我接手生活用纸项目之前，这个板块一直是亏损状态。我接手以后，2019 年收支持平，2020 年、2021 年、2022 年都是赚钱的。一开始赚得不多，后来一年能赚两三千万元，还能养着这么多人和设备，扣除折旧费用、人工工资和管理费用，我们还有净利，很不容易。

2019 年生活用纸板块开始盈利后，朱董决定再上两台纸机，把产能从 6.8 万吨提升到 18.8 万吨。这个工作就是箭在弦上，你没法退缩。朱董说：只要能赚钱，项目就算好，你敢做吗？我回答说没问题，但说实话，这对我的考验也是蛮大的，因为产能一下翻了两倍的确是很大的挑战，但当时不上项目，不增加产能，就体现不出产能优势和成本优势。

这两台纸机开机以后压力很大，本来就产能过剩，产能 6.8 万吨的时候卖起来都很吃力，因为原来产品结构没调整，这些产品大家都可以做，别人把价格降下来，客户转身就换。我们做了产品结构调整以后，想替代我们就没那么容易，而且投入也比较大，所以说现在生活用纸这块越来越稳定，销量也在不断提升并快速增长。从韩国回来以后，朱董又有信心了，我们的转型还是蛮成功的。国际化战略涉及生活用纸的未来，包括中国台湾将来都可以推广。我们现在也出口到马来西亚、美国、英国、加拿大、澳大利亚等国，销量也在快速增长，再生纸现在一个月生产4 000 吨以上，并可以做到产销平衡的状态，国内也有很多客户做成品出口，我们提供再生原纸半成品，他们再做成成品，通过海运方式和退税政策，成本就会有优势，成品再出口到国外。

客户信任：景兴的核心追求

唐建良，1969年1月生，大专学历，中共党员，工程师。现任本公司总经理助理。历任浙江省平湖市第二造纸厂制造部调度组组长、生产科科员，一分厂车间主任、副厂长、厂长，四分厂厂长，浙江景兴纸业集团有限公司营销部服务部经理，浙江景兴纸业股份有限公司营销公司副经理、造纸一公司经理、供应二部经理、销售部经理等职。

谈个人成长和发展经历

我是1969年出生的，1991年8月来到景兴，当时公司为3号机开机招聘了一个班，连我在内的几十个本地人在浙江造纸学校，就是现在的浙江科技大学培训了45天。我很荣幸和另一位同事被选作重点培养对象，继续带薪学习了三年。这所学校在浙江本地招了很多人，主要方向是造纸和印刷，所以专业比较对口。朱董也是这所学校的第一批学员。1997年公司改制后，我们开始引进大学生。我从学校回来后，先是担任车间主任，后来又担任厂长。一直到2001年，我都在负责公司的生产线，2002—2004年间我负责销售、售后服务等工作，2005—2007年又回到生产线上，到了2008—2011年的时候，我在供应二部负责辅料采购，2012年又重新回到销售岗位上。也就是说，除了技术研发，其他部门我都去过。

在技术上，我们始终努力提升产品的质量和工艺。1996—1997年的两年时间，我们对3号机进行技术改造，增加真空伏辊，提高产量，将产品做到 B2 级，满足客户在标准和成本上的要求，这在当时的华东地区还是比较有名的。"3250 工程"建设的两台 2400 mm 纸机，当时在行业里面算是规模较大的。我亲历了"3250 工程"，虽然开机不容易，但是在技术和工艺上我们实现了质的飞跃。同时，我们在一厂引进质量管理体系 ISO9000，不管是一线员工还是车间主任，都要学习背诵质量管理手册，晚上还要对手册内容进行听课学习。引进 ISO9000 对产品的质量稳定性和景兴的发展非常重要。但对我自己来说，作为厂长，管理难度还是比较大的，比如文化程度较低的员工不大识字，回家还得请子女帮助认字。后来，公司还引入了 7S 管理，在此前的基础上加入了设备维护保养这一项。很多员工想不通，空余时间用来搞卫生干什么，于是会有一些争议。乡镇企业管理最开始是比较粗放的，很多人下班回家后还要种田。

我买第一套房是向老板借的钱，厂里也有其他人向老板借钱的，老板都同意了。这么多年相处下来，大家对朱董的人品都非常认可，他把全部的时间、全部的精力都放在了厂里，晚上在办公室里会待到很晚。他马上 60 岁了，还是常常去车间和现场，我认为这是一种企业文化，也可以说是一种管理文化。

谈销售工作

我们现在一线销售人员有 30 人，加上内勤和售后服务，共有 50 人，95％的产品都在江浙沪地区销售，以前在福建、广东、河北、成都、重庆、新疆等地还有客户，但是随着这些地区逐渐有了当地的造纸厂，我们在运输成本方面失去了竞争力。所以我们的销售最终还是聚焦在江浙沪这一块，都是老客户，现在以宁波、温州、台州、昆山的出口企业为主。在价格上，我们一直在争取标准化，当然做起来也不容易。基于设备条件和市场现状，我们现在一直在开发小尺寸需求的客户，如做纸筒、纸蜂窝的，更方便配规。

景兴的销售链每年都正常流转，2022年疫情防控期间销量也特别好。我们主要的做法还是和客户充分沟通、衔接，积极配合政府部门的各项要求。客户有困难和疑虑的，我们积极地去解决。销售和生产的管理不一样，销售业务人员要聪明、灵活机动，要和客户有长期的关系维护，在市场好和不好的时候都要维护客户关系，当然我们公司的销售队伍相对来说还是比较稳定的。疫情防控期间，亚太物流的很多驾驶员要集中隔离，我们就把很多集装箱改成板房供他们居住。我们以前做过出口，但是量小，主要是间接出口，就是作为产品的包装出口。以前产品包装主要用塑料包装、纸箱包装，现在产业升级高质量发展后，包装要求也高起来了，要环保、绿色，对我们纸箱的销售也有利。包装厂竞争也激烈，设备更新换代快。纯拉板片的包装厂，老板对其主要设备板片流水线经过5至10年就要考虑进行更新，如果是单纯做纸箱，流水线可能能用20年。

景兴取得的发展和成就，从我的经历和感受来看，除了大家的努力，主要还是来自上新产品线、实现技术改造。只有不断创新，才能控制成本，提升工艺。原先我们用来做牛皮纸的机器，由于配规配不好，现在改做纱管纸。纱管纸门幅要求不高，10厘米左右一档就可以了，不会造成浪费。原来车速慢，门幅窄，在质量上就看不出什么差距。现在车速快了之后，门幅宽，有接触不紧密的，原纸不好就容易断掉，因此要求越来越高。当然，随着客户的需求、装备发生变化，我们的装备、生产方式也要跟着变化，我们也要与时俱进。

我目前负责销售工业用纸，我们的产品品质在国内算是位列前茅，用的都是世界上第一、第二的芬兰和欧美产的设备。工业包装用纸主要包括瓦楞纸、牛卡纸、牛皮纸、白面牛卡、美卡、俄卡、澳卡，很多都是用原木浆生产的。我们的客户很多都是从事化纤产业的，要用纱管原纸和包装用纸。20 年前，景兴包装纸的市场影响在华东地区是很大的，现在同行竞争较大，但还是有一定优势。

当然我们做销售的，留住客户是第一任务。首先，当然是要质量过硬；其次，服务要到位，保证交付及时，及时备货、随时送货，才能保证客户的黏性。虽然我们比小厂的瓦楞纸价格要贵 200 至 300 元，但是我们的质量更好，抗压高，抗吸潮。我们也不是什么客户都要的，一些存在货款安全隐患的客户，比如经济实力差的、货款风险大的，也会被市场主动剔除，不会对我们的销售造成什么影响。

业务员的收入，我们采用的是"上不封顶、下不保底"的方式，主要靠业务提成，要求每个月至少 12 天出差，签约单位每月必须去一次，差旅费包含在业务提成里。考核业务员的吨纸提成是根据其实际销量占销售计划目标的比例来调整，所以销量对收入的影响很大。业务考核从 2017 年开始调整实施，等于是给业务员上紧箍咒，按吨来算提成，我们也要求业务员销量一个月必须达到 1 500 吨。作为销售，只要肯付出，肯定会有回报。销售成绩差的会转岗或硬性淘汰，否则会降低团队的整体积极性。我们对业务员考核的货款周期，原来的行业平均要求是 30 天，现在要求是月结 15 天，发货当月开票，也有部分客户是预付款，超过付款时间会及时启动预警，如果判断有风险，会走法律程序保障我们的权益。我们公司风控做得比较好，2022 年我们没有坏账。

谈在景兴工作

工作初期当然是比较辛苦的，2001 年之前，我们中层管理人员晚上基本都住在厂里,公司要求一直要在生产现场,公司会给中层管理人员安排宿舍。为提高景兴品牌,集思广益,公司做品管圈很多年,有指标要求,如果完不成就要扣分,超额完成就有奖励。工厂实行四班三运转工作制,中班的时候经常会看见朱董去车间,直到现在也是,他很负责。我们也会遇到客户对价格、服务、质量很挑剔的情况。一般来说还是看供求关系,市场好的时候问题相对更少一些,市场不好的时候,我们会采取协商或诉讼的方式积极应对,合规解决。经历过这些之后,我们体会到只有脚踏实地、亲身实践才能解决问题。

市场上哪一个产品利润好,我们就千方百计生产这个产品。在生产上,开发新产品很困难,机器要配型,还要纸浆和原材料。现在马来西亚工厂主要生产高端纤维浆,逐步有了一些市场,产量还在增加,目前主要在 12 号机和 10 号机使用。马来西亚厂二期项目对我们未来的发展非常重要,现在"景马浆"做原料,相对加了一道工序,成本高,而马来西亚厂就可以直接生产成品纸。2023 年 1 月 1 日开始,包装纸关税全免,国外的纸运到这里费用就低了,海运费用跟我们汽运相差不多。

关于我对市场的看法,现在有些欧美国家政府要求企业去中国化,明确规定不能从中国采购。但是我们国家做的产品质量是比较好的,有些客户到东南亚去采购,跑了一圈之后发现质量不行,回过头来看还是我们的产品好。

这几年形势不太好,行业新增项目较多,内卷严重,老板要求我们不能停机,以产定销,这与包装厂是有区别的。我们目前采取的方案是根据客户的订单来生产,如果订单没过来,客户平时用什么规格的产品可以先储备一点,以保障生产的连续性。这几年,浙北、上海、苏南基本没有新增造纸产能,苏北、安徽、湖北、广西、四川新增了很多产能,但是需求没有增加。新增产能大,加上出口的影响也大。国内好多企业要搬到柬埔寨或者越南,都是需要有个过程的,因为当地人肯定要有一个接受和习惯的过程,以后也会和我们形成竞争关系,所以现在我们还一直在拉动内需。

2016 年下半年是造纸行业利润较高的一个时期,2017 年、2018 年市场形势比较好,2020 年到 2021 年,因为发生疫情,行业发展还是受到了一些影响。近些年,湖北和广西批准建了很多造纸厂,二期和三期项目随时会上马。中西部新增造纸厂多,但是效能还没有发挥出来。2023 年后,国内市场基本还是可以拉动的,但是出口的市场需求不会增长,而供应在增长,所以还是要想办法把国内废纸这一原料的价格降下去,台湾地区的废纸每吨不到 1000 元人民币,我们基本上还是在 1500 元。原来有关税的时候,加上两三百元税还好,现在差距越来越大了。国内几家大的造纸企业一直想把国内废纸价格压下去,2022 年国内废纸的价格基本上是每吨 2500 元,现在是 1500 至 1600 元,已经压下去好多了。如果是在同一起跑线上跟国外的同行竞争,基本上国内废纸价格还要再下调两三百元。当然现在国内废纸价格压下去也比较难,因为环保要求高了,安全要求也高了。2012 年以前,国内废纸价格基本上是 1000 元出头,当时打包站大多数是在路边,很简陋,用挡雨布挡一下就可以,现在厂房要求是标准厂房,成本增加,劳动力成本也高了。

这种背景下景兴纸业也必须要发展、要进步。信息化时代,原材料价格透明,销售价格差距就在 30 到 50 元之间,必须要在中间的生产成本控制上做文章,提高效率,不能停机。

生产不停，技改不断

程正柏，1973年10月生，硕士研究生学历，高级工程师。现任公司总工程师兼企业研究院院长。历任浙江省平湖市第二造纸厂生产制造部技术员、副科长、科长、生产装备部经理、技术中心经理、项目组运行经理、副总工程师等职。

谈第一批大学生的成长

朱董非常尊重、关心和爱护科技人才，1997年公司第一批从外地引进13名大学毕业生，现在看来，当年招如此之多大学生，对一个乡镇企业来说是需要发展的战略眼光的，因为大学生是需要花大量时间与成本去培养才能发挥作用的。我就是这批过来的，公司各级领导非常重视我们这批人，无论在生活上还是工作上都给予我们精心的计划安排与照顾，甚至包括介绍对象和建大学生公寓。确实，这批大学生也逐步在项目建设、技术改造、技术研发等各方面发挥了不可忽视的作用，都在各部门逐步走上领导岗位。此后，景兴在发展的每个阶段也不断培养和选拔内部优秀人才，同时引进大量不同专业的高层次技术人才，共同推动公司的技术进步和高质量可持续发展。

我从技改项目中学到许多专业技术，2001年公司成功开发白面牛卡纸，为优化衬层原料成本，朱董决定筹建一条办公废纸脱墨线，利用脱墨浆代替漂白木浆降低生产成本。朱董把项目设计任务布置给我，当时我很犹豫，我会画CAD图纸但从没做过具体设计，是否能行心里没底。他鼓励我说："这个项目就由你来负责，人都是从不会到会的，我 24 岁当厂长前也没干过厂长，现在不也干得很好吗？"他对培养和使用人有超前的思维方式，传统观念上，大部分领导为减少风险，都喜欢使用最有经验的人员。2002 年脱墨线项目调试运行比较成功，效益也很好，我们参与项目的各专业成员都学到了专业设计和项目相关经验，为公司后面的大型项目、技术改造打下很好的基础。

谈景兴的技改

景兴纸业一直遵循着"生产不停，技改不断"的发展创新思路，朱董对技改方面的投入非常支持。近些年来，景兴围绕节能降耗、智能制造、减员增效等技改项目每年投入资金远超 5 000 万元，也就是要通过短时间内的停机技改来提升纸机运行效率。

我负责的第一个技改任务是 2002 年的办公废纸脱墨线项目，整个项目团队包括我在内 2 人是专职的，其他所有专业人员都是兼职。也是从那个项目开始，近 20 年来，我负责组织实施的各种技改项目已经超过 50 个。

2004 年，国内造纸企业和造纸机械都已迅猛发展，20 世纪 90 年代初"3250 工程"项目的 2 台国产纸机运行已经有 10 年，产能仅为 3.5 万吨/年，纸机的效率与效益已经落后于造纸技术发展。公司决定对 2 台纸机进行升级改造，分别改造成超成型与叠网纸机，浆线、纸机改造完成后产能提升至 8 万吨/年。2012 年，2 台纸机进行针对性改造，搬迁到景兴工业园区，处理其他机台的渣浆生产纱管原纸。现在 2 台纸机产能达到 12 万吨/年，仍然发挥余热，为公司创造良好的经济效益。

近 10 年来，公司决策投入大量资金对工业用纸的 3 台大型纸机进行施胶机、靴压改造，一方面提升机台产品品质，另一方面提升纸机车速，降低各种能源消耗，从而提升产品的市场竞争力和经济效益。

为实现国家"双碳"目标,公司通过大量的技改项目来推进节能降碳、降本增效工作。技改包括一系列的透平风机改造、屋顶光伏、浆线流程优化、贮浆项目、中水回用、永磁电机、沼气发电等项目,均成功取得了节能降碳、提质增效等诸多成果,比较10年前统计数据,公司吨纸耗电下降20%,蒸汽下降15%,污水排放下降30%。

谈景兴 PM10、PM12 项目

谈到公司面临的重大关口和困难,我印象比较深的是PM10、PM12两个项目。2000年公司开始15万吨A级高档牛皮箱板纸项目的筹建工作,当时公司老厂的产能应该在10万吨左右,纸机幅宽最大为2400 mm,车速最高100 m/min。建设如此大型宽幅、高速的4叠网箱板纸机,在资金、人才、技术等都相对缺乏的条件下,公司领导立项去实施这个项目需要很大的魄力。在项目人员方面,内部抽调最好的专业技术人员,外部聘请当时国内最先进纸机的专业技术人员加入项目部。为了顺利开机,朱董通过各方面的关系安排组织约20名生产、设备人员到广东某高速板纸机培训2个月,为顺利开机运行提供操作人员技能的保证。建设国内最大的箱板纸机的项目,资金方面投入巨大,完全依靠自有资金非常困难,公司通过各方面努力,引进股东资金保证和国外技术支持,在资金、人才、技术保障下,PM10才能于2002年6月顺利投产,生产的优质高强箱板纸迅速占领市场,20多年来一直是公司运行最稳定和利润最好的机台。

公司领导在2005年开始筹建45万吨包装纸项目,当时公司的总产能为35万吨/年,大大小小有10台纸机。这个项目是公司单机产量最高、规模最大、装备水平最先进的造纸生产线,技术装备达到国际先进水平,纸机设计车速已经达到 1 000 m/min 以上,幅宽为 5 650 mm,整纸 MCS、DCS 控制系统自动化程度更高。项目计划投资资金非常大,项目进度也因资金问题一度暂停几个月,但公司领导也在积极谋划上市的工作,2006 年成功募集资金助力项目快速推进,项目在 2007 年 9 月成功开机。在项目技术人员方面,基本上所有公司内部主要技术人员都参与了 PM12 项目筹建,我负责纸机的工艺技术,对我来说大部分都是全新的工作内容,也是一边做一边学,公司也是一直通过各种项目来锻炼和培养内部人才。

谈绿色低碳、循环发展

公司一直以来秉持绿色低碳发展的理念,坚定不移走科技创新、生态优先的高质量发展道路,在环保领域持续创新。国家在污染排放方面实施总量控制,对企业的发展来说带来非常大的挑战,景兴面对这种困难,积极创新应对。在污水治理排放方面,其一,在车间内使用新设备、新技术节约用水;其二,在废水治理方面,在行业内率先使用厌氧处理技术、中水回用技术,利用排放水再处理达到清水水质进行回用,减少废水终端排放。目前我们的吨纸排放量达到 4 m³ 以下,环保设施与技术在国内外同行业中处于领先水平。公司被评为首批国家"资源节约型、环境友好型"企业,国家节水标杆企业。

近 10 年来,公司持续加大对环保全流程的科技创新和技术改造项目的投资。第一,已建成 3 期的中水回用项目,节水总量达 15 000 m³/D,保证了公司重大项目顺利实施。第二,由于废水处理系统的高效稳定循环运行,厌氧污泥质量和产出量相应提升,目前年出售污泥经济效益达 1 000 万元。第三,利用厌氧产生沼气发电项目成功运行。第四,固体废弃物的干度提升项目提高了垃圾炉焚烧效率,产生大量电能和蒸汽回用于生产系统。公司在环保处理系统构建了多个循环经济生态链,环保设施投资运行不仅取得良好的社会效益,同样也取得显著的经济效益,这些成果得益于公司坚定不移走绿色、低碳、循环发展的道路。

谈景兴发展和个人经验

从 1984 年建厂以来,作为刚起步的乡镇企业,无论资金、人才、技术都是相当缺乏的,那个时期的发展也非常艰辛。但是景兴的发展一步一个脚印走得非常稳健。20 世纪 90 年代的"3250 工程",奠定了以高档绿色环保包装用纸为主导的发展布局。15 万吨的低定量高强度箱板纸项目,以及同期启动中日合资的项目 15 万吨高强度瓦楞纸项目于 2004 年开机运行,与国际上著名的造纸企业日本制纸合作,引进先进的制浆造纸技术和管理经验。2007 年"年产 45 万吨再生环保绿色包装纸项目"开机,是公司发展史上又一个重要里程碑,技术装备达到 21 世纪国际先进水平。2010 年"年产 20 万吨白面牛卡纸项目"和 2014 年"年产 30 万吨高强度瓦楞原纸项目"相继建成后,进一步优化产品结构,增强市场竞争力。

在公司发展的过程中,影响比较大的还是 2001 年的股份制改革,引进茉织华、日本制纸和日本 JP 三家主要股东。茉织华当时已经是上市公司,给予景兴 15 万吨项目建设资金方面的支持,也为后续景兴纸业上市提供指导和帮助。景兴纸业 2006 年成功在深交所上市,为公司规模扩张和可持续发展提供充裕的资金保障。

在重大技术革新方面,公司从成立以来一直非常重视新产品开发、技术改造等技术创新工作。首先,在新产品方面,20 世纪 90 年代,朱董亲自联系购买原材料,下车间指导开发高强度牛皮箱板纸,开发出能代替进口的新产品,成为华东地区的畅销产品；后续公司陆续开发白面牛卡、高强纱管纸、高强瓦楞原纸，这些新产品的开发既为公司创造经营业绩，也为公司新项目建设打下坚实的基础。其次，在技术创新方面，围绕公司生产经营目标、"四新"技术开展技术创新活动，召开年度技术创新大会，评比和奖励优秀技术创新项目，提升技术创新的主动性和积极性，每项都取得显著的经济效益。第三，随着公司的高速发展，公司加强校企的产学研合作、加快创新平台建设，其中省级以上创新平台6个，包括浙江省企业技术中心（2006）、浙江省企业研究院（2014）、博士后工作站（2017）、院士工作站（2017）等。2023年，公司企业研究院被评为平湖市首家省绿色低碳造纸技术重点企业研究院。景兴依托企业技术研究，不断提升技术创新和科研开发能力，累计获得国家授权专利80余项。

未来，公司继续与各个合作大学和专家积极建设公司的院士工作站、博士后工作站、外国专家工作站等创新平台，通过课题、项目的合作，帮助企业解决创新发展的瓶颈问题。

公司也将加快景兴"工匠学院"的建设，继续加大对工匠学院的投入，以技能大师室技术团队为核心，通过技术培训和技术交流，真正为公司专业培训工作起到引领作用。提升企业基层职工队伍素养，为公司的高速可持续发展源源不断地输送高技能的人才。

加强公司重点企业研究院的建设，公司在优化现有产品研发、生产工艺的同时，将继续开发多功能、高性能、高附加值产品，开拓纸制品应用领域，提升中高端包装用纸的占有率。借助马来西亚的浆板原料供应优势，重点发展低克重高强度专用箱板纸等产品。通过研发实验室先进仪器的装备，加强公司技术创新项目的研究和突破，旨在提升工艺技术水平、节能降耗、提升品质，提升公司产品市场竞争力。

努力实现国家"双碳"目标，在未来几年内，通过对碳排放总量的控制，加快造纸行业淘汰落后产能退出。一方面，公司将推动造纸污泥、废弃物规模化高效处置,提升生物质替代燃料比例,提升废水沼气发电效率和光伏发电的建设,降低化石燃料燃烧排放,推动造纸行业绿色低碳发展。另一方面,通过加大节能技术改造和节能设备的使用来提高能源利用效率、提高清洁能源使用比例,是造纸企业低碳发展最重要的手段。

谈朱董重要工作经历及对本人的影响

1988年,年仅24岁的朱董就担任平湖第二造纸厂厂长,1999年底企业改制后担任董事长。在他的带领下,通过扩建、技改、技术管理创新等手段,经过10多年的时间,将一个乡办小厂发展成国内有一定知名度的大型造纸企业。2000年,景兴纸业年产能达到10万吨。2001年9月,景兴纸业先后成功吸引了三家战略合作伙伴的加入。这三家股东的引进,不仅带来了资金,还带来了先进的管理理念及制浆造纸的先进技术,为公司的发展提供了强大支持。同时,公司开始建设15万吨A级高档牛皮箱板纸的生产线。在产品方面,景兴的产品是高强度低克重的高档牛皮箱板纸,是国内非常紧缺又能替代进口的产品。到2005年,公司产能达到35万吨。

2006年公司上市,是景兴纸业又一次迅猛发展的开始。后续公司投资新建工业用纸3条大型包装用纸生产线,目前,公司年工业用纸造纸生产能力达150万吨。从2011年开始,为了实现产品的转型升级,景兴纸业涉足生活用纸领域,创建"品萱"自有品牌,目前,公司生活用纸生产线有5条,年产能接近20万吨。

公司2023年投入大量资金筹建6.8万吨生活用纸脱墨再生浆技改项目,以办公废纸、书本纸为原料经处理后生产环保型擦手纸和卫生纸,符合国家的双碳政策要求,减少碳排放。同时公司也提高生活用纸事业部产品的多样性,从而提高产品的市场竞争优势。

为解决进口原料困境及突破国内规模扩张问题，朱董再次做出重大决策，跨出国门向国际化转型，建立海外的原料及原纸生产基地，以保障国内生产线原料优势，进一步提升公司综合竞争力。公司在马来西亚投资建设年产80万吨废纸浆板及60万吨包装原纸生产基地项目，目前一期项目已经调试成功。

朱董从青年时期就拥有敢挑重担、不畏困难、迎难而上的拼搏精神，为公司发展全身心地付出，正如景兴精神"超越自我，挑战极限，追求卓越"，他身上有永远充满活力的创新精神。面对公司的发展瓶颈，他能够高瞻远瞩、开拓进取，带领景兴的全体干部、员工长期致力于管理创新、技术创新工作，不断超越自我、挑战极限，值得我们全体干部员工学习。

记得2005年我负责PM5、PM6的纸机整机技改工程，在PM6完成技改调试时，朱董看到车间复卷机员工用竹竿人工将纸边挑到碎浆机，马上批评我："这种人工操作方法用了二十年，现在依然没有改，应该想想办法用设备自动输送处理，减轻员工劳动量。"后来我们查找资料，设计制作改用风机输送，这套小设备现在仍在发挥作用。这件小事情对我的触动很大，无论是做项目还是做日常工作，都不要因循守旧、墨守成规，必须要持续创新和改善，提升运行效率和效益。

2019年年底朱董布置给我两项任务，主要涉及长期存在的质量客诉问题。我确实忽视了这方面的工作。接到任务后，我组织各专业人员收集资料进行讨论研究，制定相关改善方案，通过技术改造、工艺调整，在大家的努力下情况有了明显改善。通过这件事情，我深刻反省自己工作上的不足与缺点，对工作岗位上的主要问题需要主动担责、积极改善，处理问题要专注与认真。我们要善于运用各方面资源，拓展思路，聚众智、合众人，发挥团队力量，就一定会大大提升处理问题的效率。

师徒结对培养人才

方瑞明，工程师，机械钳工二级技师，嘉兴市"方瑞明机修钳工技能大师工作室"领办人。获评嘉兴市劳动模范，平湖市首席技师，浙江省"百千万"高技能领军人才优秀技能人才，浙江省设备工匠。

谈 2 号、3 号机，还有"3250"工程

我是 1987 年 9 月进厂，距今已经 37 年了。进景兴之前，我在平湖橡胶二厂做电焊工，所以我是以一名熟练焊工的身份进厂的。进厂不久，我就开始参与公司新设备的安装。1988 年，2 号机扩建，我带了两个同事自己动手安装设备。对比较单一的制浆设备，我们就按照图纸和要求来安装，对安装要求难度高的造纸机设备，就请专业老师傅来协助指导。朱董一直非常重视技改，每年大改小改技改不断。技改起因，有些是一线员工在运营中发现问题，有些是公司决策层认为需要改进的问题。2 号机是生产瓦楞纸的，1990 年为了提高 2 号机运行效率，从分步传动改到总轴传动，公司领导安排我负责安装，当时我二十多岁，第一次接触总轴传动设备，经过自己的努力并且在民丰老师傅黄师傅的指导下顺利完成了安装。

1990 年扩建一台 1600 mm 的 3 号机，我负责制浆设备安装和管道安装。1992 年 3 号机技改，当时我刚好请假（家里建房），由于 3 号机在技改过程中出现一点状况，公司临时将我调回来负责安装纸机的总轴传动。因为这些经历，我也被公司提

拔为机械班班长。后来，因为我在设备部门，所以"3250 工程"的安装我并没有参与，只参与了一些技术交流以及安装时的监管。

老厂那个时候基本上都是国产机器，自动化程度低一点，上手很快。有什么改造都是我们自己来做，很少外包，除非一些大型设备需要外请专家。2000 年，景兴扩建一条 80T/D 产能的 AOCC 制浆线和一条 30T/D 脱墨浆线处理系统，这些设备也都是我们自己安装的，那个时候安装设施还很不完备，没有像现在这么智能化，条件也非常艰苦，路好一点就靠叉车叉一下，路不好的话都是靠人工搬运。1997 年的时候老厂有近千人，现在还是 1 000 多人，看上去人数没有多大变化，好像工厂规模没有变化。但实际上，这 10 多年来，厂里的设备越来越先进，自动化程度越来越高，都是大型纸机，而且人力资源管理也有了大幅提升，所以职工人数看上去没有增加。

我加入景兴纸业三十多年来，从一线职工干起，先后参与了公司 2 号机、3 号机扩建、"3250 工程"项目、9 号机项目、30T/D 脱墨线浆处理系统安装、5 号机高档纱管纸设备技术改造、6 号机白面牛卡技术改造、PM15 靴压改造、废水改造、PM12 靴压/施胶机改造、PM10 靴压/施胶机改造等众多项目。凭借勤于实践、迎难而上、勇于创新、甘于奉献的精神，我努力将专业技术知识与创新实践相结合，把自己锤炼成为机修钳工专业技术的领军人物，先后获得浙江省"百千万"高技能领军人才优秀技能人才、全国设备管理优秀工作者、平湖市首席技师等荣誉，也获得了"嘉兴市劳动模范"这一荣誉。我觉得成绩和荣誉只属于过去，今后仍需不断学习各种专业知识，加强自我修养，传授与切磋技艺，在未来的人生道路上努力拼搏，勇敢开拓，为景兴纸业的美好明天奉献毕生精力。

谈如何适应进口造纸机

其实,机械总的大体操作方向、原理是差不多的。2008 年我从老厂调到新厂,刚开始在项目部做筹建,2009 年调到设备部,主要负责 10 号机的设备保养,从下半年 11 月起调到 12 号机负责设备保养工作。12 号机是从芬兰进口的 Valmet 设备,也是当时公司投入最大的纸机,经过两三年运行之后,出现了一些不是很正常的情况。当时,我是第一次接触大型纸机,以前接触的最大纸机也就是 2 400 mm,而这台纸机是 5 600 mm 的,自动化程度大大提高了。令人欣慰的是,我们员工展现出了极强的适应能力,他们能够在较短的时间内迅速掌握操作技巧,并且操作得十分熟练。在这个过程中,我主要在一旁进行指导和协助,帮助他们发现一些可能存在的问题,并进行相应的策划。经过两年努力,纸机得到了稳定的运行。之后我一直在设备部负责技术这块工作。

谈如何留住大学生

景兴在 1997 年的时候招了十几个大学生,留下的人还算比较多的,设备部有两位同事一直留到现在。人力资源部在这方面也比较重视,比如当时公司对他们进行技术培训,在生活上多加照顾,甚至伴侣的工作也帮忙解决,不少人在平湖成家落户。为留住人才,厂里还特意办了一个幼儿园,干部职工的孩子都可以在这里读书。

公司现在新招进来的员工,一进公司就有好几级的培训,有公司级的人力资源部给他们培训,有技术部门级的培训,特别是现场培训一些操作技术等等。每个人基本上都有一对一的培训机制,类似师徒制。这些大学生本身基础好,所以晋升空间比较快。虽然刚开始的时候一线操作稍微差一点,但是理论方面都还可以,理解力强,学习比较快。他们进来一两年之后,就可以做到技术员岗位,工资和班组长也差不多。从技术员再往上,要么是做班组长,要么就是主管。设备管理岗位留下来的大学生还是挺多的,比如 2009 年我刚到新厂负责 12 号机的时候,进来一个大学生,也做到经理助理级别了。

谈师徒制

正式拜我为师的徒弟就一个,说"正式",是因为早年公司会安排仪式,严格按照拜师习俗招收徒弟。我 1990 年就带着这位徒弟,他起先跟着我学电焊,后来学设备维修,到现在我这个徒弟还在机修车间工作,我们也还像亲戚一样来往。后来跟着我学习叫我师傅的徒弟也有好多个。王爱其经理有三四个正式拜师的徒弟,他的徒弟们到现在还在公司里,都做得非常出色。

我在 2017 年成立了工作室,每个月都会安排培训,后来工作室在公司的支持下越做越大。2021 年 10 月"嘉兴市方瑞明技能大师工作室(钳工)"正式获准成立,以"师徒结对、培养人才"为宗旨,带领团队钻研技术、攻克难题,不断探索设备维护、改造新课题,为公司稳定生产、创新工艺培养技术骨干。现在工作室每年开展培训 12 次,有些是在工作室培训,有些是在现场培训。

谈马来西亚项目建设

2022 年 2 月,因海外项目建设需要,我与同事远赴马来西亚,跟着去的 6 位同事都是做了十年以上的"老手",我们作为项

216

目的骨干技术力量，克服了热带雨林气候下施工及新冠病毒感染疫情和马来西亚国情的种种困难，通过合理安排，项目设备安装现场的人力、物力忙而不乱、紧而不散、条理清楚，助力马来西亚项目的有序推进。在马来西亚我负责设备维护的指导工作，那边的一线员工都是在当地招的，之前基本上都没有任何经验。那个时候设备还没进场，2022 年赶上疫情，效率也很低，经过努力，于 2023 年 5 月才开机运行。

谈公司困难时刻

我觉得公司最困难的时候就是在 2000 年，10 号机项目融资比较困难，中间项目因资金问题停工了一段时间，公司内部很多人也都惴惴不安。公司从 1997 年开始就一直在想办法上市，一直没成功，10 号机项目成功开机以后，公司于 2006 年成功上市，这是公司发展的一个转折点。10 号机一直到现在也是功勋机台，产能产量最稳定，产品质量也非常好，做牛皮箱板纸二十多年了，从刚开始的 10 万吨产能，经过不断技改到现在已达到年产 25 万吨，现在纸机依然在稳定运行。2020 年，我们对 10 号机进行了一次比较大的技改，花了两个多月时间，加了施胶机及靴压。每年科协里面的技改项目很多，只要有效益或者哪里有问题，任何人都可以提出申请。前几年我参与评委工作，除了看项目的效益，最关键的就是安全问题，所以一旦遇上与安全有关的技改项目，只要提出来就会立即整改。我们公司每年这么多技改项目，发挥真正作用的比例是很高的，能达到百分之七八十。科协每年的评比奖励都很高，每年能有几十万元。

Ⅳ 八方聚焦 媒体眼中的景兴

媒体，是时代风云的重要记录者。媒体记录的不只是一个人，或者一个故事，更是其背后厚重宽阔的时代背景。在研究景兴纸业40年发展历史过程中，我们发现各个时期有不少媒体关于景兴纸业的采访和报道。这些报道真实记录了景兴纸业发展的重要历程，记录了很多重要的历史细节，比如公司重要项目的投产、技改成效、发展成就和经验，也有一些对朱在龙及其团队成员的采访。这些，都是我们今天回望景兴40年发展历程的珍贵资料。限于篇幅，本书选取了其中的部分报道。

平湖市第二造纸厂抓技改抓内部管理成效显著（1995 年）[①]

浙江省平湖市第二造纸厂在纸张市场竞争日趋激烈的形势下，着手抓内部管理，不断进行技术改造，促进了企业经济效益的稳步提高。今年 1 至 9 月，生产牛皮箱纸板、白纸板等三大系列产品的产量达 4 400 吨，实现利税 1 300 多万元。

该厂在年初制订实现计划目标的同时，提出了抓管理增效益，抓质量求生存，抓技改促新产品开发，抢占同行制高点的发展战略，并把岗位责任直接与工资挂钩，使职工的积极性得到充分的调动。在质量上，由质检人员在各个生产环节层层设卡把关，做到不合格的原料不进车间，不合格的半成品不进入下道工序，出厂质量实现一票否决制，从而减少了能源的消耗和原材料的浪费，保证了产品的质量。生产的牛皮箱板纸和高强度瓦楞纸经嘉兴市商检局多次抽检，均为合格产品。

该厂还在浙江大学的帮助下，将原来转速高、震动大、引起产量质量不稳定的滑差电机调速改为国际上比较先进的变频调速。同时，经过三个月的试制，开发了两个新产品，首批试样产品通过浙江纸箱厂试用，质量、性能等技术指标均达到标准，两个新产品在 9 月下旬通过了省级鉴定，被列为 1994 年度造纸行业第一批新产品。

目前，该厂的产品除供应本地外，还销往广东、福建、海南、安徽等省的 300 多家包装企业，产销率达到 98.3%。

---

① 黄加炎：《平湖第二造纸厂抓技改抓内部管理成效显著》，载《全国造纸信息》，1995 年第 2 期。

朱在龙的"三着棋"

——记浙江景兴纸业集团董事长朱在龙(2001年)①

12月8日现在似乎已"约定俗成"地成了喜庆吉祥的日子。去年的这一天,杭州西子湖畔望湖宾馆内喜气洋洋,浙江景兴纸业集团在这里召开成立大会,同时举行 ISO9000 质量体系认证颁证仪式。100 多位代表使得三楼会议厅座无虚席,十多位省、市及各有关部门的领导在主席台就座。十多家新闻单位的摄像机、摄影机把会场气氛渲染得庄重而热烈。

代表集团公司致词并从商检部门有关负责人手中接过 ISO9000 证书的是一位三十出头、身材中等的青年。如果不是处在这种特定场合,又担任着特殊的角色,谁也不会想到他就是这家年产值 3 亿多元集团公司的最高决策者——总经理朱在龙。

朱在龙这个名字很特别,但他的外貌并不特别。文静、慈和、憨直、随和,这些词用来形容他都合适。他那张有些秀气、似乎还带几分腼腆的"娃娃脸"上,总是笑容满面。在办公室里,他如果不是坐在总经理桌前,陌生人很容易误认为他是秘书。但只要是阅历丰富而又能认真观察的人,便不难透过他略带"女孩气"的表面,看到他那洒脱自如、从容自若、胸有丘壑、不露形色的成功企业家的气质。

朱在龙的家庭出身一点也不特别。江南水乡一个普通农民的儿子,生在农村、长在农村,读书读到高中毕业。但是,朱在龙的经历却有些特别。这特别,和景兴纸业集团公司(前身为平湖

---

① 富贵,四维,亚军:《朱在龙的"三着棋"——记浙江景兴纸业集团董事长朱在龙》,载《包装世界》,2001 年第 2 期。

第二造纸厂)十多年的峥嵘岁月、坎坷历程紧密联系在一起。1984 年的春天,改革开放的春风吹绿了杭嘉湖平原。离平湖市区 20 多华里的曹桥镇的乡间,平湖第二造纸厂应运而生。"泥腿子"们的双脚带着田野的气息,踏上了开拓乡镇经济之路,开始了艰辛的创业。将近 60 万元的固定资产,75 个工人(或者应叫农民),一条 1092 mm 三网四缸造纸生产线,这些就是"二纸厂"的全部"家产"。每年出产的只是单一的 1 000 吨普通箱板纸。厂领导和职工们尽管千辛万苦,但几年下来仍拖欠着 120 万元银行贷款,再加上累计的 10 多万元亏损。

"疾风知劲草,板荡识诚臣。"1988 年朱在龙受命于危难之际,当上了"二纸厂"的厂长。那时,他才 24 岁。行吗? 考验摆在他的面前。随着时间的推移,这位文质彬彬的小伙子终于显露出他潜在的阳刚之气,施展出他管理者的才华,锤炼成长为一位优秀的企业家。

朱在龙高中毕业后不久,带着一身书生气进到了"二纸厂"。工人、组长、科长……洒下的是辛勤的汗水,积累的是丰富的实践经验。造纸、经济、管理……各种函授、培训,付出的是无数心血,充实头脑的是知识和科学。实践一旦上升为理论,理论一旦与实践相结合,结出的丰硕果实将会成倍地增长。

"向管理要效益"——朱在龙走马上任的第一件事就是整顿企业秩序,加强内部管理。"厂兴我荣"——在深入细致的思想工作基础上,主人翁意识在职工中树立了起来。"我为企业献计策、多贡献"——增产节约活动在职工中积极展开。"没有规矩不成方圆"——各种规章制度逐项建立健全了起来。这一系列措施从根本上提高了企业及其员工的素质,为企业的发展进步打下了坚实的基础。

科技就是生产力。企业要进步,要发展,必须依靠科技进步。从 1988 年到 1991 年的四年时间内,朱在龙以他特有的超常魄力,在极为艰苦困难的条件下,完成了十项技术改造,产品的品种、产量、质量都大大增加、提高。四年的技改,给企业注入了新的活力,也进一步鼓舞了朱在龙的信心,并锻炼了他的才干。他们又投资了800余万元,增加新的生产线,扩建了三车间,生产出客户急需的宽门幅箱板纸。1992年,全厂的产量、产值、利税直线上升,一举跃入省重点骨干乡镇企业的行列。

"生产不停,技改不断","年年求进步、年年上台阶"。这就是朱在龙的追求,也是"二纸厂"的追求。1992—1993年"二纸厂"与浙江纸箱总厂发展横向联合,投资3 000多万元,再上生产线,生产出高强度瓦楞原纸和牛皮箱板纸。同时,他们对已投入运行的生产设备不断改进、革新,依靠科技攻难关、求高效。到1994年,"二纸厂"年产纸达到61 051吨,工业总产值首次突破2亿元,销售收入达14 890万元,利税达1 780.5万元。

这些枯燥的数字,能统计出企业的发展速度,却无法计算出朱在龙为此花费的心血。为了企业,朱在龙一心扑在工作上,以厂为家,每天提前上班,推迟下班,几年如一日,常常夜以继日地工作。单说为了落实"3250工程"技改资金和方案,他走南闯北,仅上杭州就达二十多趟。星期天没了,八小时工作制、五天工作制对他形同虚设,整日地忙碌,到了废寝忘食的地步。整个星期忘我工作成为家常便饭。有人问他一天只睡五六个小时为什么还那么精神十足时,朱在龙只是不经意地笑笑说:奋斗目标就是精神支柱。

朱在龙终于带领全厂职工使企业摆脱了困境,冲出了低谷,走上康庄大道。在企业蒸蒸日上的同时,朱在龙时刻不忘抓好企业的精神文明建设,时刻不忘关心职工的工作和生活。他们投资近150万元建设了办公大楼、餐厅和职工宿舍,以及托儿所、幼儿园,等等。而他自己作为一个"火车头",在工作上处处以身作则,做到"公正、廉洁、高效、务实",在日常生活中平易近人，宽宏大量，克己奉公。事业成功了，他没有得意忘形，仍一如既往地积极苦干，大胆与工人们一起摸爬滚打。因此在其他不少造纸企业十分不景气的情况下，他这个厂却独领风骚，产品供不应求，职工工资也翻了一番。

1995年，朱在龙更是信心百倍。元旦，朱在龙一行四人已奔赴武汉、沙市等地，定下了价值600万元、具有高技术、高起点的涂布白板纸生产流水线设备，并于当年8月建成投产。

他们与美国统一产权开发有限公司达成合作经营协议，引进外资235万美元，用于壮大企业经济实力。他们又联合浙江华利工贸公司，分别投资120万元和180万元，在平湖市工业经济开发区建立造纸原料有限公司，联营拓宽造纸原料销售市场，年产值达3 000万元，利税300万元。为降低生产成本，拓宽行业领域、降低物质消耗，已与其他部门联营在工业开发区合办平湖市热电厂，总投资达8 000万元。

跨入"九五"规划的第一年，朱在龙更是踌躇满志，一方面继续坚持"高起点投入，大规模生产"的发展原则，以"高、新、尖"的要求选择新项目；另一方面坚持贯彻ISO 9002质量体系，不断改进完善管理体制，把重点由规模发展向管理出效益倾斜，技术规模和管理并进。1996年，一年内朱在龙带领"二纸人"进行了五个大的动作：

——组建成立景兴纸业集团，形成"船大抗风浪"的新优势；

——推行国际惯例ISO 9002标准，在全国造纸行业率先通过认证，使企业步入标准化、规范化、法治化的轨道；

——在完善内部组织管理的基础上，成功地推行了"倒逼成本控制法"，成为嘉兴市工业企业学习的典范；

——由二纸厂投资控股的平湖市热电厂一次性成功投产并发电并网，为缓解该市用电高峰作出了新的贡献；

——在原有扎实的造纸技术基础上，吸引了国际财团合作举办营建年产 10 万吨低克度牛皮箱板纸造纸生产流水线项目，选址在平湖市六店工业开发区，总投资为 4 亿元人民币。该项目计划在今年上半年动工，建成投产后，可新增产值 5.8 亿元，利税可超 5 000 万元。1996 年是朱在龙带领"二纸厂"奋勇再拼搏、超常规发展的一年。

这里特别需要浓墨重彩的是景兴集团的核心层企业浙江景兴集团公司（其前身即为平湖二纸厂），到目前，已达到固定资产 11 000 万元，占地面积 351 亩，拥有造纸生产流水线，每年生产各类纸张 7 万吨，年产值 3 亿多元，利税 3 000 万元。这家公司已名列中国行业三十强，国家大型一档企业，跻身全国乡镇造纸行业经营规模"五强"，是全国最大经营规模、最高利税额的乡镇企业之一。在这次景兴集团成立大会上，国家经贸委副主任赵维臣专门赠送了"加强经营管理，提高经济效益"的题词。

这是辉煌的业绩。

业绩的创造，上靠各级领导的关心支持，下靠全体职工的团结拼搏。

这中间的关键，是靠一位好的企业带头人、优秀企业家朱在龙——他已荣获"全国优秀包装企业家"的称号。

朱在龙说：这一切，还得靠科技进步。

他还说：我们的事业才走上正轨，刚开始起步。前面的道路还很长，很长。

巨龙,在腾飞

——记浙江景兴纸业股份有限公司年产 20 万吨 低克重高强度牛皮箱板纸工程(2002 年)①

一条巨龙在杭嘉湖平原的上空腾升,飞舞。

龙,古代传说的神灵,中华民族的象征;人们崇敬的偶像,美好吉祥的化身;主导领头的比喻,拼搏开拓的精神。

我们都是龙的子孙,龙的传人,一代又一代地继承发扬龙的事业,龙的精神。

2000 年,跨越世纪的新千年,中华民族神圣的龙年。

中国有无数的龙。

长江,中华大地上的一条巨龙。东海之滨的大上海是龙头。

离上海 90 公里便是中国共产党的诞生地嘉兴南湖。南湖再往东 25 公里,便是蚕桑之地、鱼米之乡的平湖。

龙离不开水,水养育着龙。平湖之水也养育了一条龙:浙江景兴纸业股份有限公司——中国包装造纸业的一条龙。

这条龙的龙头,是朱在龙。

也许是一种有趣的巧合:朱在龙出生在 1964 年,是龙年;24 岁担任厂长,是 1988 年,也是龙年。在他 36 岁这个跨世纪的龙年即 2000 年,朱在龙发扬龙的精神,振兴龙的事业,舞动着景兴这条龙,又作出了惊人之举:投资 3.2 亿元人民币,再上一个年产 20 万吨低克重高强度牛皮箱板纸工程。

"20 万吨工程"也是一条龙。

---

① 四维,长弓,海明,等:《巨龙,在腾飞——记浙江景兴纸业股份有限公司年产 20 万吨低克重高强度牛皮箱板纸工程》,载《包装世界》,2002 年第 4 期。

龙腾世纪

1999 年，国务院提出了发展高新技术、高效产业和优化产品技术结构的"双高一优"战略。造纸行业属于"优化产品技术结构"之列。景兴的主导产品是牛皮箱板纸，恰恰是需要"优化"的。朱在龙敏锐地抓住时机，审时度势，从景兴实际出发，组织企业决策层和有关专家作了大量的国内外市场调查和科学论证，大胆果断地提出了"20 万吨工程"项目，并得到各级领导、各有关部门和企业上下的大力支持、坚决拥护。

2000 年，中国跨世纪的龙年。2 月，项目正式批准立项。进一步作市场调查，科学论证，正式制定可行性报告即项目建议书，正式审批，土地征用，"三通一平"，厂房建设，主机选型，关键设备引进，到 2002 年 6 月，全部设备已安装调试完毕。6 月 12 日，记者到调试现场参观采访，呈现在面前的是一片拔地而起的现代化厂房。最主要的是造纸车间。其前道是制浆车间，后道是成品库。这三大主要车间再加上其他配套厂房、设施，就构成了全新的"20 万吨工程"。

这是一个完全符合环保要求的绿色工程。原材料主要采用进口废纸制浆，尽量少用原木浆，以利于生态保护。为尽量减少环境污染，工程建设中除合理选址外，还积极采用新工艺、新技术、新设备，不仅从根本上减少污染物的排放量，而且使不可避免的污染物容易清理。

——景兴原本就是一个治污处理的先进单位。

制浆车间主要有商品木浆处理线、OCC 废纸浆生产线这两条主要的生产线。这两条生产线中有 21 个关键部件都是从国外不同国家引进的先进产品。最主要的车间当属造纸车间。长200 米、宽 33 米、高 26 米，分为上下两层的主厂房内，横卧着一台长 130 米、宽 10 米、高 9 米,从一楼直通二楼的造纸机。这个由老牌造纸机械生产企业辽宁省辽阳造纸机械厂生产的造纸机,是国产最先进的造纸机。造纸车间上浆系统中的 6 个关键部件,也是从国外进口的先进设备。这条长网纸板机配备表面施胶机结构形式的生产线,采用气垫式封闭流浆箱、真空压榨加双毯大辊压榨加单毯大辊压榨装置,烘干部采用热泵和密闭气罩及袋通风装置,卷取、复卷等部分采用的也都是先进设备和技术。

"20 万吨工程"生产的是最符合当今国际包装市场需要的低克重、高强度牛皮箱板纸。卷纸机上的卷纸宽度为 4 850 mm,是 A 级以上的顶级产品。新产品将有 40％销往国外。国内外市场前景看好。这一工程全面投产后,每天的产量是 600 吨,年产量为 20.3 万吨。这条流水线的配套组合已达到国际一流的先进水平,也是国内最大造纸生产流水线之一。这一工程总投资 3.2 亿元人民币,其中包括 570 万美元折算,但不包括流动资金在内。如果按建设期 2 年、生产期 14 年计算,正常期内年均销售收入为 7 亿元,年利润总额近 9 000 万元。而这样一个巨大工程,从立项到投产,仅用了两年多一点时间。这真是龙的速度,龙腾世纪。

龙行景兴

如果我们回溯一下景兴这条"龙"10 多年来腾飞轨迹的话,那么对于它今天这种神速就不会感到奇怪了。这是力量凝聚、厚积薄发的结果。

浙江景兴纸业股份有限公司原为平湖第二造纸厂,始创于 1984 年,仅有固定资产近 60 万元,职工 75 人,一条 1 092 mm 三网四缸造纸生产线,年产单一的普通箱板纸 1 000 吨。由于种种原因,4 年之后,这家厂很不景气,拖欠银行贷款 120 多万元,亏损 10 多万元。这是在 1988 年,也就是朱在龙的第二个"本命年"。这位当时年仅 24 岁属"龙"的朱在龙，受命于危难之际，义无反顾地接过了厂长这副沉重的担子。他抓住市场机遇，重视产品质量和基础管理，连年取得较高的经济效益，积攒了一定的经济实力。接着，他又立足科技兴厂，敢于开拓创新，在 1989 年至 1994 年，投资 7 000 万元，进行大规模的技术改造和改建工程，调整了产品结构，共扩建了六条造纸生产流水线，一跃成为国家大型一档企业。这就是"景兴中兴"。景兴在 1996 年按公司法要求整体改组为"浙江景兴纸业集团有限公司"，2001 年 9 月又改制为拟上市的"浙江景兴纸业股份有限公司"，注册资本 15 000 万元。公司以生产绿色环保再生纸、特种纸及其他纸品和纸制品、造纸原料为主，是集生产制造和销售及与纸相关产品的进出口业务于一体的现代化企业。

浙江景兴纸业股份有限公司是全国规模最大的三家专业生产 A 级牛皮箱板纸为主的造纸企业之一，也是华东地区最大的专业生产 A 级牛皮箱板纸的造纸企业，现年生产能力达到 20 万吨。公司主导产品为牛皮箱板纸、白面牛卡纸和高强度瓦楞原纸等系列产品。其中由景兴研究和开发的"景兴"牌高强度低克重定量牛皮箱板纸和高强度瓦楞原纸两个产品，1995 年分别被列入国家新产品和省级新产品，2000 年获"嘉兴市名牌产品"称号，2002 年 6 月再获"省名牌产品"称号。景兴在 1993 年步入"中国造纸行业百强企业"，1995 年跻身全国包装造纸行业"三强"之列，产品取得国家商检局认定可以替代出口包装材料的许可证，并于 1996 年通过了 ISO9002 质量体系认证，近来，又开始推行 ISO 其他体系建设，企业先后被上级授予省"小型巨人"企业、"四星级"管理示范企业和浙江省技术进步优秀企业、全国优秀包装企业等荣誉称号。

景兴有一个坚强的领导班子，企业法人代表朱在龙是高级经济师，曾获全国优秀包装企业家、浙江省跨世纪青年改革家、浙江省首届优秀企业家、全国乡镇企业家等光荣称号。他具有丰富的企业管理经验，带领企业进入良性循环轨道。景兴 2001 年销售收入为 5 亿元，税后利润达 4 676 万元，拥有总资产 6.14 亿元，所有者权益 2.34 亿元。

龙行景兴。朱在龙和景兴人在实现了"景兴中兴"的目标后，又接着奔向更高的目标：20 万吨工程。

这一工程投产后，可年产高档牛皮箱板纸 20 万吨，可达到年销售收入 75 276 万元、年利润总额 8 891 万元、年上缴税金 5 885 万元，并解决 230 个工作岗位，社会效益和企业经济效益都十分可观。

景兴在 2001 年通过股份制改革。景兴成功地吸收了我国著名上市公司上海茉织华股份有限公司和国际著名企业日本制纸株式会社、日本纸张纸浆商事株式会社的加盟。明晰了产权，优化了企业资本结构，完善了法人治理结构，建立了科学的管理制度，提升了企业档次。

景兴通过多年的实际生产经营和技改扩建，培养和造就了一支良好的职工队伍和各类人才，积累了丰富的管理、生产和基建经验，再加上得天独厚的地理位置和交通条件，为"20 万吨工程"的顺利实施创造了极为有利的条件。

这就是龙的精神，龙的力量。

龙骧虎视

"20 万吨工程"成功了，景兴这条龙也飞得更高、舞得更欢了。但朱在龙这个景兴的"龙头"并没有就此满足，故步自封，停滞不前，而是又审时度势、高瞻远瞩地把目光放到了 2008 年。

从现在起到 2008 年，景兴总的发展战略是：

● 公司运作股份化、资本经营多元化、技术结构现代化、生产管理集约化、市场营销国际化、科研开发系统化。

Ⅳ

八方聚焦 媒体眼中的景兴

- 改造和新建相结合,扩大规模以新建为主。

- 环保建设与生产建设同步,走可持续发展纸业的道路。

- 发挥集团和区域综合优势,适度地向上下游延伸发展;适度地向周边地区及外地发展。

在市场营销国际化的大前提下,景兴纸业股份公司的主导市场定位为三三制:对外出口三分之一、纵深加工三分之一、国内市场三分之一。

到 2008 年的目标是:

- 各制浆生产线的总装备能力提高到 143 万吨。

- 各造纸生产线的总装备能力提高到 100 万吨,也就是总商品纸的产量达到 100 万吨。

- 总的纸板、纸箱加工产量达到 20 000 万 m^2(2 亿 m^2)。

- 在经济发达地区和西部开发地区的中心城市通过租赁、兼并、参股、收购以及新建,增加 10 个纸箱加工厂,专门从事景兴纸业各类板纸的深加工和各类纸箱加工业务。

- 整个集团的资产总值在现有 6.44 亿元的基础上增加到 32.46 亿元。

- 年销售收入总额达到 38 亿元。

- 年税后利润总额达 3.9 亿元。

- 年缴纳税金 3.8 亿元。

- 集团主业累计新增各类就业机会 2 100 个。

- 集团累计环保投入 1 亿元,以改善公司所在地的区域环境,带动相关产业的发展。

等到这一步战略目标实现时,景兴将成为浙江省 100 个拳头产品企业之一,在全国以牛皮箱板纸为主导产品的造纸企业中进入前三名。

"20 万吨工程"的成功建成,使我们坚信:景兴的战略目标一定能实现。

景兴纸业成为国家级包装纸板生产基地（2003 年）①

根据中国包装技术协会包协（2003）5 号文批复，浙江景兴纸业股份有限公司自 2003 年起正式成为国家级包装纸板开发生产基地。

景兴纸业经过十几年的发展，已经形成目前以造纸为龙头，集纸制品加工、商务印刷、供热、供电及贸易于一体的具有自营进出口权的现代化大型包装企业集团。公司按照运作股份化、资本运营多元化、技术结构现代化、生产管理集约化、市场营销国际化、科研开发系统化的目标，改造与新建相结合，走可持续发展纸业的道路，发挥公司的综合优势，适度向上下综合延伸发展，计划到 2005 年形成年产包装纸 50 万吨、纸箱 1 亿平方米的生产能力，到 2008 年突破年造纸百万吨纸箱 2 亿平方米大关。中国包装技术协会根据平湖市人民政府的请示和浙江省包协《关于同意推荐浙江景兴纸业股份有限公司申请成立中国包装纸板开发生产基地的报告》及去年 9 月在由专家参加论证会的论证意见，经认真讨论研究，作出同意设立的批复。

景兴纸业处于长江三角洲的中心地带，设立包装纸板开发生产基地有利于辐射整个发达的长江三角洲地区及全国。同时公司与国家一类对外开放口岸（乍浦港口）临近，极利于基地的进出口贸易。

可以说景兴不仅具有得天独厚的区位优势，还具有政策、规

① 关阳：《景兴纸业成为国家级包装纸板生产基地》，载《中国包装报》，2003 - 06 - 19。

模、技术、人才、市场等综合优势，正所谓天时、地利、人和！

　　景兴纸业将以此为契机，继续加强造纸行业的投入，通过产业升级和资本运作向造纸行业的纵深发展，不断缩短与国际造纸水准的差距。景兴也一定会建设成为在全国具有示范作用、在国际上具有较强竞争能力的大型包装纸板开发生产基地，成为中国包装行业的排头兵。

加强内控建设，打造纸业龙头

——访浙江景兴纸业副董事长、副总经理、财务总监徐俊发（2006 年）[1]

浙江景兴纸业股份有限公司是全国规模最大的三家以专业生产 A 级牛皮箱纸板为主的造纸企业之一。公司主导产品为低克重高强度牛皮箱纸板（完全可以取代进口纸）、白面牛卡、高强度瓦楞原纸等系列产品。原料以废纸再生为主，属于国家鼓励发展的资源综合利用企业。2001 年 12 月，公司被浙江省经贸委认定为"浙江省资源综合利用企业"。2003 年 6 月，公司通过了清洁生产的审核。2004 年，公司实现销售收入 87 796 万元，利税 12 894 万元，拥有总资产 106 918 万元。2005 年公司实现销售收入预计大约 11 亿元。目前，浙江景兴纸业股份有限公司是中国包装纸板的生产基地、浙江省先进制造业基地之一。

浙江景兴纸业股份有限公司以技术为依托，以品质求生存，以服务争市场，以效益谋发展，先后被上级授予省"小型巨人"企业、"四星级"管理示范企业、浙江省技术进步优秀企业、浙江省诚信企业、绿色企业和全国优秀包装企业等荣誉称号，并在同行中率先通过了 ISO9000 质量体系认证和 ISO14000 环境体系认证。

"开拓创新，求变图存"，浙江景兴纸业股份有限公司在继续进行企业机制创新、加快公司业绩提升的同时，不断整合内外资源，成功吸引国内著名上市公司上海茉织华股份有限公司、世界五百强企业之一日本制纸株式会社和国际著名企业日本纸张纸浆商事株式会社成为公司股东,使景兴跨出国门、走向世界。

在企业规模不断扩大、高速发展的同时,公司财务负责人——公司副董事长、副总经理兼财务总监徐俊发也当选为2005年度中国总会计师年度人物。徐俊发以"内控制度"为特色的一系列"组合拳"推波助澜,发挥了重要作用,为实现企业可持续发展奠定了坚实的基础。为此,《中国总会计师》走访了徐俊发,就有关话题进行了交流。

抓住机遇实现跨越发展

徐俊发首先介绍了公司的发展历程。他指出,浙江景兴纸业股份有限公司原为平湖第二造纸厂,地处浙江省平湖市,地理条件优越,交通便利,属于沿海工业发达地区。平湖第二造纸厂始创于1984年,建厂时固定资产近60万元,职工75人,有一条1092 mm三网四缸造纸生产线,年产单一的普通箱纸板1000吨。自20世纪80年代以来,由于企业抓住市场机遇,重视产品质量和基础管理,连年取得较高的经济效益,为企业的进一步发展奠定了经济基础。1989年至1994年,企业根据形势的发展,投资7000万元,进行了大规模的技术改造和改扩建工程,根据市场需求调整了产品结构,在这五年间共扩建了6条造纸生产线,一跃成为国家大型一档企业。1996年按公司法要求整体改组为"浙江景兴纸业集团有限公司",注册资本7800万元;2001年9月整体改制为拟上市的"浙江景兴纸业股份有限公司",公司注册资本15000万元;公司改制后,进行了上市的准备工作,于2004年5月31日通过了中国证券监督管理委员会首次公开发行股票的审核,即将上市。公司通过股份制改革,明晰了产权,优化了企业资本结构,完善了法人治理结构,建立了科学的管理制度,提升了企业档次。

公司在不断壮大的同时,公司高层清醒地认识到,发挥企业主导产品的优势和提高产品竞争力是公司发展的关键。2000年,公司投资 3.2 亿元兴建了一条拥有国际先进水平的 4 850 mm 高强度低克重牛皮箱纸板生产流水线,目前已经建成投产,年生产能力为 18 万吨。

谈到公司下一步发展目标,徐俊发告诉记者,根据公司董事长朱在龙提出的总体目标,就是到 2008 年,使景兴纸业达到年产量 100 万吨,力争在全国排名前列。那时"景兴纸业"也将成为中国最大的牛皮箱板纸生产基地之一,是真正意义上的"航空母舰"、龙头企业。也正因如此,浙江景兴纸业股份有限公司又于 2005 年初开始筹建"年产三十万吨利用废纸纤维再生环保绿色包装纸项目",目前已经进入建设阶段。届时,整个景兴纸业公司的高档牛皮箱板年产量将达到 80 万吨以上。

品质保证铸造中国名牌

短短 20 年左右的时间,浙江景兴纸业股份有限公司从建厂初期的固定资产 60 万元发展到今天的 11 亿元,速度惊人,实现了跨越式发展。谈到有何"秘诀"时,徐俊发告诉记者,产品质量是企业发展的重要保证。他进一步说道,浙江景兴纸业股份有限公司的主导产品为 A 级、B2、A2 级牛皮箱纸板,主要定量为 120—320 g/m^2;A 级、C 级瓦楞芯纸,定量为 95—150 g/m^2;白面牛卡,定量为 150—320 g/m^2。高品质的产品是制造业的灵魂,公司对产品的要求近乎苛刻,对质量的追求作为一种理念熔铸在公司的制度中,同时也作为一种荣誉与品格,寄放在每一位员工的心中,促进景兴的产品在质量上达到了极高的水平。质量指标达到或接近国际领先水平,坚实、牢固、精美,都使景兴的顾客发出由衷赞美之词。同时,企业成功吸引了众多国际著名品牌和国内知名企业并与之建立长期密切的业务关系,如可口可乐、娃哈哈、上海烟草、红塔集团等。"景兴牌"牛皮箱纸板被授予"中国驰名品牌","景兴牌箱纸板"被认定为"浙江名牌产品","景兴牌"商标被评为"浙江省著名商标"。

徐俊发告诉记者,正是由于产品质量稳定,在华东地区市场上,公司产品的价格比其他厂家的同类产品每吨高 150 元左右,极大地提高了企业的经济效益。

完善内控确保公司效益

在企业逐步做强做大的同时,公司内部控制弱化日益显现,制约了公司的进一步发展。徐俊发敏锐地发现了问题的症结,他指出,内控失效的主要原因有:(1)董事会的监控职能弱化,没有形成真正的法人治理结构;(2)风险意识差,内部压力不足缺乏有效的风险管理机制;(3)企业信息化水平低,信息流通不畅,职责不清,责任不明;(4)内部控制机制不健全,控制乏力;(5)外部监督体系,包括财政、审计、税务等部门以及社会监督效果不尽如人意等等。这些原因造成了企业内部控制失效、公司治理不力等问题。

通过和嘉兴会计学院等院校专家开展课题研究、理论联系实际,徐俊发从增强公司防范意识、提高信息化水平、加强内外部监控入手,积极有效地处理了内部控制与内部会计监督、会计道德自律、公司治理,内部控制效果与控制成本,内部控制层次与工作效率的关系,解决了内部与外部关系问题、规范性与实用性问题、现实性与前瞻性问题、有效性与固有局限性问题、理论性与操作性问题等等,加强了对资金的管理,提高了财务管理水平。经过几年的实践,逐步完善的内控制度保障了会计信息的及时性、真实性、全面性,从事前控制、事后检查、监督、分析、总结中见到了实效。这对于改善公司经营管理,防止公司舞弊,保护公司财产安全,提高公司经济效益,起到了积极的推动作用。

矢志不移终尝人生美酒

徐俊发以其卓越的表现入选 2005 年中国总会计师年度人物,面对荣誉,他非常谦虚:荣誉的取得是和董事长、经营班子以及广大同事的支持分不开的,成绩是大家的。同时,他也非常高兴,这是对他把会计专业研究成果成功运用于工作实践中的肯定。他告诉记者,今后仍将坚持走理论与实践相结合的路子,再接再厉,进一步提高企业管理、财务管理的水平,更好地满足企业发展的需要。

在谈到如何做好总会计师的工作时,徐俊发结合自己的工作体会指出:"首先要认真研究当前市场经济状况、企业的生产经营情况以及国家的有关法律法规和经济政策,实现财务管理和市场环境、企业生产经营的有机结合;其次要充分发挥行业政策、会计政策的优势作用,兼顾国家、公司及员工利益齐头并进,做到共同发展;再次要不断学习,与时俱进,提高总会计师自身的专业素质和管理水平,加强职业道德自律建设;还有,总会计师要把握公司全局、公司整体战略,财务管理工作不能脱离公司的整体战略。总的来说,要严格按照会计法、总会计师条例等法律法规的要求,做好总会计师的各项工作。"

当我们看到一个成功者站在他职业生涯的巅峰的时候,我们不应该忘掉他的艰辛和执着。徐俊发从 1977 年参加财会工作近三十年以来,一直致力于理论探索和工作实践统一,栉风沐雨、始终不渝,个中滋味只有他自己知道。1984 年,徐俊发担任浙江景兴纸业公司的前身——平湖第二造纸厂财务科长,从那时就开始主持财务工作;1994 年,先后担任改组成立的浙江景兴纸业集团有限公司副总经理兼财务经理,全面主持公司的财务工作。2001年10月至今,徐俊发担任整体改制后的浙江景兴纸业股份有限公司副董事长、副总经理、财务总监,成功地扮演了公司生产经营管理决策的重要参谋和助手的角色。

当记者问到浙江景兴纸业股份有限公司的远景规划时,徐俊发引用了公司董事长朱在龙的一句话:"景兴的未来应该是规模化、集约化、全球化的企业,应该是一个对民族工业做出重大贡献的企业,应该是一个让身居其中和关注它的人们备感自豪的企业。"

曹桥企业为贫困职工献爱心（2007年）[1]

这几天,浙江景兴纸业股份有限公司有关人员一直忙着调查摸底,准备将2万多元救助资金送到公司的特困员工和一般困难员工手中。记者在平湖市曹桥街道采访时了解到,临近春节,当地企业中掀起了帮困扶贫的捐助热潮,以实际行动为贫困职工撑起爱心绿荫。

浙江红马铸造有限公司的老张去年年底因为家人的一场大病,家庭背上了沉重的债务负担。公司工会领导在得知这一消息后,将4000元慰问金送到了他手中。老张感激地说:"真没想到公司领导会亲自送钱来帮助我们,这钱代表了公司对员工的一片真心。"据公司有关负责人介绍,为了让每一位困难职工过上一个幸福祥和的春节,今年该公司工会在调查摸底的基础上,列出了30多名贫困员工和困难残疾员工名单,并落实4万多元救助款,"帮困扶贫不应该仅是政府部门的事,也应该是我们企业的自觉行为"。

"这几年曹桥经济发展较快,越来越多的企业积极投身爱心扶贫公益事业,社会责任感增强明显。"曹桥街道工会有关负责人告诉记者,爱心捐助贫困职工在该街道由来已久。浙江景兴纸业股份有限公司工会是平湖市最早建立"1+1"职工互助互济基金的非公企业,采用"职工捐一点、企业拨一点"的办法,互助基金达到了十多万元。而此次为了切实解决街道非公有制企业

---

[1] 胡馨婷,曹锋:《曹桥企业为贫困职工献爱心》,载《嘉兴日报》,2007-02-15。

贫困职工家庭的生活问题，已有 20 多家企业积极加入帮困扶贫的捐助队伍。

记者了解到，采用"企业捐一点、工会经费拨一点、多种渠道筹一点"的方法，全街道今年共筹措到资金十多万元，在广泛调查摸底的基础上，落实了 110 多家救助对象。目前已由各企业工会负责人上门走访，将救助资金直接送到每一位贫困职工手里。

平湖造纸业步入"节能时代"（2007 年）[①]

作为一家上市公司、全国最大的 3 家 A 级牛皮箱板纸生产商之一，平湖景兴纸业年内将投产的"利用废纸纤维再生包装纸板"项目令人期待：企业年产能将由 32 万吨跃升至 60 万吨以上。更令人关注的是，景兴纸业吨纸产品耗水量一降再降，从2001 年的 40 吨下降到 2005 年的 10 吨，目前控制在 7 吨左右，同时废水排放指标也达到了国际标准。一向被视为"吃水用电大户"的平湖造纸业明显"瘦身"，脱胎换骨步入"节能时代"。

平湖造纸及纸制品产业是嘉兴市块状特色支柱产业之一，景兴纸业还被中国包装技术协会列为"中国包装纸板开发生产基地"。2006 年，平湖市 19 家造纸及纸制品规模以上企业总产量 68.8 万吨，户均年销售收入 1.24 亿元。今年平湖造纸及纸制品产业规模企业数增加到 21 家，前 4 个月销售收入达 7.6 亿元。在造纸业日益做大做强的同时，平湖市积极考虑"做优"，针对高能耗问题研究对策，确定了龙头企业带动示范、全行业节能减排的目标，实现了全行业运行质量的新跨越：2006 年规上企业户均利税 1218 万元，近年来户均节能设施年投入在 300 万元以上，占了利税总额的四分之一。

沉淀池加氧化塘的废水处理工艺在造纸行业普遍使用，但废水处理效率比较低，与国家一级排放标准相比尚有较大差距。景兴纸业率先从荷兰引进"厌氧处理＋好氧活性污泥处理系统"，实现了企业生产生活废水的稳定达标排放。

[①] 曹亮：《平湖造纸业步入"节能时代"》，载《浙江日报》，2007-07-27。

龙头企业节能减排的示范效应在全行业辐射。近年来,平湖市造纸企业纷纷出台大手笔建设中水利用和节电系统,平均一家企业在节能设备方面年投入 400 万元以上,吨纸耗水量从以往 40 吨以上普遍下降到 10 至 15 吨,废水排放量也同步减少,造纸车间生产和照明设备普遍安装节能装置。景兴纸业投资 1000 多万元的节电系统在投入使用后,每年节省电费 224 万元,设备使用寿命在 15 年以上。

　　平湖市围绕节能目标,近年来不断提高造纸和纸制品产业集聚度,增强高附加值产品研发能力,开发特种纸等高档产品。景兴纸业瞄准年产 100 万吨目标,年年推出技改新项目,目前该企业投入运行的 8 条造纸生产线均达到国内一流水平,年产纸板 32 万吨,其中幅宽 4850 毫米高档牛皮箱纸板年产 18 万吨,结束了依赖进口的历史。年内将投产的“利用废纸纤维再生包装纸板”项目定位在国际先进水平,专业生产高档牛皮箱纸板,纸板幅宽也提高到 5650 毫米,尚未投产但订单已接踵而来,在国际差异化竞争中抢得先机。荣晟纸业、景丰纸业正加快实现 50 万吨年产能,一个全国一流的大阔幅高强度低克重牛皮箱板纸生产基地呼之欲出。

吨纸废水排放量五年减少七成多

——国家环保总局推广"景兴经验"（2007年）①

　　造纸行业如何实现减排？近日，在广西召开的全国造纸行业减排会议上，国家环保总局领导向全国造纸企业重点推荐了浙江景兴纸业股份有限公司的经验。短短5年间，景兴纸业吨纸排放量由21吨降低到6吨，处于世界领先水平。

　　5年，吨纸废水排放量足足减少了七成多！景兴是如何做到的？据景兴纸业董事长朱在龙介绍，近5年来，为了减少废水排放量，集团先后投入1亿多元，购买新设备，改造生产工艺。其中，投入2450万元从国外引进气浮处理系统，改造原有废水处理设施，使废水处理从传统的生化处理方法全部改为自动化控制，既提高了处理能力，也大大提升处理效果，自运行以来COD浓度一直稳定在每升300毫克左右（每升500毫克为达标）。而投入620万元设计的生化处理工艺，也可使公司年削减污染物排放量650吨以上。去年，从荷兰引进的内循环厌氧反应装置，使吨纸废水排放量由2005年的11.7吨降为目前的6吨。通过提高废水回收利用率，既减少了公司的清水取水费用，又降低了废水排污费用，几年来已节约生产成本近亿元。朱在龙说："我们公司在加大投入的同时，还借助外力加大监督力度。公司的6个排污口全部安装了污水处理在线监控系统，与省和嘉兴市环保部门联网，主动接受他们的实时监控。"景兴纸业的员工说，以前是怕有人来检查，现在是打开大门欢迎执法部门来

---

① 俞佩忠：《吨纸废水排放量五年减少七成多——国家环保总局推广"景兴经验"》，载《嘉兴日报》，2007-11-27。

监督。"在我们公司，已将水耗、废物排放考核目标量化到每个部门、干部和员工，形成了一套比较完整的消耗指标体系和考核激励体系。每位员工都是节能减排的责任人，每位员工都把节能减排当成分内事来做。"企业员工自豪地告诉记者，这些年来，在环保部门每次突击检查中，企业均能实现达标排放。减排为景兴纸业赢得了丰厚的经济效益和社会效益。

这些年来，景兴纸业在大幅度减少废水排放量的同时，整个集团税收贡献从 2002 年的 4 800 多万元上升到 2006 年的 1.1 亿多元，5 年已累计上缴税收超 5 亿元。去年刚刚上市的景兴纸业，被股民认为是一家具有社会责任感的企业，并于今年 11 月成功增发股票，募集资金 12 亿元。在国内证券市场上，像景兴纸业那样在上市不到一年时间里就成功增发新股的企业是少有的。

朱在龙：最累时，也是即将登顶时（2008年）[1]

上市，被玖龙抢了先机

主持人：景兴纸业是平湖一家有着20多年历史，从乡镇企业发展起来的大型造纸企业。相关资料表明，景兴在2006年上市后不到一年的时间里就增发成功，这在证券市场上非常难得。这一方面说明股民对景兴非常认同，另一方面是不是可以推测，景兴的发展对资金的依赖特别大？

朱在龙：景兴的上市也是经历了好几道坎，可以说经历了中国证券市场所有的改革。上市以后，股民也好，投资者也好，对我们寄予很大的希望。我们也一直在这种关注中，稳健地经营企业。

如你所说，造纸行业是资金密集型行业，每吨纸有2 500万元的投资成本。要想取得最佳的经济效益，一定要达到一定的规模。考虑到这一点，我们进行了股票增发，最终募得12亿元资金。

主持人：这12亿元对景兴的发展有什么作用？

朱在龙：这12亿元为景兴的第三次创业打下了坚实的基础。拿到这12亿元，我们马上搞了个60万吨的项目，明年5月投产后将使我们的总规模达到150万吨，销售规模达80亿元。

---

[1] 朱丹，马毓莉，林卫：《朱在龙：最累时，也是即将登顶时》，载《嘉兴日报》，2008-06-10。

主持人：你在 2002 年时,对景兴的规划是到 2010 年达到 100 万吨,而实际上明年就可以达到 150 万吨,这么快速的发展,除了资本市场的推动外,还有没有别的因素?

朱在龙：主要是这个行业市场容量非常大。如果 GDP 增加 10%,纸张的需求量增长就是 15%,所以每年会有 300 万吨的市场容量增加出来。不发展就意味着倒退,我们必须牢牢稳固国内第三的地位。第一位是玖龙,第二位是理文,它们都比我们早三四年上市,抢了先机。

主持人：是因为你对上市觉悟比较晚呢,还是其他的客观原因把这件事情拖了下来?

朱在龙：客观原因就是正好碰上中国证券市场改革。玖龙也好,理文也好,改制的时间和我们差不多,而且当时三家的规模也差不多。现在差距就大了,玖龙的年产量有五六百万吨,理文也有两三百万吨。现在我们三家基本稳定在"三分天下"的格局。

主持人：我发现景兴的发展有三个关键点,一是 1999 年成功改制;二是 2001 年吸引了包括茉织华、日本制纸株式会社、日本纸张纸浆商事株式会社在内的三家企业入股;三是 2006 年上市。在这三个关键点当中,哪个是走得最困难的?

朱在龙：上市最困难。因为正好碰到中国证券市场低潮,同时又处于改革时期,所以拖得时间特别长。我们是 2002 年 10 月辅导完成,2003 年 5 月报到中国证监会的。那时候正好遭遇"非典",不敢坐飞机,就自己开车子到北京去,直到疫情防控措施解除才回来,在北京待了整整一个月。

主持人：在这漫长的等待中有没有动摇过?

朱在龙：难是难,但还是可以看到希望的。当初要是一动摇,机会就错过了。有几家企业跟我们一起改制的,到现在都没上市,就是因为动摇了。这跟爬山是一个道理,当你爬到最累的时候,就是快要到顶峰的时候。

主持人:2001 年的时候,怎么想到引进茉织华和日本的两家企业加入景兴? 合作的背景是怎样的?

朱在龙:1999 年改制完以后,如果靠自有利润滚动发展,也只是低水平重复,就开始考虑引进战略投资者。最初找到茉织华的李勤夫,我们本身也是很好的朋友,他也爽快地答应了。

另外我们考虑到那时候中国的造纸水平还是比较低的,想引进国际上先进的造纸企业,最后引进了日本制纸株式会社、日本纸张纸浆商事株式会社,前者是世界 500 强企业,后者是世界最大的纸浆纸张贸易商。这三个股东进来之后,把整个公司的经营能力、管理水平、市场掌控能力,提高到了一个新的高度。

社会责任,不能成为企业负担

主持人:说到造纸行业,大多数人都知道这个行业造就了中国首富——玖龙纸业的张茵。你在造纸行业 20 多年,它成就了你的事业,是否也为你带来了巨额财富? 因为上市以后你个人有 8 000 多万股股份,按照现在的市值,有将近 10 亿元。

朱在龙:可以这样说。不过个人的财富并不是我最关心的,我关心的是继续把这个企业做大。

主持人:老百姓总觉得造纸行业脱不开污染这个"原罪",但去年在广西召开的全国造纸行业减排会议上,国家环保总局把景兴减排的经验作了推广。我想知道为什么民众会有这个观念,造纸业的污染真的如人们传说的那样吗?

朱在龙:以前造纸行业确实污染比较大,特别是对水的污染非常大,生产 1 吨纸可以产生 60 吨废水,如果制纸浆的话有 200 吨废水。所以一个纸厂可以污染一条大河,说得一点都没错。但随着这些年造纸行业装备的提升,工厂环保意识的提高,这个局面正在逐步改善，特别是江浙沪一带改善得更快一些。

我们曾经也污染过河道，这主要是由于当时的装备落后，污水处理不过关。现在景兴的治污水平相当高，生产1吨纸只产生6吨污水，这些污水再经过生化处理后，可以实现再循环，对环境已经不构成影响。

主持人：你说2010年要达到150万吨的目标，在实现这个目标后，景兴还有没有更长远的目标？

朱在龙：我们计划2015年达到造纸300万吨，木浆30万吨，林地180亩，还有30亿平方米的纸制品。

主持人：要达到这样一个生产规模，最主要的瓶颈是什么，还是资金吗？

朱在龙：一是资金，二是人才。因为我们发展得太快了，以前培养的人才不够用了，如果要在全国布局，派出去的人要全才才可以，所以尤其缺乏复合型人才。

主持人：景兴计划在全国的布局是怎样的？

朱在龙：造纸还是以平湖工厂为总部，木浆和林地在广西，纸制品加工在全国各地。我们在重庆、江苏、新疆、江西都建了包装基地，今后我们在每个省都要有纸制品加工基地。

主持人：景兴一直是围绕着曹桥发展，曹桥是个乡村小集镇，城市化程度不高，但景兴恰恰又是资金密集型和技术密集型的企业，对人才的要求比较高。你怎么克服这个先天的不足来吸引你所需要的人才呢？

朱在龙：我们招的都是偏远地方的大中专生，每年还要结对扶贫五六十个学生，我们帮助他们念完大学，毕业后直接到我们公司上班。这样就培养了他们的归属感，他们来了以后肯定扎根这里了。另外我们也从事业上留人，如果你干得出色，我们就给你发展的平台。

人生是战略，不能经营人生

主持人：从你的履历中，可以梳理出你事业发展的几个关键点：一是在 1988 年，年仅 24 岁就担任平湖第二造纸厂厂长；二是 1996 年，你出任重组后的景兴纸业董事长、总经理；第三是 1999 年底，你大胆出手，举债 2 000 多万元，从曹桥乡集体资产经营管理公司手中受让了景兴纸业 2 750 万元的出资额股份，担任景兴纸业董事长。第三点是让我比较佩服的，个人举债 2 000 多万元毕竟不是小数目。

朱在龙：这里有两个因素。首先这个企业是我一手创办起来的，我对它是非常有感情的；第二也是看好这个企业，看好这个行业。

当时也正因为我举债受让股份，使我们的改制十分简单、顺利，评估出来多少资产我就拿那么多钱来买，不像有些改制搞得很复杂。

主持人：举债以后，对你的个人生活压力有多大？

朱在龙：压力当然有。但是乡里也是很支持，没有催，反正每年从我分红、奖金里扣。

主持人：你看你 24 岁就成为一个乡镇企业的厂长，你身上有什么独特之处，让你那么年轻就担任一个厂的厂长？

朱在龙：那时候高中毕业也算是文化程度比较高的，另外我做事情也比较实在，领导看了比较踏实。我 22 岁进厂，开始跟着民丰厂老师傅做机修工，做了半年以后厂里推荐我到浙江省造纸学校读书，读了以后就变成懂行人了。接着先做生产科长，再就是副厂长，后来到厂长。之前这个厂每年亏损，我做厂长的第一年就扭亏为盈，赚了七八万块钱。

主持人：当时平湖还有李勤夫，他是 26 岁当厂长，你们俩可

251

能是当时嘉兴乡镇企业中最年轻的两位厂长吧？

朱在龙：我们20年前就认识了，我记得那时平湖百万元年产值以上的企业也就10家，我们是其中的两家，每年开三级干部会议的时候，我们都要去领奖、发言的。

主持人：你的经历可以和第一代乡镇企业家相提并论，但你的年龄又和那批人有明显的差距，你今年还不到知天命之年，你如何看待那些和你共同从乡镇企业成长起来的草根企业家？你又如何让自己从浓厚的草根气息中逐渐培养出自己现代企业家的气质？

朱在龙：我们当初的管理是非常粗放的，逐步走过来，也是一个充分放权的过程。

主持人：在这个放权的过程中，你有没有特别痛苦的时候？原来都是你一把抓的。

朱在龙：没有痛苦，因为每一次放权，都是企业要进一步发展的时候。

我提倡战略人生，不是经营人生。为什么有些人总感觉怀才不遇，这就是一种经营人生的思想。战略人生就是要制订你的人生计划，先不要把工作化成物质去考量，这样你工作的出发点和效果会完全不同。同时心态也得是一个阳光的、开放的心态。

主持人：你24年走过的成功道路，是不是也得益于你阳光的、开放的心态？

朱在龙：是的。我进厂的第一天，想法是最好做个车间主任，所以我是朝着车间主任的目标在努力的。当我做了厂长以后，我又把目标设定为做平湖最大的企业，后来也做成了，于是我又把上市作为目标……这样一步步走过来的。

主持人：那是不是可以这样说，一个企业领导者的心胸有多阳光、多开阔，企业的发展就有多阳光、多开阔？

朱在龙：应该是这样。

主持人：所以说平湖市造纸二厂成就了你，反过来你也成就了造纸二厂。那除了心态以外，你的成功还有没有别的关键因素？

朱在龙：我们企业发展到这一步，或者说我个人能成长到这一步，得益于三个方面。一是乡里、市里领导的支持，使我们有一个比较好的发展环境。二是那些始终跟着我同甘共苦的干部，对我的战略目标，他们是坚定不移的执行者，所以我们的团队精神很好。三就是家庭对我的支持，20多年我都没管过家里，天天在厂里。

主持人：之前你说感觉做得很累，那你有没有什么方式调整呢？除了事业，你还有什么爱好？

朱在龙：我除了工作就是看书，最喜欢看推理小说。推理小说有一个逻辑思维在里面，很多东西也可以用到平时的工作中。

其实我倒是想早点退休，看看祖国的大好河山。我前后去过五六百次北京，但都没去过故宫、颐和园。重庆我一个月去一次，也没去过朝天门。

主持人：景兴从乡镇企业脱胎换骨为一个规范、现代化的上市公司，这是企业的蜕变过程，也是你个人的蜕变过程。从乡镇企业厂长转换成现代企业的管理者，你是怎么走过来的？其中最痛苦的一段你是如何跨越的？

朱在龙：这也是一个不断学习的过程，学习推动了我从一个草根企业家向现代企业家转变。而且企业的发展也逼迫着你进行这个转变。

最痛苦的是在1996年。因为我们从工厂制改为公司制，是传统管理和现代管理相碰撞的时候，是管理正规化、制度化的开始。记得那时候，我们基本上天天在开培训班，天天上课，一年都在学习转变的过程中，从纯粹的家长式管理向现代企业制度转变。这一步跨得比较艰难，使了九牛二虎之力，最终还是扭过来了。

主持人：你是属龙的，你的名字又叫朱在龙。中国人赋予龙很多象征意义，你觉得龙身上什么东西是跟你比较吻合的？

朱在龙：我的性格是不鸣则已，一鸣惊人。做事的时候可能比较低调，但最终事成的时候会令人瞠目。

专家点评

点评人：嘉兴学院商学院院长　钱方明教授

景兴纸业成功的重要原因在于企业家素质的提高和企业股权的开放。朱在龙经历20多年市场磨炼后，实现了从乡镇企业厂长到企业家的转变。这种转变缘于体制转型、市场压力和企业家自身素质的提高。

在经历了两个重要的股权开放阶段后，景兴纸业迅速在造纸行业崛起。景兴纸业在引进日本制纸株式会社、日本纸张纸浆商事株式会社后，技术水平和管理水平得到迅速跃升。在成功上市后，景兴纸业不仅获得了企业发展所需要的资金，还强化企业家的学习效应，增强了企业的竞争能力。令人欣喜的是，景兴纸业正在突破资源环境、人才等约束，加快转变发展模式，为嘉兴企业提供了很好的示范作用。

上下游联动，走一体化发展道路

——访景兴纸业董事长朱在龙（2008年）[①]

浙江景兴纸业股份有限公司地处长三角杭嘉湖平原中心地带，是全国三大以专业生产高档牛皮箱纸板为主的造纸企业之一。公司自1984年成立以来，由一家名不见经传的造纸小厂发展成为拥有多家子公司的大型上市企业。公司主导产品为牛皮箱纸板、白面牛卡纸、纱管纸、高强度瓦楞原纸等系列产品。

2007年7月，第三批国家重点技术改造"双高一优"项目——年产45万吨牛皮箱纸板项目正式运行，标志着景兴纸业的产能从47万吨上升到了92万吨。目前，20万吨白面牛卡纸项目正在建设过程中，预计明年也可正式投产。在20万吨项目之后，景兴又有什么样的蓝图？除了利用废纸再生生产牛皮箱纸板之外，在产业链的上下游又会有什么新动作？在资本市场上有什么样的博弈？带着这样的疑问，记者对朱在龙董事长进行了专访。

记者：朱董事长，记得景兴纸业2006年在深圳上市时，在上市仪式上您曾激动地说："今天迈入欣欣向荣的中国资本市场大门，公司从此将进入更为广阔的发展天地。"时隔两年，景兴纸业的发展是否印证了当年的豪言壮语？

朱在龙：景兴纸业于2006年成功上市，跨入了中国资本市场的大门，这给景兴带来了更大的发展空间，也给了公司很大的信心。在公司上下的共同努力下，2007年公司又成功增发

[①] 鲁富贵，方鸣镶：《上下游联动，走一体化发展道路——访景兴纸业董事长朱在龙》，载《中华纸业》，2008年第19期。

9 300万股，成为中国首家在上市一年内成功增发的企业。如今，公司运用上市及增发的资金投产了一条45万吨的箱纸板流水线，20万吨的流水线也正在建设之中，景特彩、广西木浆项目也正在紧锣密鼓地建设之中，这一切的成果都来源于我们适时进入中国资本市场。

记者：景兴纸业是以废纸为主要原料生产包装用纸的企业，提到"广西木浆项目"，看来景兴纸业也在建设原料林基地和发展木浆原料。前不久，中共中央、国务院颁发了《关于全面推进集体林权制度改革的意见》，为推进造纸工业原料林在内商品林基地又好又快发展指明了方向，注入了强大动力。走林浆纸一体化的发展道路是世界造纸强国和世界造纸排头兵企业的成功经验，也是未来行业的发展趋势，可否谈谈景兴纸业在这方面的考虑？

朱在龙：随着我国林纸一体化工程的加快推进，国际纸业巨头纷纷以合资或直接投资等方式，正在加紧抢滩我国华南的广西、广东、海南等宜林地区，并希望以此为"跳板"进军中国纸品消费市场。对国内造纸企业来说，走林、浆、纸一体化更是应对日益紧张的造纸原材料的最好方式。我国是一个少林国家，森林资源覆盖率比世界低10.45％，人均森林面积只占世界人均水平的21.3％。目前，我们在广西收购了一家浆厂，改造后可利用当地资源进行林业发展，年生产成品浆30万吨。林纸结合是我国造纸业的发展方向，它给我国的生态建设和造纸工业发展开创了美好的前景，景兴纸业一定要抓住国家政策支持的良好机遇，把发展林、浆、纸一体化作为新的利润增长点。

记者：林木的生产周期较长，近几年还得以废纸为主。随着原料越来越短缺，特别是国际废纸市场价格一路飚升，现在已处于历史最高点，成为制约行业发展包括景兴发展的瓶颈，您是如何解决这一矛盾的？

朱在龙：由于地处长三角中心地带，良好的地理位置和优越的区域环境一度成为公司发展壮大的强大支撑。但是，市场经济就是这样，供不应求的时代已经一去不复返了，随着周边同类造纸企业的纷纷崛起，原本的市场格局已被打乱，竞争加剧，原料紧缺，国际废纸价格达到了历史最高点。在这样的情况下，我认为要想在激烈的市场竞争中处于不败之地，必须保证产品质量，打响景兴品牌。我们的产品宗旨是"优质优价"。在保证产品质量的基础上适当提高产品售价，以化解由于原料价格上升带来的成本上升问题。这个"优质优价"战略的出发点是"优质"，只有确保产品质量才是"优价"的前提。这大概就是所谓的品牌战略吧。另外，在原料方面培育自己的废纸打包站，加强国内废纸的收购，把原料收购的主动权牢牢地掌握在自己的手中。

记者：对于生产包装用纸，在业内有规模最大的玖龙、理文两大巨头，其财力、物力、发展速度都是景兴不能比的。那景兴下一阶段的出路（发展战略）在哪里？

朱在龙：的确，玖龙和理文的发展速度非常快，基本上一年上两个以上造纸新项目，投资也非常惊人，达十几亿、数十亿元之巨。而景兴纸业在资金密集型的造纸行业中要想发展壮大，在市场竞争越来越激烈的情况下走差异化发展之路才是明智之举。所以，我为景兴设计的发展战略是上、下游联动，走一体化发展道路。我们要以造纸为龙头，向上游延伸到制浆、造林、废纸收购打包，因为原料成本占整个成本 70% 以上，所以控制原材料生产，就能把命运掌握在自己手中。向下游延伸到纸箱、包装，尤其是彩色包装，不仅要解决造纸产能消化，更重要的是可以大大增加产品的附加值。我们要在造纸的上下游产业领域拓宽经营理念，开拓相关产业，用创新产品占领大市场，在制浆造纸产业领域实施循环经济发展模式，增强企业核心竞争力，实现景兴纸业走出浙江、走向全国、迈向世界、做强做大做优的宏伟目标。

记者：新的《制浆造纸工业水污染物排放标准》已于 2008 年 8 月 1 日起实行，老企业将于 2009 年 5 月 1 日执行更为严格的标准。请介绍景兴纸业在治污方面的做法、取得的成就以及为适应新标准拟采取的措施。

朱在龙：景兴纸业于 2002 年在全国造纸包装行业中率先通过了 ISO14001 环境管理体系认证和省级造纸行业的清洁生产试点审计。2005 年，被浙江省经济贸易委员会认定为"浙江省循环经济试点企业"，成为国家鼓励和政策支持的绿色经济企业之一。这几年景兴也是一年一个台阶，把加大环保创新投入，迅速提升环境业绩作为公司的一项基本战略。2006 年公司斥资 1 000 万元进行废水处理站改造，采用荷兰帕克公司 IC 厌氧反应技术。当年 10 月系统调试稳定运行，COD 浓度降至目前的 299 mg/L（污水排入城市污水管网，标准是≤500 mg/L），吨纸废水排放由先前的 19.5 吨降至目前的 6.5 吨。2007 年公司又投资 4 500 万元配套兴建 2.5 万吨/日废水处理项目，继续采用 IC 厌氧反应技术，排出的废水经过集水井、初沉池、预酸化池、冷却塔、IC 反应塔、A/O 池、二沉池等多工序，脱水沉淀的污泥还制成泥饼，返回锅炉燃烧。目前景兴纸业的吨纸排放废水仅 6 吨多，远优于 60 吨限额的国家标准。为了实现资源的综合利用，公司还计划投资 2 000 万元建立沼气发电项目，针对废水处理过程中 IC 厌氧处理产生的沼气进行收集发电，第一期准备投资两台 500 千瓦发电机组，每天可发电 2.4 万千瓦时，年销售额达 500 万元，最终可达 1 000 万元。公司全部达产后产生的沼气发电预计能实现整个废水处理系统的用电自给。除此以外，努力做到设备的更新换代，依托技术中心的力量加快技术创新，坚持向高效率、低消耗、少污染的方向发展，同时逐步淘汰小机台进行资源重组，建设资源节约型、效益型的造纸企业。

记者：景兴纸业的发展势头非常好，那么公司的中长期目标和愿景是怎么样的呢？

朱在龙：景兴纸业要紧紧抓住当前面临的新的历史机遇，认真贯彻景兴做强做大、成为一家中国最优秀最专业的包装纸板纸品供应商的总战略，通过兼并、重组和开发建设等方式，积极向外部扩展；加快产品结构调整和技术改造进程，重点发展高档牛皮箱纸板、白面牛卡纸，带动周边地区纸制品深加工相关产业的快速发展；从造纸发展的源头形成竞争控制力，集中力量抓住浆和国内废纸资源，加快原料基地建设步伐。以工业化、标准化、流程化的方式，以求变图存、可持续发展的创新精神，以诚信服务团队文化为核心，为客户提供优质的包装纸板、纸品。把自我滚动发展和对外并购重组结合起来，对有条件、有潜力的企业进行重组、整合，实施规模扩张战略，增强公司整体竞争力。

我们的愿景是：成为一家中国最优秀最专业的包装纸板纸品供应商。以执行为准则，以结果为导向，树立超越客户预期的心态，把服务做到极致。我们的中期目标是：2010年，原料林4万公顷，制浆10万吨，造纸150万吨，纸品、彩盒10亿平方米，销售额80亿元；2015年，原料林12万公顷，制浆30万吨，造纸300万吨，纸品、彩盒20亿平方米，销售额160亿元。

从"造纸小厂"到"上市公司"(2010年)①

"支持和赞助省运会,是我们景兴纸业义不容辞的社会责任。"昨天,说起百万元赞助省运会,浙江景兴纸业股份有限公司相关负责人表示,景兴纸业从"造纸小厂"发展为"上市公司",主要得益于嘉兴良好的发展环境,最应该感激嘉兴这片热土。

始建于1984年的景兴纸业,主导产品为牛皮箱板纸、瓦楞原纸和白面牛卡纸、覆膜彩印纸箱等,是中国包装纸板开发生产基地和浙江省先进制造业基地之一。近年来,这家公司累计上缴各项税收达12.5亿元、创造就业岗位近11 000人次。

走进景兴纸业的厂区,留给人们印象最深的就是一个个占地面积巨大的污水处理池。"决不能牺牲环境质量,来谋取企业的眼前利益。"这名负责人介绍说,作为造纸行业领军人,景兴纸业日常排污量很大,但绝对不是污染大户。早在2007年,景兴纸业就投入5 500万元,建起了具有国际先进水平的污水处理配套工程。目前,企业污水处理能力为每天25 000吨,通过水循环再利用,每吨纸的废水排放仅有6.5吨,吨纸COD排放达到三级排放标准。

在以产业进步推动社会发展的基础上,景兴纸业时刻践行企业公民责任,热心公益事业,累计捐款达3 200万元。在2008年汶川抗震救灾捐款捐物活动中,公司就捐款36万元。2009年,公司各项捐款累计达100万元。变"输血"为"造血",让弱势

---

① 郭晓东,陈健:《从"造纸小厂"到"上市公司"》,载《嘉兴日报》,2010 - 08 - 17。

群体自强自立,为他们提供一个稳定的收入来源,是景兴纸业扶贫济困的最大特色。"我们的下属子公司——平湖景兴包装材料有限公司,现有残疾员工 100 多人,占该公司总人数的 30% 左右。"这名负责人说,自 1997 年创建以来,这家子公司已累计解决残疾人就业 600 多人次,延续了数百个家庭的生活希望。

景兴纸业积极投身公益事业的做法,得到社会各界的高度好评,曾先后获得中华全国总工会模范职工之家、浙江省五一劳动奖状企业等荣誉称号。"此次,投入 100 万元赞助浙江省第十四届运动会,是我们公司践行企业责任的一次延续。"这名负责人表示,今后,景兴纸业将继续关注社会,为社会公益事业尽自己的一份力量。

景兴纸业年产6.8万吨生活用纸项目奠基(2012年)①

9月28日,在景兴造纸工业园区,随着平湖市领导与景兴纸业董事长朱在龙共同按下启动按钮,浙江景兴纸业股份有限公司年产6.8万吨高档绿色环保生活用纸项目正式奠基开工。该项目包括两条3.4万吨生产线。产品品牌确定为"品萱"。该项目的建设,是景兴纸业发展中的一个新的里程碑,标志着景兴从传统包装纸向生产用纸领域的转型拓展。景兴纸业以前的主导产品为牛皮箱纸板、白面牛卡纸、纱管纸、高强瓦楞原纸、纸箱、彩色印刷等系列产品。

---

① 《景兴纸业年产6.8万吨生活用纸项目奠基》,载《中华纸业》,2012年第21期。

景兴纸业（2012年）①

　　浙江景兴纸业股份有限公司始建于1984年,经过不断的开拓创新和拼搏奋斗,现已从一家名不见经传的造纸小厂发展成为拥有多家子公司并在造纸和包装行业拥有一定知名度的大型企业。2006年9月15日,景兴纸业(股票代码:002067)在深圳证券交易所挂牌上市,并于2007年11月成功增发9 300万股。2011年7月,公司又非公开顺利发行了近1.55亿股。景兴是全国规模最大的以专业生产A级牛皮箱板纸为主的造纸企业之一,公司的主导产品为牛皮箱板纸、白面牛卡纸、高强度瓦楞原纸、纱管纸、纸箱等系列产品。2011年,推出的生活用纸系列"品萱"也已在超市上架。专业化的发展,规模化的进程,使公司成为中国包装纸板开发生产基地和浙江省先进制造业基地之一。

　　面对市场竞争,景兴人高瞻远瞩、开拓进取,在巩固造纸龙头地位、发展绿色造纸的同时,加快发展下游包装产业,致力于成为一家中国最优秀、最专业的包装纸板、纸制品供应商。

Ⅳ

八方聚焦　媒体眼中的景兴

---

① 《景兴纸业》,载《浙江人大》,2012年第10期。

减税，让企业轻装前行（2013 年）①

......

与税制改革同步推进，进一步完善结构性减税政策

浙江景兴纸业股份有限公司是一家生产绿色环保再生纸、特种纸及其他纸制品的上市公司，伴随着企业规模的扩大和市场上劳动力成本的上升，企业的人工成本负担也在不断上升。公司副总经理盛晓英介绍说，人工成本目前成为公司成本项目中上涨最快的一部分，两年前一线生产工人工资只要 2 000 元左右，现在每月要 3 000 元以上才能稳定员工队伍。

"国家在制定结构性减税相关政策时，已经充分考虑了市场化程度大幅提高条件下，个人和企业的成本支出上升因素。"白景明分析认为，面对个人和企业成本支出增长的情况，税制已作出相应调整，以确保个人和企业所得正常增长。目前我国正在进行的深化增值税改革和降低初级产品进口关税税率就是要对冲企业原材料成本、劳务购入成本的上升压力。今后增值税改革的深化还会起到这种作用。

白景明介绍说，从我国当前结构性减税的改革方向来看，继续扩大"营改增"试点的行业和区域范围是大势所趋，将有利于进一步完善我国的税收制度，形成更加公平、更有利于企业发展的税收环境，因此，要尽快推动"营改增"试点范围的进一步扩

① 吴秋余：《减税，让企业轻装前行》，载《人民日报》，2013 - 01 - 07。

大,让更多企业享受到这一改革的好处。

"在未来一个时期内,我国的税收增长,将由过去的高速增长期进入一个中速增长期,增长速度每年预计在10%左右,这将在一定程度上抑制未来进一步减税的空间。"白景明认为,伴随着我国税制改革的推进,未来的结构性减税将会不断深入,在减轻企业负担的基础上,更加注重推进经济结构调整和产业转型升级,最终形成既有利于促进经济持续健康发展,又能够合理确定企业负担、保持企业生机活力的科学化税收机制。

景兴纸业"新专利、新产品"
捷报频传（2013 年）①

景兴纸业继 5 个实用新型专利通过国家知识产权局授权后，日前，吸尘器集尘袋卡口板专用纸、高强度烟箱专用纸、低定量高强度白面牛卡纸、环保型白面牛卡纸、新型环保纱管原纸、新型环保牛皮挂面箱纸板 6 个新产品通过了浙江大学、浙江科技学院、浙江省信息研究院、杭州师范大学、浙江省造纸学会以及杭州达康环境公司等专家的鉴定。经过专家们认真的讨论和交流，采取现场和资料评审两项必要程序，一致认为上述 6 种产品中的 2 个新产品性能优越、工艺先进、应用范围广、性价比高，总体技术水平已达到国内同类产品领先水平，4 个新产品工艺性能已达到国内先进水平，建议大力推广应用。

科技是第一生产力，景兴纸业 5 个专利通过认证，6 个新产品通过鉴定，不但标志着景兴纸业自主研发能力的进一步提升，而且将有助于科技兴企之路越走越宽。

---

① 《景兴纸业"新专利、新产品"捷报频传》，载《造纸信息》，2013 年第 2 期。

景兴纸业生活用纸生产线试机成功(2014 年)[1]

7月18日,浙江景兴纸业股份有限公司年产8 000吨生活用纸PM3生产线成功开机投料,并顺利引纸上卷! 公司董事长朱在龙、项目组副组长王梅林莅临现场,并见证了整个开机过程。那一刻,掌声、笑声、欢呼声此起彼伏,成功的喜悦通过各种不同的方式溢满车间,仿佛所有的辛苦与劳累都在激动和兴奋中化作满腔热情,可以肆意挥洒。不只是景兴人,还有纸机供应商和土建安装人员,都在此时此刻分享成功的喜悦,纷纷合影留念,享受这一激动人心的时刻。PM3纸机生产线是6.8万吨项目的其中一条生产线,也是公司第一条生活用纸生产线,主体设备由佛山宝拓制造,分切复卷由宝索配套,制浆设备由川佳供应,设计车速800米/分钟,生产定量在13~45克/平方米,原料采用100%原生木浆。前期在项目组副组长王梅林的统一指挥协调下,通过各个专业组成员的辛勤努力,工艺、设备分班分组进行单机调试,麻雀虽小,五脏俱全,空压机系统、供汽系统、真空系统、通风系统、白水系统、损纸系统一一进行调试运行,能联动的进行联动调试,积极主动去发现问题,解决问题,可以说成功试机是由大家的每一滴汗水凝结而成的。生活用纸PM3顺利调试出纸,是景兴纸业成功转型的一个重要转折点,也是项目组全体人员通过前期的辛勤努力最终得到的成果。纸机成功出纸是关键的第一步,作为产品品质要求甚高的生活用纸,精细化管理才能出效益,下一步如何尽快达到设计能力,达产、达标、达效将是景兴接下去的工作重点。

---

[1] 徐东:《景兴纸业生活用纸生产线试机成功》,载《中华纸业》,2014年第15期。

景兴纸业坚持"科技兴企、人才强企"发展战略增强企业活力(2014 年)[①]

景兴纸业股份有限公司前身为浙江景兴纸业集团有限公司,是由平湖市第二造纸厂改组成立的有限责任公司,公司主导产品为牛皮箱纸板、白牛卡纸、纱管纸、高强度瓦楞原纸、纸箱等系列产品。

2013 年中国造纸行业整体运行艰难,产能过剩的阴影使本已疲软的市场更加复杂多变。面对着这样的形势,浙江景兴纸业股份有限公司秉承"精减、高效"的经营管理方针,正视现实,苦练内功,立足精益管理,永葆创新激情,完美诠释了"超越自我,挑战极限"的企业精神,取得了可喜的成绩。

景兴纸业在公司的管理上一贯以创新为主动力,增强企业新活力。2013 年,在保持 ISO19001 和 ISO14001 两大体系持续改进的基础上,该公司顺利启动 ISO18001 职业健康安全体系认证工作。

董事长朱在龙说:"精益管理与创新都需要提高干部素质、业务素质、道德素质,这样才能领导本部门,才能驾驭本部门。"该公司实施了把"人才培养工作"纳入部门经理绩效考核标准的尝试,实施代理人制度和述职制度等,使得人才梯队工程得到进一步夯实。同时自我管理、自我创新蔚然成风,成功完成 12 个关键流程的优化和整合。为了进一步提升员工技能,2013 年,该公司联合嘉兴人社局共同举办了首届造纸工技能大赛,并推

[①] 鹤亭:《景兴纸业坚持"科技兴企、人才强企"发展战略增强企业活力》,载《纸和造纸》,2014 年第 9 期。

动了"金蓝领"高技能人才境外培训工作,为展现员工的专业特长搭建了有效平台。

2014年5月下旬,景兴纸业召开能源管理体系建设启动会,希望通过能源管理体系建设提高能源管理水平,以降本增效,确保完成"十二五"企业节能目标。由于中国国内包装用纸产能过剩,把生产企业逼进了微利时代,甚至面临原材料不断上涨、成品价格倒挂的现实,不断寻求盈利增长点,成为造纸企业的经营重点。景兴公司在机台定位特色化、管理流程标准化、人才培养计划化、质量管理过程化的总体思路下,把握发展的生命线,在重重包围中闯出一条适合自身发展之路。全体员工时刻围绕节能降耗这条主线,突破常规思维,通过盯紧现场、执行到位、预防事故来提高运行,依靠技术、工艺、管理手段来优化流程,收集、整理和分析客户的真正需求来定位产品,研究细节问题来确保生产(如断纸追踪报告、清洁生产规范等),为2013年该公司产量又一次刷新历史纪录提供了有效保证。另外,创新不仅仅是对现状的技术改进与提升,更是转型升级的华丽转身。由公司开发的"新型环保牛皮箱纸板"获得2013年嘉兴市科技进步奖三等奖;由该公司承担的省级新产品试制计划项目"高强度牛卡纸"和"高强度纱管原纸"通过了专家组鉴定。

作为该公司转型升级的产品——生活用纸立足于创立品牌拓展市场,在2013年实现了全新突破。目前经销商客户已达36家,直营KA客户7家,销售区域全部涵盖江浙沪区域地级市,甚至乡镇。同时紧跟时代脚步,借助为网、易迅网等电子商务平台开拓市场。尤其是"品萱"品牌在2013年进行了重新定位,明确产品矩阵结构,建立起针对不同消费群体的飘带系列、主题系列、纯色系列、妇婴系列、高端丝绒五大系列。此外,该公司还开发了16个新品,并对6款产品进行了包装升级。目前,景兴纸业的生活用纸产品结构已涵盖了盒巾、软抽、卷卫、手帕纸等品类,既丰富了销售产品的产品组合,又满足了不同消费者的需求。

为实现公司的可持续发展,保护生态环境,该公司根据环境综合治理规划,努力促进各项目早日投入运行,早日产生经济、环境的综合效益。2013年分别完成了雨污分流改造、清下水系统改造、脱硫发电扩容项目、IC改造、好氧系统扩容、板框压泥机等项目建设工作;刷卡排污、深度处理等专案正在有条不紊安装施工中。2013年该公司还完成浙江省环境保护厅、经信委制定的《浙江省造纸行业污染整治提升方案》及平湖市人民政府《关于印发平湖市印染造纸制革化工等行业整治提升方案的通知》整改要求内容,并于11月顺利通过行业整治办验收。此次行业整治提升使得厂容厂貌有了较大改善,污染防治及事故应急能力得到进一步加强,对内部节能降耗起到了积极作用,废水排放量得到进一步下降。另外,2013年,该公司还获得中国造纸行业节能减排达标竞赛优胜企业称号。2014年以来,景兴纸业继续保持稳健步伐向前迈进,5月上旬该公司年产30万吨高强度瓦楞原纸项目纸机安装开工仪式隆重举行,预计2014年11月左右投入试生产。项目建成后,将会进一步丰富公司产品生产线、优化产品结构、增强该公司对现有牛皮箱纸板客户的配套能力,实现一定的协同效应,也会在一定程度上增强公司的纸箱加工能力,增强市场竞争力,而该公司的生活用纸项目也将在2014年底前投产,2015年逐步释放产能。

近年来,该公司坚持"科技兴企、人才强企"的发展战略,加强知识产权保护、申报力度;充分发挥企业技术中心科研作用,确保投入,强化激励,促进科技体系顺畅运行。积极鼓励广大工程技术人员立足本职、攻坚克难、大胆创新,在优化和改进工艺、开发创新等方面取得丰硕成果,总结申请了一批发明专利和实用新型专利,提高该公司的技术水准,保护了广大技术人员的智力成果,为企业的发展提供智力支持和技术保证。近期,景兴纸业又有2项发明专利顺利获得中国国家知识产权局颁发的发明专利授权证书,实现了发明专利工作的新突破。授权的2项发明专利分别为"一种箱纸板的制造方法"和"一种废纸脱墨方法"。

自2011年以来,景兴纸业已先后获得发明专利2项,实用新型专利7项。发明专利的授权将进一步发挥该公司主导产品的自主知识产权优势,对于进一步提升公司产品的科技含量,增强企业在同行业中的核心竞争力具有积极而重要的意义。

优化产业布局，逐梦"一带一路"（2019 年）①

总投资 12.8 亿美元！浙江华友钴业公司今年落子印度尼西亚，一举刷新嘉兴境外投资项目纪录。作为嘉兴企业"走出去"的急先锋，华友钴业此前已在南非、澳大利亚、阿根廷、韩国等国家投资，累计境外总投资 15.44 亿美元。

"鼓励企业'走出去'谋求更广阔市场空间，全球配置要素资源，从而提升嘉兴经济的国际化水平。"嘉兴市委主要负责人说。上半年，嘉兴企业境外投资（增资）项目 44 个，中方投资备案额 32 亿美元，同比增长 171.7%；备案额占全省总额的一半，居全省第一。

龙头企业带动，大步"走出去"，从国际上获取更多资金、战略资源和市场份额，培育本土跨国公司。2017 年以来，嘉兴境外投资额超亿美元项目有 15 个，其中华友、巨石、卡森等上市企业投资项目 12 个。巨石集团通过在埃及、印度等地投资建厂，扩大产能，坐上了全球玻璃纤维生产企业的头把交椅。

"走出去"成了企业转型利器，通过整合优质资源，提升在全球产业链中的地位，形成竞争新优势。受当前国内对废纸进口实行严格限制影响，不少造纸企业遭遇发展瓶颈。景兴纸业眼睛向外，投资 3 亿美元在马来西亚建设年产 80 万吨废纸浆板及 60 万吨包装原纸生产基地的废纸再生项目。"在国外建厂，既优化了产能布局，又确保了我们的长足发展。"景兴纸业董事长

---

① 宋彬彬、陈培华、张好富：《优化产业布局，逐梦"一带一路"》，载《浙江日报》，2019－09－02。

朱在龙说。

"走出去",更要"走进去"。在印度尼西亚,占地 1 600 公顷、总投资 9.8 亿美元的卡森国际工业区正加快建设。"我们就是要将标准化工业园区建到'一带一路'沿线国家去。"卡森集团董事长朱张金说,针对这些国家基础设施建设需求旺盛的实际,卡森国际正努力成为"一带一路"经济特区运营商。此前,卡森集团在柬埔寨开发的经济特区,一期已建成 40 万平方米标准厂房。

部门靠前服务,助力企业"走出去"。嘉兴市商务、税务、海关、金融等部门联合开展企业境外投资政策、备案流程、风险防范等专题培训,让企业少走弯路。嘉兴还通过举办投资贸易洽谈会等投资促进活动,推进对"一带一路"沿线国家和地区的项目招引。截至目前,嘉兴共吸引"一带一路"沿线国家和地区的项目 507 个,实际利用外资 12.4 亿美元。

景兴将启动马来西亚再生浆项目（2020年）①

浙江景兴纸业近日接受机构调研时表示，马来西亚项目有望于今年一季度开工建设。景兴纸业表示，年产80万吨再生浆项目是其马来西亚浆纸基地的一期工程。项目日前已经通过了环评大纲的批复，后期如进展顺利，预计一季度可以动工建设，2021年上半年可以投产。

2019年1月，景兴纸业发布公告称，计划在马来西亚雪兰莪州投建新厂，项目主要以进口美国废纸为原料生产废纸浆板和包装原纸，达到年产废纸浆板80万吨，包装原纸60万吨，其中：箱板纸35.5万吨，瓦楞纸24.5万吨。

项目计划分二期建设，其中第一期建设内容为80万吨浆板生产线，建设周期2年，建成投产1年后，启动第二期60万吨原纸生产线的建设，建设周期2年，项目总建设周期为5年。

去年10月12日，景兴纸业子公司景兴控股（马）有限公司与潍坊凯信机械有限公司、长沙长泰智能装备有限公司分别签订了两条年产40万吨4800 mm浆板机生产线和切板理纸机及浆板自动打包输送系统一套。

12月2日，景兴纸业披露公开发行A股可转换公司债券预案，拟发行不超过人民币12.8亿元（含）的可转换公司债券，存续期间为自发行之日起6年，扣除发行费用后将全部用于马来西亚年产80万吨废纸浆板项目。12月16日和17日，景兴纸业在接受机构调研时指出，80万吨"美废"再生浆未来将主要用

---

① 《景兴将启动马来西亚再生浆项目》，载《绿色包装》，2020年第1期。

于自用,有助于公司加大高端产品的生产比重,整体产品的品质将大大提高。公司看好未来几年高端箱板纸的市场,市场应该会有结构化的优势。

为了应对废纸进口减少的局面,龙头企业目前很多通过承包闲置小纸机改产废纸浆、委托加工等模式,获得稳定的境外废纸浆的生产能力。景兴纸业也在中国台湾、印度尼西亚等地寻找合适的合作方进行委托生产,已经和几家达成合作意向。关于行业发展,景兴纸业对参与调研的投资者表示:"受原料供应限制,我们预计一些没法获得'美废'和纤维浆的企业可能不得不在产品结构上做一些调整,部分可能没法生产箱板纸,可能会降级生产或者转产100%国废的瓦楞原纸。我们判断未来高端箱板纸的市场情况会比较好,能够获得优质纤维的龙头企业会有机会。"

V 在龙随笔 在景在兴

朱在龙是一位踏踏实实的行动者,也是一位积极的思考者;他是一位出色的企业家,同时又富有战略思维能力,是一位经营管理的战术高手。他勤于思考,也善于将所思所想用文字的方式写下来。我们在媒体特别是在《景兴报》上读到了他发表的十几篇精彩文章。这些文章以流畅简练的文字表述了他的经营管理理念,也很通透地阐释了他的人生观、价值观、世界观。

注重技改发展规模经济[①]

从一个只有 60 万元固定资产的乡镇小厂,晋升成为总资产达 14 亿元的国家大型企业,我们平湖市第二造纸厂(以下简称"二纸厂")的做法是:超越自我,以技改为"龙头",科学管理为目标,带动企业整体素质的提高,推动企业规模经济的发展。平湖二纸厂自 1984 年创建发展至今,已进行了多次较大规模的技改,每一次技改都将企业的生产水平、人员素质、管理水平、销售水平促上了一个新台阶,所生产的牛皮箱板纸和高强度瓦楞原纸备受用户欢迎,标志着我厂的生产技术水平进入了一个全新的发展阶段。注重技改,使二纸厂 1994 年产纸 61 051 吨,工业总产值首次突破 2 亿元,创销售收入 14 890 万元,利税 1 780.5万元,与 1993 年同期相比分别增长了 134.8%、169.2%、157.6%。

重技改,增效益

1988 年,我厂提出了"生产不停、技改不断"的发展企业新思路,在发展建设规划中,强调坚持科技先行。当初,企业虽进行了几次技改和扩大规模,但改造力度不大,技术含量也不高,产品结构调整不大,低档次、单一品种、窄门幅的普通箱板纸在市场上没有竞争力。1992 年初,国内有一定规模的包装行业为提高生产效率,准备引进 2 400 mm 纸箱生产流水线,但与之相

---

① 朱在龙:《注重技改发展规模经济》,载《包装世界》,1995 年第 3 期。

配套的造纸生产流水线在国内只有一家。我们通过认真调研分析认为，尽管投资风险很大，但低成本、低克重、高强度、宽门幅的替代进口产品是以后包装工业发展的必然趋势。看准了就大胆地干。我们在浙江省包装公司和浙江纸箱总厂的大力配合协助下，计划总投资 3 250 万元，努力做好技改项目的组织实施，集中资金保重点，于 1992 年 8 月破土动工，经过努力，工程提前三个月竣工，一条长网专业生产高强度瓦楞原纸和一条圆网专业生产牛皮箱板纸于 1993 年 12 月相继投入试生产。

当时，包装行业已逐步向轻型、美观、耐用、低成本转变，其中许多外贸纸箱定点厂家，面临进口原纸价格昂贵和配额限制，迫切需要一种低克重、高强度、宽门幅的替代进口纸。因此，我厂在试生产的同时就集中科技骨干成立攻关组，会同浙江纸箱总厂的科技人员，正式开始 320 g/m² 牛皮箱板纸和 125 g/m² 高强度瓦楞纸的研制，具体针对纸箱厂在生产中碰到的纸张分层、抗压力差、易断裂等难题进行分析，认识到原纸质量是纸箱质量的关键，通过运用纤维分离机和双盘磨等先进设备，把好废纸质量关，提高车速、大胆采用新工艺等多种有效途径，按照纸张和纸箱行业出口专用纸标准，又经过多次研制，把横向环压指数由原来的 6.0 N·m/g 提高到 9.7 N·m/g，耐破指数由原来的 1.5 kPa·m²/g 提高到 2.75 kPa·m²/g，耐折度由原来的 18 次提高到 80 次以上等等，各项质量指标均达到 GB13024-91 和 GB13023-91，甚至超过国家标准，经商检局认可完全能替代进口产品，去年 10 月又通过了省级新产品鉴定。新产品一问世，市场销售呈旺势，主要特点是低克重、高强度、宽门幅。最后经核算，该项目实际投入固定资产 4 588 万元，以及新产品试制投入资金 450 万元。加大投入出效益，1994 年度两条流水线共产纸张 29 986 吨，创销售收入 8 287.64 万元，税利 1 201.7 万元，带动了我厂造纸工业的蓬勃发展。我厂利用国内外废纸为原料,大幅度降低了成本,增强了企业的竞争力,为国家节约大量的木材资源和外汇,并减轻了废水的污染,对造纸工业以后的发展具有深远的意义。以此推广,在3号机上试制A级牛皮箱板纸成功,同样的设备,其他造纸厂日产量仅抄造30吨,而我们把日产量由原来的31吨提高到了45吨,一年就可超5000多吨。其次是内挖潜力降消耗,针对逃浆严重、浪费用水现象,在车间内进行局部小规模的技改,设计安装了回收装置,通过过滤、回收处理,提高了浆的回收和白水利用率,减少了用水和用电量,而且减轻了废水的污染,取得了良好的效果。

抓管理、促发展

我们平湖二纸厂,通过两条2400 mm造纸生产流水线的顺利投产和新产品的试制成功,促使干部职工不断学习先进的科学技术和现代管理方法,大大提高了企业的整体素质,促进了企业上规模、上水平发展。在向技改要效益的同时,我们还通过产权制度的创新,迅速进入角色,逐步构建适应社会化大生产和市场经济需要的"产权明晰,政企分开,科学管理"的现代企业制度。新体制的各项制度实施后,转换机制与之相适应,用足用好政策,提高管理档次,向管理要效益,提高自身积累和自我发展能力。弘扬二纸厂艰苦奋斗和求实精神,迎难而上,和衷共济。解放思想,敢为人先,走出封闭状态和孤立地位,把企业推向大市场,坚持"发展才是硬道理",超越自我,克服小打小闹、小进即满、安居中游的农村小生产意识;打破"同行皆冤家"戒条,扩大开放,重视广泛的交往和交流,加入到行业性的信息、技术、质检等各方面的服务协调中去,共同提高,共同繁荣行业经济。增强活力,稳妥地逐步建立一套年轻化的干部管理机制,实行劳动定额定员和干部聘任制,外聘内招,能上能下。精简机构,因事设人，行政人员不超过 60 人，整个企业充满了朝气和希望。从厂情出发，吸收国内外企业管理的先进经验和方法，在部门、车间实行经济责任制考核制度，把总体目标和任务逐级分解落实，工资与质量、岗位技能挂钩；实行总厂下设分厂，加强管理。在销售环节上充实销售人员队伍，树立良好的经营作风，建立完善的销售责任制，划区承包，奖罚分明，使业务由江浙一带扩展到沿海的山东、广东、福建以及内地的江西、安徽、四川等地。另一方面，着重抓好原料关、产品质量关，促使产品畅销不衰，产销率一直保持在 97％以上。

增压力，上规模

先进的技术，科学的管理，使企业走在行业前头，掌握市场竞争的主动权。在过去虽取得了很大的成绩，但我们清醒地认识到企业在获得前所未有的发展机遇的同时，面临着更大的挑战：原料、能源等价格大幅度上涨，竞争不断激化，市场对产品以及整个企业的要求也越来越高，有一种紧迫感和危机感。纵观国内外包装印刷市场，不难发现涂布纸板的潜力和前景让人乐观，在许多厂家都拥有和将拥有先进的涂布生产线的情况下，我们的技术优势出现了不足。着眼于国内涂布纸板市场尚起步不久，技术改造、力争优势的问题在"3250 工程"试制投产成功后，自然又摆到了我们面前，拉小差距，要在"早"字上做文章，早落实计划，早安排资金，早开通项目。主动出击，瞄准国内涂布专利设备技术来扩建项目，计划总投资 580 万元建设一条年生产能力 1 万吨的白板纸涂布生产流水线，做到高技术、高起点，计划在今年内开拓销售市场。

由几次技改、扩建项目带来的高科技性能和巨大的生产能力，推动了企业向外寻求联合途径。从 1994 年末我厂就开始进一步的经济合作，与美国统一产权开发有限公司达成合作经营协议，引进外资235万美元，用于壮大企业经济实力；又联合浙江华利工贸公司，分别投资120万元和180万元，在嘉兴建立造纸原料有限公司，联营拓宽造纸原料销售市场。此外在原有坚实的联营基础上，平湖二纸厂和浙江纸箱总厂共投资3200万元，又开始年产2.5万吨3200mm幅宽高强度瓦楞原纸项目的营建，走专业化协作之路，形成以先进设备和优质产品为核心的生产经营联合实体，服务于包装纸箱行业。因此，1995年是我厂关键性的一年，经济超常规发展的一年。平湖二纸厂愿与省内外包装企业携手并进，共创辉煌！

在龙随笔 在景在兴

283

加强成本管理，推行"倒逼成本控制法"[1]

平湖第二造纸厂创建于 1984 年，现已成为国家大型一档企业。1996 年 1 月，平湖市第二造纸厂正式改组为"浙江景兴纸业(集团)有限责任公司"，作为核心层组建了省级企业集团。企业现有职工 1 300 人，资产 1.8 亿元，厂区占地面积 17.34 万平方米，年生产能力 7 万多吨。去年下半年由于受国家宏观调控的影响，公司面临着产大于销、市场竞争激烈的考验。因此本厂针对原辅材料大幅度涨价、市场疲软、资金运转缓慢，成本升高，经济效益下滑的严峻形势，于去年底，积极学习先进经验，在全厂推行"倒逼成本控制法"。几个月来，通过推行这种方法，使本厂产品成本月月下降，经济效益持续增长。今年 1～5 月实现利税 1 078.55 万元，比去年同期增长 31.45%，产品生产成本由去年的 3 450 元下降到目前的 3 140 元，下降率为 12.7%。以下是我们在推行"倒逼成本控制法"工作中的具体做法。

认清形势，转变观念，做好宣传发动工作

1995 年底，我们在制订 1996 年度方针、目标时，围绕"降低成本"这一企业的中心工作，召开了中层以上干部会议，专门对"降低成本"的方法展开了讨论。通过学习外地的先进管理经验，在讨论中大家一致认为"倒逼成本"是适应日趋激烈的市场

---

[1] 朱在龙：《加强成本管理，推行"倒逼成本控制法"》，载《包装世界》，1996 年第 4 期。

竞争,眼睛向内,苦练内功的一套行之有效的成本管理方法。它是以市场竞争机制为推动力,采取倒逼机制降低成本的动态成本控制方法,同时又是以成本控制为枢纽进行质量管理、生产管理、资金管理、物资管理、分配管理的企业管理方法。为此,厂部决定将原来的统计科改组为综合计划科,具体负责此项工作,进行成本的"计划-实施-检查-改进"这样一个周而复始的动态式控制过程,并且做好宣传发动工作,增强职工的"全员成本"意识,理解"倒逼成本"的技术内涵和操作方法,为全面推行"倒逼成本控制法"打好思想基础。

组织实施,初见成效

我们在实行"倒逼成本"管理中,首先进行市场调查,由经营厂长牵头,组织销售科长、销售人员分别对上海、江苏、福建等地市场摸底,制定出具有竞争性的产品价格,通过分析研究,决定本厂的产品销售价低于市场平均价 10%。价格确定以后,在前几年实现利润的基础上按增长 20% 的比例确定今年需实现的目标利润。在价格、利润确定以后,按全年的产量计划、销售产值再计算出中间的目标成本。目标成本确定之后,如何保证这一目标的实现是摆在厂部面前的一个大问题。要解决这一难题,唯一的办法就是进一步明确责任,层层分解落实指标,以此来调动全体职工人人当家理财的积极性,实行全员过程的成本管理,把主要成本指标按构成要素,一项一项地分解到各分厂、科室、车间、班组,甚至个人。落实指标是通过算细账、找差距、定措施、挖潜力,把指标落到实处,把责任落到人头上。在这一阶段,我们主要抓了以下几个方面。1.卡"两头",即抓住进出两个头口。经营部门努力扩大销售网络,搞好售后服务,加快资金回收,以减少银行贷款,减少利息成本。采购部门严格按计划部门确定的目标价格进货，物资进厂后进行严格的质量检验，努力降低采购成本，并加强健全价格审批制度。2.抓"中间消耗"。生产部门紧紧围绕各自的目标成本以及厂部下达的指标和工作要求，采取措施，制订本部门的工作计划，以确保本部门目标成本的完成，并完善原有的考核办法，将成本指标与工资直接挂钩，强化职工的成本意识。3.抓指标分解落实检查。按厂部的要求，每月由综合计划科、企管科、厂部办组织对各分厂、科室指标分解落实情况进行检查。4.成本管理核算规范化、标准化。厂级的成本核算统一归口综合计划科进行控制，各分厂、部门的成本核算由各部门的专职统计员负责，建立上下网络，并制定统一的规范化标准，制定本厂的年度计划、月度计划，分别下达给各分厂和部门，每月底对成本计划的执行完成情况进行汇总分析，查问题，找差距，有效地进行成本控制。

进一步学习邯钢经验，将成本管理作为企业的中心工作

邯钢经验通过报纸、电台公布以后，我们及时组织干部学习，认为邯钢经验是切实转变经济增长方式的典型，决心按邯钢的成本管理方法，全方位抓成本优化，全员全过程抓成本管理，紧紧抓住"成本管理"不放松，学用结合，瞄准先进水平，创造一流的企业。因此，我们今后决心进一步做好以下几个方面：

1. 进一步加强成本计划管理，完善"倒逼成本控制法"核算体系。

2. 进一步加强企业基础管理，特别是目前厂里推行的ISO9000 国际标准管理。

3. 进一步完善考核体系和考核办法，要学习邯钢实行的"三不"原则："不迁就，不照顾，不讲客观原因。"

286

乡镇企业发展成功经验浅谈[1]

浙江景兴纸业集团有限公司(原平湖市第二造纸厂)是浙江景兴纸业集团的核心层企业,始建于 1984 年,地处地理条件优越,交通便利的杭嘉湖平原的平湖市。风风雨雨,经过十年艰苦创业,弹指一挥间,这家靠 50 万元起家的小厂,如今已是一个拥有总资产 1.8 亿元,职工 1000 余人,占地 23.4 万平方米的国家大型一档企业,共拥有 7 条造纸生产流水线和一条纸加工生产线,以及相应的配套设施,以木浆、废纸为主要原料,年产各类包装用纸等 7 万吨,年产值 3 亿元,销售收入 2.5 亿元,利税 3000 万元,跻身于中国行业三十强,名列全国乡镇造纸企业五强,以坚强旺盛的生命力矗立于竞争激烈的市场。特别是近几年,企业发展迅猛,一年一个模样,一年一个台阶,令国内外同行刮目相看,被誉为"造纸竞技场上的一匹黑马"。

作为一家乡镇企业,发展如此迅速,主要得益于以下因素。

由市场发现市场,超常规的投入和技改

这个乡镇企业在办厂初期,设备是陈旧的,生产效率是低下的,年产值仅 70 万元,产品也是单一的普通箱板纸。这样的局面一直持续了三年。由于生产徘徊不前,企业也连续亏损,赤字高达 30 余万元,这对当地乡镇领导和企业领导来说是一个严峻的考验。在困难面前,经过充分讨论和论证,大家一致认为亏损

---

[1] 朱在龙:《乡镇企业发展成功经验浅谈》,载《包装世界》,1997 年第 5 期。

的主要原因是产品档次低没有市场，产量低没有形成规模。因此，企业提出了"生产不停，技改不断"的生存发展新思路，开始向技改要速度、要效益，促使企业上台阶、上水平。几年来，企业共投入近8000万元进行技术改造和扩建。建一个成一个，随着这些项目的投产，每年实际新增利税2320万元，为企业创造了较好的经济效益和理想的回报。

从1987年到1991年的五年时间里，企业完成大小技改项目10个，先后对1号机和2号机进行了技改，特别是在对2号机进行脱胎换骨的改造后，不仅优化了工艺流程，增加了产量和品种，还提高了质量。原来只能生产单一的普通箱纸板，发展到能生产以牛皮箱板纸为主的多个品种，日产量也由15吨提高到24吨。

企业从困境中崛起，迈出了可喜的一步。五年的技改，给企业注入了新的活力。在2号机技改结束后，即刻投资800余万元，购进同行业中先进的1575号造纸生产流水线成套设备，扩建了三车间，日产量达45吨，生产出客户急需的宽门幅箱纸板。从1992年初投产以来，全厂的产量、产值和利税直线上升，一举迈入省重点骨干企业行列。

不断技改，不断发展，不断进取，年年上台阶，是"二纸人"的追求。由于形势快速发展和企业内在机能的转变，"二纸人"进一步发现：仅靠小改小革，靠重复低水平的技改已经过时，还必须提高技改中的技术含量，走以内涵扩大再生产为主的技改之路。在近几年投资兴建的技改项目中，1992年至1994年兴建的"3250工程"最具超常规投入代表性。主要做法包括以下方面。

充分调研，把准投资决策，选择合理的投资项目

投资是指在一定时期内期望在未来能产生收益而将收入变换为资产的过程。乡镇企业投资成功与否，关键在于投资决策

是否正确。企业领导通过充分研究,确定投资两条 2 400 mm 型造纸生产流水线,计划总投资高达 3 250 万元,出发点有以下四个方面:

第一,由于包装质量不好所造成的全国年直接经济损失达 140 亿元,其中纸包装及纸制品是目前包装行业用途最广泛(50%~60%)的材料,更明确的是我国提倡以纸代木,以纸代塑包装,并鼓励利用废纸生产。

第二,包装纸箱的质量在很大程度上取决于原纸的质量,而耐破度高、紧度大、挺度好的原纸,因国内市场缺口使得进口数量高达 35 万吨。

第三,在规格和生产形式上,许多纸箱厂已逐步用生产线代替手工操作生产纸板,由原来的 1 200 mm 走向 1 600 mm、2 400 mm 成套纸箱生产流水线发展,并要求定规格生产。国内有一定规模的包装企业(浙江纸箱总厂、加康包装公司等)为提高生产效率,已引进或正准备引进 2 400 mm 纸箱生产流水线,但与之相配套的造纸生产流水线,在国内只有龙海一家。

第四,准备与之联合经营的浙江纸箱总厂,产品覆盖率大,市场影响大,具有很雄厚的资金实力;另一方面,引进的一条 2 400 mm 纸箱生产流水线,能够解决未来 2 400 mm 设计产量的 30%。

对当时年产值仅 5 000 万元,自有资产 262.4 万元的平湖二纸厂来说,这样超常规的投入是冒着极大风险的。通过论证,企业确信:低成本、低克重、高强度和宽门幅的替代进口产品,是今后包装工业发展的必然趋势,分析企业内外部有利与不利因素,以敢于负债经营,又避免盲目负债的胆略,以敏锐的眼光洞察到市场背后的这些第一手材料,果断决策,扬长避短,发挥自身优势,注重生产结构的升级与技术结构的提高,瞄准市场空白进行规划。

多方筹措资金，处理好负债经营与合理规模之间的关系

回顾前几年企业发展的历程，先是依靠集体农业的原始积累得以创建企业，以后建立一些小项目，又依靠企业自身积累资金、银行信贷资金、横向拆借资金得以扩大规模、不断发展。进入90年代后，随着企业和社会经济的高速发展，企业发展所需的资金严重短缺。如何冲破资金短缺的束缚，正确合理地筹措资金和使用资金，以占用少量资金来换取更多的社会财富，成为企业发展面临的迫切要解决的问题。资金是乡镇企业生产经营活动的"血液"，造纸工业对资金的依赖是不言而喻的，项目投资3250万元，几乎达到一个计划单列市的技改审批额极限。投资一个万吨纸厂的碱回收工程，尚不知有无经济效益，但从决策评价结合各种因素来确定，经过二纸厂领导精心策划，大家是心中有数的。

"3250工程"投产成功，为企业树立了具有转折意义的里程碑。步入1995年，二纸厂在获得前所未有发展机遇的同时，面临着更大的挑战：原料、能源等价格大幅度上涨，竞争不断激化。市场日益规范，加上国营企业的苏醒（适应性日益加强），深潜着一种紧迫感和危机感。在对原有6条生产线进行技术改造初见成效的时候，为了使企业能大幅度扩大生产规模，二纸厂领导自加压力，行情看好的涂布纸板项目在"3250工程"试制投产成功后，自然又提上了企业有序规划的议程。要在"早"字上做文章，早落实计划，早安排资金，早开通项目。从元旦考察到投产，仅花了9个月时间，就完成了年产一万吨涂布加工纸项目建设，总投资为500万元。几次技改、扩建项目带来了高科技性能和巨大的生产能力，推动企业向外寻求联合途径，以联合促规模，精心构筑"高起点投入，大规模生产"的发展格局。在完成第二期"高频节能"技改项目，建成生产加工、销售进口造纸原料公司，建造热电厂，改造废水处理系统，1号机改造转产扑克牌芯纸等

之后，企业规模越来越大。在激烈的市场竞争中，规模生产已显示了初步效果。1995 年创产值 2.5 亿元，利税 2111 万元。

综合回顾整个发展历程，二纸厂的发展就是一条不断投入和技改之路，其成功体现在敢投、会投：

第一，始终把投资决策放在首位，看准时机，果断决策。

第二，上下动员，全身心全方位投入，创造了一个没有钱也能上的方式，在创业实践上走出了具有自己特色的投资之路。

第三，重视和服务市场，树立大市场观念，发扬开拓进取、艰苦创业的精神。上下左右奔波筹措资金，不断修正方案，不懂就学，逐个攻破技术难题。

第四，不满足于现状，脚踏实地，不断尝试，不断追求"巩固发展上规模"这一境界。

高起点、全方位地加强内部改革和管理

企业管理是乡镇企业的薄弱环节，企业有了现代化设备的硬件，更要有能够高效管理企业的软件，提高管理水平已成为当务之急。在向技改要效益的同时，二纸厂充分利用本地区市场发育早、市场意识强和机制灵活等优势，进一步强化创新意识，积极探索企业现代管理，迅速进入角色，逐步构建适应社会大生产和市场经济需要的"产权明晰，政企分开，科学管理"的现代企业制度，用足用好政策，转换企业机制，与新体制的各项制度相适应，提高自身积累和自我发展能力。组织各种活动，弘扬二纸厂艰苦奋斗和求实精神，迎难而上，解放思想，敢为人先，走出封闭和孤立状态，超越自我，克服小打小闹、小进即满、安居中游的农村小生产意识，打破"同行皆冤家"戒条，扩大开放范围，重视广泛的交往和交流，积极加入行业性的信息、技术、质检等各方面的服务协调中去，共同提高。在内部逐步建立一整套年轻化

的干部管理机制，实行劳动定额定员的干部聘任制，外聘内招，能上能下。改革工资待遇制度，实行工资与质量、岗位技能挂钩，在销售环节上充实销售人员队伍，超前建立完善的销售责任制，划区承包，使市场由江、浙、沪一带扩张到山东、广东、福建及内地的江西、四川等地。

企业境况好转了，我们除发展经济外，想到的第一件事就是减少支出，把钱用在刀刃上，注重为职工多办实事。企业投资近250万元改造绿化带，建造了办公大楼、餐厅和职工宿舍以及托儿所、幼儿园等；加强安全和劳保建设，极大地改善了职工的休息和工作环境，激发全体干部职工的工作热情。

随着中国恢复关贸总协定缔约国地位的日益迫近，及国际市场对合格评定的要求越来越高，在生产管理上，也暴露出基础管理薄弱，技术迅速扩张与管理脱节，造成干部职工凭经验去管理，用习惯做法去控制质量的毛病。这些问题的存在，严重阻碍了生产的发展。而国际国内纸张市场严峻的形势与企业相对落后的管理现状，形成了极大的反差。因此，改变这种状况，提高企业内部的整体素质和管理水平，是厂领导一直关注也是迫在眉睫的工作。而贯彻 ISO9002 标准，按标准的要求建立健全企业质量体系，正是二纸人实现这一目标的最佳选择。ISO9002 所体现的系统观点、全面观点、联系观点以及不断自我完善使品管体系持续有效的功能，使它富有哲理，令人信服。ISO9000 认证是企业成为合格国际供应商的最好资格证明，面对国内众多认证机构，通过充分了解和慎重选择，在 1995 年 5 月，公司向中国商检浙江质量评审中心申请认证。

决心一旦下定，关键在于行动，一场前所未有的"上下动员，全体培训，抓管理，重质量"的活动，在企业内部全面开展起来了。通过聘请上级部门指导教师上课、培训和现场指导等形式，企业编制了包括质量保证手册、程序文件、工作规程和质量记录等一整套的质量体系文件,并将重点放在质量文件的行动落实上,把握"该说的要说到,说到的一定要做到"这一精髓,使企业内的所有质量情况都有据可查,有章可循,置产品质量于全面、长期的有效监控状态,使全厂干部、职工达成共识,职责明确,加强了以协调为主的紧密型横向管理。1996 年 10 月,公司的ISO9002 质量保证体系正式通过认证,成为全国造纸行业率先通过质量保证体系认证的企业,标志着公司产品是在纳入质量保证体系全面长期有效受控下生产的,标志着公司的质量管理已步入标准化、规范化和科学化的轨道,与国际惯例接轨,获得客户的信任。这无疑将大大增强企业的活力和市场信誉。

同时,从 1996 年初开始学习邯钢经验,在 ISO9000 管理基础上,公司积极推行"倒逼成本控制法"。通过市场调研,以低于市场价 10%确定产品的销售价,再以前几年的利润为基础,按20%增长比例确定 1996 年的目标利润,并按全年产量计划及销售产值计算出中间目标成本,层层落实。短短 7 个月,"倒逼成本控制法"使企业平均吨纸成本比 1995 年降低 320 元,原料成本占总成本的比例从 1995 年的 65%降至 55%,累计节约成本716 万元。1 至 10 月企业完成产值 22 583 万元,实现利润772.5 万元,在国内造纸行业普遍亏损、不景气的状况下,仍取得了较理想的经济效益。

一系列的内部改革和管理,强化了企业管理,实现了管理与技改同步前进,保持和增强了企业活力。

适应市场需要,加快企业转制步伐

随着企业发展和市场变化,企业领导深感过去"船小好掉头"的优势已经失去,只有组建集团,发挥企业集团的整体规模效应,形成"船大抗风浪"的新优势,才能稳稳地立足于市场。在原有坚实的基础上，1996年1月经浙江省计经委、体改委批准，浙江景兴纸业集团得以组建。这不但有利于加快现有经营机制的转换，建立现代化企业制度，促进企业组织结构的调整，而且有利于进一步推动和组织生产资源的合理配置及生产要素的合理流动，实现企业优势互补，充分发挥现有企业的生产能力，同时已形成的群体优势和综合功能，有利于在联合的基础上，实现各方深层次合作。

回顾历史，浙江景兴纸业集团公司发展成功在于"活"和"敢"：机制活，善引进，善吸收；敢，敢投，会投。迈进"九五"规划，公司更是踌躇满志。一方面，继续坚持"高起点投入，大规模生产"的发展原则，以"高、新、尖"的要求选择新项目、新产品开发；另一方面坚持贯彻ISO9002标准，申请建立ISO14000环境管理体系，不断改进管理机制，不断完善，把重点由规模发展向管理出效益倾斜，突出以"人"为中心，技术规模和管理并进。目前，企业通过多次洽谈、协商，积极准备引进外资、先进的科学管理方法和新设备，投资兴建一条10万吨低克重牛皮箱纸板流水线，着眼于建立最佳的规模和经济格局（16万吨），把握"不变不活"原则，抓紧新产品开发。另外，加快股份改制，争取三年后股票上市。公司设想在"九五"规划期间，充分发挥自身优势，到20世纪末核心企业力争销售额达到6亿元，利税5 000万元，整个集团产值10亿元，利税1亿元。

寄语景兴[①]

　　景兴纸业集团历经十来年的风风雨雨,在艰苦的磨砺中逐渐成长、日臻成熟,终于在中国造纸行业有了自己的一席之地。

　　成熟的企业不但应有完善系统的科学管理,更应有自己独特的企业文化。靠简单的资源组合资产不是景兴永久立足的根本,支撑企业脊梁的应该是企业的精神,是进取开拓创新的景兴精神,只有让其渗入每一位员工的心灵深处,景兴的明天才会充满希望和辉煌!

　　《景兴报》的诞生,不仅标志着营造企业文化的开始,更表明了集团领导对发展景兴、振兴景兴的信心与决心。同时,《景兴报》不但应成为宣传与贯彻企业政策和方针的窗口,更应该是全体员工进行广泛交流的园地。

　　刚刚孕育而生的《景兴报》犹如呱呱坠地的婴儿,需要我们全体员工的关怀与呵护。

　　在这里,我预祝《景兴报》健康茁壮成长!

---

① 朱在龙:《寄语景兴》,载《景兴报》(内部创刊号),1997 年 10 月 24 日。

成功之路①

　　传闻媒介经常报道社会名人、名家,这些社会名流的成功确实令人羡慕、钦佩。他们是怎么成名的,是怎么"发"起来的?他们的成功经验又是什么?论成功之道,因人而异,实在是众说纷纭,莫衷一是,但我认为,有三个最基本的东西实属共性,那就是诚实、勤奋和聪明。

　　首先,说诚实。为人处世,唯诚为本,这是人格,是做人的规范。你是否值得别人信赖,受人尊重,可否共事、合作,标准首先是诚实。你出来谋生,创造事业,离不开与人打交道,难免与人合作,这就需要以诚为本的人际关系。正是这种良好的人际关系,佑助着你的事业不断走向成功。

　　10 年前我曾经在报刊上看到一则新闻,至今记忆犹新。那是一位成功的企业家在回答记者采访时的一席话:"我的人生道路很坎坷,我失败过好多次,失败得很惨,但每次我都没有彻底垮台。跌下去,爬起来,全赖朋友及时伸来温暖的手。说到事业上的成就,每次还不是多亏好朋友的通力合作。所以,我说良好的人际关系很重要,而我能获得朋友们的深厚友情和信赖,全在于我能以诚待人。"

　　令麦当劳席卷世界市场,在全球创建汉堡王国的天才传奇人物柯劳克就是一个十分诚实的人。有一本叫《麦当劳商法》的畅销书,在分析柯劳克的个性特色时,说他"诚实得让人发窘",柯劳克的热忱和真诚为他赢得了帮助,有的加盟店主抵押房子

① 朱在龙:《成功之路》,载《景兴报》,1998 年第 1 期。

296

以便支付权利金,有的供应商放宽赊贷限度,有的人放弃传统形式的职业,追随他工作,问他们为什么,因为他们信任柯劳克。

现在社会上流行讲究名牌、推崇名牌,认为名牌就是成功的标志,名牌的背后就是名人或名家,名牌是名人创造出来的,是名家的产物。我认为名牌更深层的内涵还在于其信誉,通俗地讲,即"信得过"。所以,成功的企业首先就要在诚信上下功夫,应信誉卓著,受到社会广泛的信赖认同,所谓"童叟不欺,有口皆碑"是也。

我公司用人讲求德才兼备,德的基本点是诚信。好人者昌,一个企业要兴旺发达,首先要凝聚一批德才兼备的优秀人才。在这里,令企业领导与部属凝聚的无形纽带就是彼此能以诚相待。这样,才能推心置腹,才能同舟共济。企业领导真心对待部属,关心部属利益,关心他们的进步、前途与家庭幸福,部属热爱企业、忠于企业、勤于职守,做到尽心、尽力、尽职,这样的企业就一定能万众一心,团结得像一个巨人,就一定有战斗力,一定能兴旺发达,他的部属也就必然成为成功者了。

谈到勤奋,这几乎是世上所有成功者的奥秘,难怪记者、作家在写富豪发迹时,总要写这些富豪前半生的沧桑,当年是如何贫困潦倒,如何历经人世间的辛酸苦辣,如何勤奋拼搏,一步一个脚印从荆棘丛生的人生荒野艰难地踏出一条成功之路来。

香港首富李嘉诚曾经说过这么一番话:"有人说我成功靠运气,也有人说我主要是勤奋。我说,两者都说对了,但第一是勤奋,第二是运气,七成靠勤奋,三分靠运气。我是潮州人,潮州人最宝贵的品质就是勤奋。假如可以把人按勤奋来划分为十份,那么潮州人应排第一。"

台湾塑胶大王王永庆已近八十高龄,但每天仍坚持工作 16 小时,礼拜天也从不休息,人皆称其为工作狂。世上任何成功人士,都离不开"勤奋"二字,千真万确的真理!

在龙随笔 在景在兴

我们现在有些年轻人，在甜水里泡大，没经过艰苦磨炼，缺乏大志，不知什么叫苦，什么是甜，不知天高地厚，干什么事都不专心，都不认真，对自己缺乏严格要求，糊里糊涂混日子。我真替他们担心，这些人怎么能干出大事业呢？后大半辈子将如何过？我要送一句老话给他们："少壮不努力，老大徒伤悲！"

至于聪明，这有几个含义。大凡说聪明，指的是脑筋灵活、有智慧。现在科学发达，已能测定人的"智商"，我也承认这种先天因素。但只要不是蠢到"朽木不可雕"的地步，应该还是可"勤能补拙"呢，我很相信后者。人是可以通过后天努力学习来弥补自己的欠缺，增长自己智慧的，经验源于积累，工多艺熟嘛。大凡成功人士都有一种过人的眼光和胆识，其实这种眼光、胆识正是从他身经百战的不断实践中升华出来的智慧。

聪明的另一个含义是对事物的洞察力和所持态度。这就包含着人生观的因素在内了，即不仅指做事，还包含有做人的道理了。

比如，我们经常说的敢于"吃亏"，这不仅是指劳动态度问题，还需有眼光、有胸怀，也是一种理智、情操的表现，就涉及人的思想和道德素质了。

我粗略划分一下，公司里大概有这么三种人：第一种是相信公司，先不问公司会给我什么报酬，首先把工作做好再说，觉得这是一种职业道德，因此他们能全心全意、埋头苦干，工作干得很出色，进步也很快，很得领导赏识；第二种是小算盘打得很"精"，要看企业给我多少酬劳，我才给企业多少贡献，付一分"钱"，交一分"货"，一边干活，一边讨价还价，还怕领导不知他的才干和功劳，老是怕吃亏；第三种人，可谓不平等交易了，缺斤短两，拿企业的工资，却不好好干活，或者吊儿郎当、不务正业，或者投机取巧、吃里爬外，或者弄虚作假、贪污舞弊，总得想方设法挖企业的墙脚、钻空子、贪小便宜。我说第一种人是聪明的，这种人有志气，有眼光，胸襟宽广，能高瞻远瞩，勇挑重担，日后必成大器，企业需要的正是这种人，你说企业能亏待他吗？他准能"吃小亏得大便宜"，步步登高。第二种人恰好相反，说得好听点，是太现实了，说句不客气的话，是鼠目寸光、急功近利，这种人持的是十足的雇佣观点，他自以为很"精明"，其实一点也不聪明，我们姑且称之为"小商贩"作风。你等着瞧吧，这种人准不会有大作为。你想，你对企业三心二意，企业怎么能信任你，重用你呢？当然，现在是用人之际，我们也采用"赎买政策"，正像我们采购物品一样，在一下子找不到优质品之前，不良品也得采购。付你多少报酬，就要你回报公司多少劳动。对这些人，我们必须予以耐心教育，不断提高他的觉悟，帮助他树立正确的人生观和价值观。须知，青年时期是锻炼意志，培养才干，积累经验的大好时机。具备这一切，事业必定成功。要告诉他，把工作做好，别急于赚钱，只要工作干好，钱到用时自然来，宛若水到渠成那么自然。至于最后一种人，那是不可取的了，应坚决予以辞退，绝不能让其滥竽充数、劣子败群！

　　种瓜得瓜，种豆得豆。诚实、勤奋、聪明，这几乎是成功人士必备的共同美德，是成功之道。他们值得尊敬，值得学习。希望全体员工都能这样严格要求自己，刻苦磨炼自己，使自己成为有用的优秀人才。果如此，人生之幸也！企业之幸也！

纠正不正之风，强化自身素质，树立景兴新风^①

　　十多年来公司靠夯实基础逐步壮大，发展可谓平稳。在企业平稳发展过程中也自然助长了我们某些人的不良行为，某些人受社会上一些不良倾向和腐败现象侵入，想法很多，慢慢地滋长了一些不正之风，越来越不适应企业新发展。因而，当前我们很有必要开展思想政治教育，以加快纠正不正之风。

　　随着市场体制的深入发展，我们景兴作为乡镇企业已全无优势可言。大量进口纸的冲击，大批外资企业对国内市场的争夺，一大批企业倒闭和普遍亏损，目前又面临东南亚金融风波影响，造成出口产品销不出去，直接影响包装纸市场。国内国际严峻的形势使公司经营受挫，造成市场萎缩，公司资金周转不灵，效益平平。为拓宽营销渠道，转变观念，强化管理，纠正不正之风，提高企业盈利水平和生存能力成了当务之急，这迫切要求我们员工树立正确的世界观，居安思危，同心协力艰苦奋斗。

　　分析当前公司出现的问题，主要由于以下不正之风的存在：

　　1. 思想僵化，缺乏一种深入实际调查研究之风，不从实际出发的本本主义造成主观性、片面性和表面性地研究和处理问题，主要表现在成本与质量、数据和管理等关系的不合理，缺少高度的责任感和全局意识；

　　2. 有些干部责权错位，高高在上，满足于发号施令，缺少一种应有的服务意识，养成官僚主义作风，导致工作浮夸，不务实

---

① 朱在龙：《纠正不正之风，强化自身素质，树立景兴新风》，载《景兴报》，1998年第2期。

事,做表面文章;

3. 对上"等、靠、要",对下漠不关心。有些干部抱着明哲保身、事不关己的信条;认为少做事少挨骂,该负责的工作缺少虚心进取精神,要么一遇挫折就退缩;或者弄虚作假,报喜不报忧;或是出了问题寻找借口,推卸责任;再有就是失去原则讲情面,说话做事看来头、看风向,做老好人。

4. 放松自己的世界观改造,不善学习,受拜金主义、享乐主义腐蚀,工作讲排场,摆阔气,挥霍浪费,把工作当儿戏,精于打小算盘,以权谋私,钻管理漏洞,损公肥私。

5. 有些人缺少以身作则的精神,对人家马列主义,对自己自由主义,放任自我,并积极地作横向比较,一味寻找对方的问题。

6. 有些干部经不起考验,做了一点事就以功臣、英雄老大自居,不知天高地厚,看不起领导,脱离群众,不服从管理,又听不进批评。

除以上不正之风,还有一些不良风气就不一一赘述。这些不正之风的存在,造成的危害很大:对个人来说,把握不了自己,逐步养成陋习,脱离群众,投机倒把,对腐朽生活方式和价值观念失去鉴别和抵制,腐蚀了本身的品德,丧失了人格,亵渎了自身价值,走到邪路上去,违法乱纪走向堕落;对企业来讲,这类人在干部和员工队伍中虽然只是极少数,但他们的行为已严重损害了我们景兴的形象,使团队涣散,关系松懈,工作消极,挖了企业的墙脚,不同程度地损害了企业利益。更有劣子败群,对于社会更无益处。

那么,如何去对待?首先须从自己身上找毛病,端正知错认错的态度,分析症结并设法去纠正。作为领导干部,则应:1. 带头学习理论,讲政治,讲正气,一定要头脑清醒,认清方向。坚持走职工群众路线,切实改进思想作风和工作作风,提高自身的理论和道德修养,培养自己的政治立场、纪律及鉴别性;2.进一步解放思想,大胆实践,自我加压,虚心学习专业知识,朝有利于企业发展的方向多动脑筋;3.廉洁自律,反腐倡廉,艰苦奋斗,对一切不正之风都要坚决抵制,不可自己中了毒害还执迷不悟;4.作风扎实,讲究工作效率,多深入基层实际调查研究,及时发现问题,向内多找主观原因,工作讲原则,对事不对人,决不搞官僚主义、形式主义。这些既是不断改造世界观的需要,也是做好工作的需要。

作为广大的职工,需要做的是:1.热爱本职工作,以主人翁的责任感对待工作,在各自的岗位上不怕脏、不怕累,充分发挥自己的聪明才智,严格把好工序质量关,坚决反对目前的"金钱万能"和"按酬付劳"的雇佣劳动态度;2.放远眼光,充分认识学习的必要性和迫切性,抓紧时间,勤奋学习,刻苦钻研,不落后于信息时代的发展;3.遵守劳动纪律,维护生产秩序;4.勤俭节约,爱厂如家,提倡节约,反对浪费。

总之,要求大家诚实、勤奋和聪明。小满即足的农民意识已经滞后,故步自封,不前进便是落后,最终下岗待业遭遇淘汰,即所谓"今天不努力工作,明天努力找工作"。企业也是如此。

要纠正这些反常现象,单靠纪律约束还不能根本解决问题,还要充分发挥职业道德这个思想武器的作用。企业内良好的职业道德品质和风气不是一朝一夕能形成的,也并非靠制定几条职业道德行为准则所能奏效的,而是要靠长期的教育和实践。这就要求我们广大干部不能以搞运动的办法来抓职业道德建设,而必须从自己做起,从小事做起,把它作为一项经常性的工作、一项系统工程,坚持不懈地长期抓下去,广泛扎实地纠正不正之风,强化自身素质,塑造景兴新形象,共创明天辉煌!

景兴精神，追求卓越[①]

"追求卓越"应成为公司经营的最高宗旨，成为全体员工的精神动力，要达到此目标，必须具备以下条件。

顽强的斗志和毅力

在纸业市场竞争如此激烈，在强手林立、群雄逐鹿的今天，要使企业在同行业中成为佼佼者，的确需要像勇攀高峰的勇士一样，除了要有强壮的体魄之外，还应具有愈挫愈勇、屡败屡战、宁死不退的顽强斗志和毅力，"只要决心成功，失败就永远会被你击垮"，只有这样，才能登上理想的顶峰。在现在的市场状况下，没有一种苦战实战的精神是不能取胜的。

创新力

"不创新，则死亡"，创新是企业发展动力的源泉之一，它包括新的观念、新的改进和新的创造等等，有了强烈的竞争意识，就不会因循守旧。为了激励员工对工作事物能勇于创新，我们提倡"多做少错，少做多错，不做全错"的观念，只要为了企业、为了工作全力以赴，只要不是出于私心，只要不是犯法的事，即使做错了我们都可酌情原谅，让大家在错误中总结以往的经验，在失败中吸取教训，可谓"失败是成功之母"哲理所在。

---

① 朱在龙：《景兴精神，追求卓越》，载《景兴报》，1998 年第 7 期。

荣辱与共精神

"这个奖杯真棒，每个人都为之骄傲！""景兴公司真好，我们都想成为它的一员。""景兴公司的制度是高标准严要求，景兴公司不能输给人家。"以公司之荣为荣，以公司之耻为耻，殚精竭虑，公司上下应共同为实现宏伟目标而不懈努力。

团队精神

要充分意识到我们的每份光荣、每项成就都是协作创造的成果，集体智慧的结晶，而个人局部的差错，都将影响集体、破坏全局，只有发扬团队合作精神，善用群众智慧，才能创造出奇迹。

踏实的作风

事无巨细都需要实事求是、向下扎根的精神，善于调查研究、科学分析、脚踏实地、敢于认错、缜密计划、认真负责，才真正是踏实的作风。不管是生产管理还是企业管理，都必须保持严谨的踏实作风，夸夸其谈、华而不实，其结局都只能是"成事不足，败事有余"。

敬业乐群精神

即，员工热爱企业，忠于企业，勤勤恳恳，为企业创造财富；企业关心和照顾员工的生活，让员工分享利润。只有企业与员工荣福喜戚，相与存之，员工才有共同目标，凝聚成一股归宿感与使命感。上下一心、出智拼力，为企业作出贡献。

"以信为本，令出必行"的诚信观

以诚信待人，才能得人得心；以诚信待人，才能上下无间，开诚布公。互信互爱，同心协力，就能把干劲拧成一股绳，即所谓"团结就是力量"。而力行严明法制，如能守秩序，争操守，善风范，以信为本，令出必行，故可指挥如意，人人效力。

人的观念何时落伍？[①]

人类历史已反复证明了一点：人员的多少、设备的众寡、资源的贫富，都仍是个"量"的问题，尽管影响不小，但还不足以决定人或事的成败。然而，观念作为人行为习惯的指导和真理实践探索的指标，如果过时落伍，就是个"质"的问题，可以让一个企业或个人遭受毁灭和失败。

于是，在现实社会中，被有识之士所经常呼唤的，便是"解放思想""新思路""改革开放""转变观念""转变作风"等诸如此类主题。因为解放思想的实质，乃是人的主观认识能力不断逼近客观真理及探索最佳效应的过程，新思路总是要超越旧的思路，因循守旧只会带来诸如失败和被淘汰的严重后果。

具体来讲，有三种因素经常导致观念思维的过时落伍：教条封闭、夜郎自大；创造乏力、墨守成规；系统短路、更新不畅。

首先，教条封闭、夜郎自大。泛指把自己装在套子里的人，拒绝与外界交流沟通，死守教条主义、经验主义，盲目地认为一切都是自己好、自己对。一旦外界出现领先式的发展，便会把坐井观天的人们远远甩在后面。中国在 20 世纪 80 年代改革开放之前就是典型的这种情况。想当年，闭关守旧的中国人最初开眼看世界时，那感觉就别提有多么惊诧加失落了，即使到了今天，由于历史的惯性，许多中国人仍未学会自觉地改进自己的观念和思维。"解放思想"仍是摆在我们发展途中的关键主题。

其次，创造乏力、墨守成规。一个缺乏发明创新能力的企业

---

① 朱在龙：《人的观念何时落伍？》，载《景兴报》，2000 年第 5 期。

和个人是非常受制被动的，对于领先的企业和个人而言，新思维和观念几乎是与自己所创造出的新事物、新科技、新产品同步出现的，在某些时候，新思维和新观念甚至是超前的，推动和超越了现实的束缚，处在一种"准未来"状态。对于发展相对落后的企业和个人而言，由于缺少实事求是的认知和解放开拓式的创造，新思维和观念经常是从别人那里听来、借来或学来的。这样的情况多了，还容易养成机械唯物论的僵硬习惯，总认为必定是先有外部客观情况发展，再有主观意识跟进，而忘记了所谓外部客观发展其实也经常是由彼方的主观努力所致。于是只知跟进不知主动，总是处在一种"准过去"状态，或者只知若干而无创新，自然形成了墨守成规。实践证明，国内一些单位盲目引进项目、经营理念，就陷入囫囵吞枣、死搬硬套的局面，到头来给自身增添了一副枷锁。

最后，系统短路、更新不畅。相对于前两种绝对不利于新思维观念发展的情况，这最后一种情况更多是指个人对新思维观念的不良接受方式。不善于在飞速进步的社会和时代中不断为自己加力，误以为只要受过一次正规培训、学了一个正式的专业、生活在一个相对开放的社会，自己的观念领先就不会有问题了，时间长了，麻木不仁，实际上与前进的社会格格不入。这样落伍的例子比比皆是，思想成了一个单向的"套"，而非开放的系统。

因此，症结的关键在于没有为自己设计一套开放的"学习—工作—再学习"的良性循环，当以前学到的观念和知识不能再从现实客观对象中开拓出新意，或无法胜任新的课题时，便意味着知识和思维老化。如果出现了知识和思维老化却还执迷不悟，宁可牺牲新的工作成效和创造，也不愿意进行系统学习更新，那么，失败和淘汰便悄然而至了。

善于取得成功的人，总是把系统的再学习过程与自己原有的知识和思维有效地接轨。这样的人思想思维之树常青，年龄、环境变迁等客观因素都是无妨的，屹立在思想前哨的人们，才是这社会中真正的强者和胜者。

话说到这里，或许有人会问，照这样"解放思想"下去，还有没有一个相对稳定的思想思维框架供人们依照遵循？太频繁的变更是否会让人摸不到头脑？答案是：有。只要把"解放思想"的目标设定在"不断合理化"的方向上，不故弄玄虚，也不哗众取宠；只要不局限于零敲碎打，而是系统地演进，就一定会不断带来优势和领先。在今天的"信息时代"，人们正开始习惯这样的变化节奏。否则，从现在起，或许已经落伍。

谨防蛙死温水现象[①]

把一只青蛙放到 40℃的热水中,青蛙一碰到热水就会立刻弹跳出来,也许会受一点外伤,但不至于要了性命;把它放入冷水中,慢慢将水升温至 20℃到 30℃时,青蛙会感到不舒服,但因为逐渐习惯了,所以也就没有逃命的意识,当水温到了 40℃时青蛙依然不动,结果它死了,我们把以上现象叫作"蛙死温水现象"。

生物如此,我们的生活、工作亦然。如果一个人不能做到时时提高警惕,不能随环境变化提高自身的防范能力,在我们的生活、工作中同样会出现"蛙死温水现象"。

比如,当我们刚走上工作岗位时,知道自己的业务能力不足,于是抓紧时间学,一段时间下来,分内工作也能基本完成;但是,当我们在同一个岗位上工作时间长了,有的人就以为自己所学已经够用,刚到工作岗位时的学习激情开始慢慢减退,或者不再去学习别的东西,等到大的变革到来或再次面临重新择业的时候,才发现自己所学甚少、知识缺乏,最终被新的岗位拒之门外,虽后悔莫及却为时过晚。

又如,在平时生活中,要是有人叫你成千上万地"玩"两把,因为我们的经济能力不允许,当然也知道这是违法的事情,于是毫不犹豫地拒绝了;但有人以"消磨时光""打打小麻将"为借口,今天约你玩"几十块",明天约你玩"几千块",后天约你玩"几万块"时,有的人却往往不足为奇、越陷越深,最终陷入"消磨时光"

V

在龙随笔　在景在兴

[①] 朱在龙:《谨防蛙死温水现象》,载《景兴报》,2004 年第 8 期。

"打打小麻将"的温水之中，再也出不来了。

再如，在日常工作中，当出现一些问题(如产品质量、工艺规程、劳动纪律、设备故障、安全隐患、职工思想等问题)时，大家没有在意它，认为这些只是小问题，更有甚者认为不是问题或者根本看不到问题的存在，当这些小问题日积月累，最终形成一种普遍现象并影响企业今后运转的时候，这些小问题就已经给我们带来了很大的影响，甚至是无可挽回的损失，这时即使想挽回也来不及了。

青蛙生还于热水中是因为它觉察到了明显的环境变化，并能对这一变化做出快速反应；青蛙死于温水之中，是因为水温变化太小，环境没有明显变化也就不能做出相应的反应。我们能应对突如其来的大困难，是因为困难明显，大家齐心协力、共同应对，但有时却失败在一些"小问题"上，最根本的原因就是：自以为问题小却没有去在意它、重视它、处理它。

古人说"勿以善小而不为，勿以恶小而为之"，这充分说明大善是以小善为基础，小恶是大恶的根源。我想，只要每一位景兴人都能充分认识到这一点，在生活、工作中注重把握好人生的每一个环节、每一道难关，在工作中少出现一些漏洞、少做错一件事，就能防止"蛙死温水现象"在我们的生活、工作中出现。

关于授权[①]

观念一：授权就是陪着新手学开车

对于授权，相信一般管理者都知道它的含义，也知道授权的必要性，但如果是"有效授权"的话，可能还有相当一部分人不知道其深层意义。有效授权的关键在"有效"二字，有些人不明白——授权还有无效的？看看下面这个比喻就知道了。

举个例子，你陪新手去开车，你要给他充分授权，要不然他怎么能开好车呢。一方面你会担心他开不好车，有可能会出车祸；另一方面你又不得不授权给他做，要不然他永远都开不了车。这个时候你会怎么去教他呢？如果你发现他方向盘打得不好或者油门踩得不好，只要他不发生车祸，你就应该等他转了一个弯以后，再跟他说你做错了或者走错了，你必须给他犯错的机会。如果每次他做得不好你就骂他，这样做的结果不但没有让他学得更快，反而使他更加紧张，出更多的错，甚至使他丧失继续开车的勇气。

观念二：授权是为公司培养人才的最好途径

授权，是每一个管理者都要做好的一件事情，因为公司要发展，那就意味着公司要不断培养人才，培养人才首先要学会授

---

① 朱在龙：《关于授权》，载《景兴报》，2004 年第 9 期。

权，如果你不授权，所有工作都是你一个人来做，那么公司永远不会有能够替代你位置的人，所以授权的工作很重要。

其一，你什么时候授权？

如果你感觉自己没有太多时间用在管理上，时间老是不够用，经常要加班或把工作带回家去做，总感觉别人做的事情没有自己做的放心，要求员工把每件事情都向自己汇报，自己又有很多事务性的事情要做，你们对照一下有没有这种感觉，有的话就应该授权了。

实际上管理者应该做什么，顾名思义就是管理工作，但是我们有些管理者和领导什么事情都自己做，老是说员工办事不放心，那什么时候你才能真正成为一个名副其实的管理者呢？

其二，授权是一种管理意识，一种培养人才的意识。

授权首先是要把握风险，就是要适当授权，要有承担风险的意识和责任。授权是适当的授权，你必须了解下属的能力，不能自己都没有搞清楚就授权，去将一项新的工作放手让新手去做，到时候又把这个责任推掉，这不能算是授权，而是推卸责任。

作为领导，你必须要有一定的风险意识，因为授权是有风险的。你把这件事情交给部门副经理去负责，实际上你要明确这个风险，如果做得不好，因为部门负责人是你，你应该有义务去承担这种风险，既然坐到这个位置上，你就必须为结果负责。但从公司角度考虑，你又必须为公司培养人，所以一定要有承担风险的意识，如果做不好，第一个责任是你的，不能说我已经授权给他了来推卸责任。因此，授权的风险应该是你可以控制的，只要风险是可控制的，那就肯定要给下属授权。他第一次做不好，第二次做不好，第三次可能就做好了。所以你要给他机会去犯错，机会代表风险，那风险由谁来承担？你来承担。

就像上面例子说的，如果明知道他根本连车有几个挡位都不清楚，也就是说他根本就没学会开车，这种情况还授权让他开车,这不明摆着会出车祸吗？所以,授权之前一定要评估一下风险,如果这个风险不能控制,那就不能授权,不然结果可能是另一种情况了。

但只要觉得这个风险可以控制,顶多是多走弯路,或者有点小摩擦,那就应让他去试一下,因为新手开车肯定会有点小麻烦的,不然他可能永远都不会有开车的经验。

观念三：授权是对公司最大的忠诚

管理者如果没有这种意识,老是把事情全部自己做,以为这样是对公司的忠诚,那他(她)就大错特错了。其实这是对公司最大的不忠诚。你自己把工作都做完了,那下面的人做什么？下属没事做,公司就会觉得人多,那就要裁员了,那你不是害了他吗？而且公司永远不会有人才梯队的形成,你不培养下属是不是代表你在担心自己的位置没得坐了？其实你不用担心,相比之下,也许还有更好的位置等着你去坐。

授权流程是：首先要交给合适的人,然后给他一个计划,接着就是过程监控。

什么是充分授权？充分授权就是需要一个过程监控,把事情交给下属后,在这个过程中要给他一些支持,不断跟踪,不能说让他把球踢出去后就不管球往哪边走了,你要教他怎么踢,如何踢得更准更快点,这才是一种有效的授权,所以说要提供支持,还要进行过程监控。

观念四：责权利一起授权出去

其一,授权有个误区,即授责不授权。

就是将不好的工作授权给下属,让下属有责而无权,这就是我们经常说的授责不授权。不能只把责任给他而不把权力给他。例如叫他去买一台设备，但相关的协议权、财务审批权，或者最终审核权力由谁负责，都没跟他说清楚，然后他做什么，事事向你汇报。你跟他说给你授权了，但是权力却没有给他，只是把责任给了他。那么这不叫授权，而叫推卸责任。

其二，授权的速度不要太快。

当下属不了解或者说对你的授权范围不清楚的时候，你就说我给你授权了，你赶快去做，他做错的机会就很大，所以要把授权范围及时间要求、速度交代清楚，不能模糊不清。授权是要用一个启发性的观点去引导员工，教授他们做事的技能和方法。

其三，不能完全用"套模子"的形式来授权。

培养一个人才是很不容易、很困难的，你要给他一个方法，但是你不要把自己所有的东西一下子全部套给他，你要相信他，鼓励他，用一种突破思维的方式或者新的方式让他做好，你要跟他说按照我的经验可能这样做会好一点。但是，你最好用一种新的方法来告诉他怎么去做，这样才能提升你的水平，所以不能完全用"套模子"的形式来授权。

其四，逆授权误区。

还有一个误区是逆授权。什么叫逆授权？比如说你把工作授权给他，反过来你感觉好像这个过程不是你授权给他，而他授权给你。因为你发觉有什么事，凡是重要决策的时候都是他找你，而你希望他把这个决策给做了，倒过来他事事向你汇报，事事跟你交代，反倒过来你又给他做决策，那到底是谁给谁授权？

其五，授权的情况。

授权的情况通常是：1.你告诉我情况，我来决策；2.你告诉我建议，我来选择；3.你告诉我你希望怎么做，我随后再告诉你该怎么做；4.你可以去做，但你要让我知道你怎么做，要与我有联系。

其六,授权的程度。

授权的程度有好几种,通常情况下,你在授权之后要求被授权人有相关的一些建议,作为一个管理者你希望你的员工给你的建议不是唯一的,你希望他有二至三个方案。这样做是在培养他的思维,让他考虑问题更加系统性,因为在没有充分掌握这个技能的时候,他所做的决策往往有可能是错误的,所以你跟他说要有多套方案,一是有利于你做决策,二是有利于培养员工系统的功能,这种授权程度是比较好的。在员工做错的时候,如果这种错误不是非常大,你可以故意不跟他说,做完后再跟他说,并且告诉他为什么做错了,错在哪里,并不是他一做错你就叫停,然后给他更正,当他再错的时候,你又给他纠正过来,这样他就永远不知道错在哪里。这就是管理者应该懂得和学会授权以及如何授权的道理。

管理好自己才能管理好别人[①]

要成为一个成功的管理者，就要花 50% 以上的精力去管理自己。一个管理不了自己的人，如何去管理别人？一个每天上班不守时的上司，下属会守时吗？一个下班逛街、打麻将、看连续剧，连书都不翻一下的上司，下属会热爱学习、追求进步吗？一个上班常打私人电话、上网聊天的上司，下属会集中精神、全力以赴工作吗？一个在背后说客户坏话、算计客户的上司，能要求下属心正意诚、以客为先吗？

相反，一个无论刮风下雨、雷打不动准时上班的上司，他的下属很少迟到早退。一个天天学习、不断进取的上司，他的下属就会更加努力，否则很快就会被淘汰。一个严于律己的上司，他的下属也不敢造次。管理好自己的人，他的部门不用怎么管理，下属都很自觉；一个管理不好自己的人，他的部门怎么管理也管不好，所谓上梁不正下梁歪。你有管理好自己吗？如何才能管理好自己呢？

对自己够狠，是管理自己的心态

人之初，性本懒。让自己停留在舒适区，是人的本性，而磨灭斗志最好的方法，就是让自己保持最舒服、最喜欢的感觉。这种人，遇到困难，选择退缩，而不是挑战；失败一次，选择放弃，而不是坚持；太累的事，选择逃避，而不是承担；于己不利，明哲保

---

① 朱在龙：《管理好自己才能管理好别人》，载《景兴报》，2006 年第 4 期。

身,而不是挺身而出。可是,要想成为一个成功的管理者,怎么会有舒适、平坦的道路呢? 成功的正道就是坎途! 真正有智慧的人,会选择让自己一直处在艰难危机的状况之中——卧薪尝胆,头悬梁锥刺股,保持自己的斗志。

对自己够狠,才能管理自己。管理自己就是让自己知难而上,热爱挑战。

其实,大多数人都懂得正确的道理,可是能够付诸行动的却是少数,原因在于,普通人往往对自己不够狠,只懂得随波逐流。

记住:对自己不够狠,社会就会对你狠。生于忧患,死于安乐,是已经验证了的真理。

言出必诚,是管理自己的结果

成功重在习惯,诚信形成领导力。领导力来自很多方面,可是一个言而无信、信口雌黄的人,是没有领导力可言的。领导和管理,都要做到令行禁止!

管理自己,兑现承诺,是一个领导者应该有的习惯。如果在下属面前事无大小,言出必行,那非常不容易,但是假如长期如此,必将铸就个人的诚信,形成强大的领导力。

上司注重自己的承诺,下属如何敢信口开河说不负责任的话,做不负责任的事呢? 相反,有些人要求别人信守承诺,却管理不好自己,三天打鱼,两天晒网。这样的人,他的部门定下的目标,往往不能完成,而他的下属最大的特长就是为自己不能完成目标找借口。

不断学习,是管理自己的内容

懂得要管理自己,但如何管理自己,管理自己应该去做什么事情呢？这个问题，要通过不断的学习去寻找答案。

我们都不是天才，不可能天生就懂得各种知识和富有智慧，必须靠不断学习去充实自己。比如学习销售技巧，我们知道一个成功的销售人员，要观念正确、方法正确，还要比别人快，比别人更努力，才能出人头地。懂得这些道理和技巧并不难，但是，要 100% 做到就很难。

这里，就要靠管理自己，对自己"够狠"。让自己不畏艰险，不畏挑战，充满热情地去做事。

这样，我们的知识才真正变成能力，并改变我们的人生，而我们也可以通过学习，学会如何更好地管理自己。比如时间管理，可以帮助我们管理好自己的时间；而情绪管理，可以帮助我们管理好自己的情绪；会议管理，可以教我们管理好自己，让会议有更高效益；几乎所有的问题，都可以通过学习，让你更好地管理自己。

在 21 世纪，竞争就是比谁学得更好、更多、更快！你可以不学习，可是你的竞争对手不一定会这样。一个不断学习的人，绝对是一个自我管理能力越来越强的人；一个不需要别人管理的人，一定会成为管理别人的人。

有人说，管理自己那么辛苦，我干吗要把自己搞得这么累呢？不能管理自己的人，都是需要别人来管他的。我们思考一下，是管人的累，还是被人管的累呢？

很多人实在很可怜，懂得很多道理，知道很多东西，却做不到，这种人最不快乐。我们看到，很多老农生活不是很富裕，可是也很快乐，原因可想而知。

上面讲到的那些人，如果不知道这些道理还好，最痛苦的是确实知道，却管不住自己，不愿意吃苦，不愿意付出，结果郁郁不得志，最终自暴自弃。

希望更多知道的人，也能通过管理好自己而变成快乐的人！

公司是船，我在船上①

公司就是一条船，当你加入一家公司，你就成为这条船上的船员。船是满载而归还是触礁搁浅，取决于你是否与其他船员齐心协力、同舟共济。

有位企业家被问到他为什么喜欢航海，他回答："航海和经营企业有强烈的共同点，企业的发展需要全体员工的共同努力，就像船要破浪前进需要全体船员各司其职共同配合才能顺利抵达目的地一样。"

这也是我们企业非常推崇的理念——同舟共济。每个人都应该把自己服务的公司看成是一艘自己的船，这样你才会竭尽所能贡献自己的力量，主动、高效、热情地完成任务。英特尔前总裁安迪·葛洛夫曾应邀对加州大学伯克利分校毕业生发表演讲。他在演讲中，提出了以下的建议："不管你在哪里工作，都别把自己当成员工，而应该把公司看作是自己开的。自己的事业生涯，只有你自己可以掌握。不管什么时候，你和老板的合作，最终受益者是你自己。"

但是，这种"主人翁"心态在当今的职场却并不多见。很多人总认为："公司是老板的，我只是替老板工作，工作付出得再多，干得再出色，最后得到好处的永远是老板。"殊不知"商场如战场"。在战场上，如果没有长官的智慧，没有战友的配合和掩护，单枪匹马的士兵是无法独自完成任务的。同样在商场上，你所服务的企业发展不顺利，你的个人利益就会受到影响；如果企

---

① 朱在龙：《公司是船，我在船上》，载《景兴报》，2015 年第 1 期。

业经营不善甚至倒闭，你就会面临失业。所以，你的利益和公司的利益是一致的，企业的顺利发展是保障你个人利益和发展前途的基础。

因而我们说，企业就如同一艘船，它需要所有船员（员工）全力以赴、共同配合把船划向成功的彼岸。和老板同舟共济，意味着你不但可以和老板分享成功的喜悦，更主要的是，在困难时能够替老板分忧。

记住：在企业这条船上，你是主人，而不是一名乘客！因为如果你是乘客，那么，对待公司的态度就会发生根本性的变化。一旦这条船出现问题，你首先想到的是自己如何逃生，而不是想办法解决问题，克服困难，渡过危机。

现在，景兴纸业越来越壮大，在这个团队里，有很多愿意跟公司共同成长的员工，他们是景兴纸业的船员，也是景兴纸业的主人。我们每天界定的工作范围，其实只是每个人该做的最小范围。我相信如果你对工作有着雄心和热情，有着强烈的主人翁精神，一心想把公司建设得更上一层楼，你就决不会将自己局限在固有的工作范围之内，一定会不断寻找学习的机会，扩大自己对公司的贡献。只有每个人提高自己的服务意识和工作积极性，我们的企业才会做大做强，我们所有人最后分得的利益才会高于预期。

"皮之不存，毛将焉附"，这句成语同样适用于我们景兴纸业全体员工。"水能载舟，亦能覆舟"，也是对我们景兴纸业管理层的激励。作为景兴纸业这艘大船的船员和船长，蔚蓝的大海正向我们敞开怀抱，不要沉迷于眼前的苟且，远方有诗和明天，相信大家相互协助同心合力，一定能让我们这艘船行驶得更远。

制高点下的危机意识①

"没有什么比昨天的成功更加危险。"这一警句越过岁月的废墟，至今仍在我们的耳边回响。唯有保持忧患意识，才能永久生存。

对任何一个企业来说，不管是常年立足岗位的一线员工，还是技术力量领先的中流砥柱，或者"战功卓著"的企业领导，如履薄冰的危机意识都不可或缺。强烈的危机意识能使员工们以主人翁的姿态让公司保持源源不断的发展动力。发展意识与危机意识，孤立起来都是缺点，都会造成企业发展的片面性，但它们结合起来就构成一个企业可持续发展的必需。如果说企业发展是刚，危机意识是柔，那么，只刚不柔便成脆，只柔不刚便成软，刚柔并济才是韧。

从一定意义上讲，只有牢固树立危机意识才能最大可能地避免危机。在这个竞争激烈的时代，尤其是像我们这种正在大数据时代和市场整合之中谋求脱胎换骨、转型升级的传统企业，保持危机意识就显得越发重要。因此，我们要不断变革创新、充满活力，建立淘汰机制，强化考核力度，激发基层的饥饿感、中层的危机感、高层的使命感，进而影响我们的求进意识，在思维里推动我们的改革意识。

昨天的辉煌不见得就是今天的资本，今天的赢家也未必就是明天市场角逐中的王者。在全球化的视野中审视我们面临的形势，可谓忧在眼前，患在脚底。直面现实，我们应该清醒地认

---

① 朱在龙:《制高点下的危机意识》，载《景兴报》，2017 年第 11 期。

识到行业的重重危机与处处机遇，认识到物极必反的规律，踏准市场的节拍，需要我们有突破性的想法并做好前瞻性的战略规划，不要让鲜花和掌声湮没了危机意识，不要让成绩和数字掩盖了存在的问题。

眼前的繁荣已是强弩之末，形势反复的拐点何在？这一场造纸行业的春天，温暖得出乎意料，同样地，冬天也会冷得让人猝不及防。环保安全的推进，小企业的关停，废纸进口政策的从严，各种纸张经历了疯狂涨价，销售价格已逐步回归正常，接下来整个行业必将进入理性发展和竞争的时代。那时，谁能收放自如，谁就可以胸有成竹。

立足底线，追求高线[1]

所谓"守乎其底而得乎其高"，企业要在风云变幻的时代潮流中独领风骚，在百舸争流的发展竞争中赢得优势。立足底线，是端本正源、防腐拒变的勇气；追求高线，是增强忧患、担当作为的底气。坚守底线就是"守住做人的底线"，但有人把它作为墨守成规、刻舟求剑的借口，前者是误读，后者是推卸。诚然，坚守底线首先是一种红线思维，提醒我们警惕：逾越了红线就会妨碍目标的实现。

拒绝腐败是企业健康发展的根基。在深化内部改革的过程中，涉及各方面的利益调整，势必会带来各种矛盾。怕出错怕犯错、不作为不担责的推卸思维与个人的发展方向南辕北辙；滥用职权泄露交易底价，损公肥私向供应商谋取好处，诸多突破底线的腐败行为与公司的发展要求背道而驰。对于公司，底线更是一种风险思维，要求我们预见风险，警钟长鸣，同时它也是一种高线思维，要求我们瞄准目标，主动作为。

明确站位是企业正本清源的基础。面对来自大洋彼岸的迅猛寒流，面对艰巨繁重的改革发展任务，明确站位是抵抗风险的坚强后盾。深化内部改革，强化纪律约束，明确政治站位，和公司管理发展目标保持一致，强化管理，强化考核，严厉打击内外勾结，都是厉兵秣马、枕戈达旦，防止祸起萧墙的行动方案。

敬畏底线是企业创新创造的准绳。立足底线、追求高线，更需要把坚守底线和创新创造有机结合起来。虽为传统企业，但

---

① 朱在龙：《立足底线，追求高线》，载《景兴报》，2019 年第 5 期。

同样承载着创新创造的使命，只有敬畏底线方能不忘初心，才能在创新创造的路上越走越宽。立足底线的创新创造才有提高观察大势、思考大局的能力，才能看透本质、果断决策、整合力量、科学布阵，用真刀真枪、真才实学做好理念创新、技术创新、管理创新，让抽象的思维变成切实可行的行动力，让创新创造成为永恒的主题。

立足底线，为追求高线奠定基石；追求高线，为践行底线催生自觉。把立足底线和追求高线结合起来，把握发展大局，创新工作手段，防微杜渐，以"蝼蚁之穴、溃堤千里"的忧患之心对待一思一念，以"如临深渊、如履薄冰"的谨慎之心对待一言一行，以"恪尽职守、爱岗敬业"的奋斗之心对待一职一责，这样我们才能有备无患、遇事不慌，牢牢把握主动权，才能下好见微知著、未雨绸缪的先手棋，打好化险为夷、化危为机的主动战。

在危机里主动出击，在困境中奋勇拼搏①

新年伊始，一场疫情席卷中国，令原本就不明朗的经济形势又蒙上一层阴影。在公司30多年的发展过程中，有一个普遍又有趣的规律：每年在年终总结、分析形势时大家总会说一句"明年形势依然很严峻，市场竞争依然很激烈"。但是纵观我们的数据，与5年前、10年前、20年前相比都是爆炸式地在增长。所以，我们从来都是突出重围，在危机里生存下来，在危机里发展壮大起来的。

危机是劫难还是机遇？可怕的不是危机本身，重要的是在危机面前我们如何冷静沉着地思考分析，如何在危机里获得主动。在危机中历练了很久的我们，已经具备抵御病毒的抗体，已经学会自我鞭策、自我治愈。

经过几年的内部深化改革，我们的内功已基本扎实，接下来我们要以"归零"的心态，自我加压，负重拼搏，变不可能为可能。内练苦功，我们要更加系统深入地去开展各项工作，深化落实各项改革；外拓市场，我们要调整产品结构，用差异化的产品开拓新市场；以人为本，我们要加大人才培养力度，承上启下，打造一支年轻化、专业化和知识化的干部队伍；正风肃纪，我们要营造风清气正、求真务实的工作作风，保持企业健康、良性地运转；提高企业站位，全员上下必须与公司的目标方针保持一致，形成变"要我干"为"我要干"自发主动的工作状态，众志成城，只争朝

---

① 朱在龙：《在危机里主动出击，在困境中奋勇拼搏》，载《景兴报》，2020年第1期。

夕，以强大的自愈能力抵抗外界的风吹雨打，以强大的造血能力在危机里化被动为主动，在中小企业哀鸿遍野的悲鸣中实现浴火重生。

每一次的大波折都会带来重新洗牌，这是历史的铁律。伟大的企业都是在寒冬中诞生的，虽然有自欺欺人、雕琢粉饰的嫌疑，但也有红肿之际艳若桃花，溃烂之时美如乳酪的可能。猪肉价格暴涨让人造肉有了"可趁之机"，病毒来袭让线上购物线下配送的同城物流遇到了空前的发展机遇。危机中我们仍然可以看到蕴含的商机，适者生存的法则依然适用，提早应对还是坐以待毙，是我们每个人都要考虑的，所有的困境都是来自因循守旧。世界瞬息万变，不能裹足不前，积极寻求改变才能掌握主动。

我怀念的忠诚、敬业与感恩[①]

如果我是从前的一个哲人，来到如今的社会，我会怀念什么？一定是这几个字：忠诚、敬业与感恩。

看到党内"老虎""苍蝇""蚊子"只因一念沉沦走上不归路，看到他们被领刑、被双开，看到新闻上说有员工把公司的客户资料拿给竞争对手从中赚取个人佣金，看到有人利用平台资源在业余时间兼职，我为人心的背叛感到震惊，于是我怀念忠诚。

忠诚，是生命对社会的敬畏，是个人对组织的敬畏，是许多时代最看重的品质，是多么理所应当的品质，在今天仿佛变得不值一提。人要有做人的基本原则，在任何情况下都不可违背。忠诚是一种职业责任感，是你承担某一责任或者从事某职业所表现的敬业精神。忠诚铸就信赖，而信赖造就成功，一旦养成对事业高度的责任感和忠诚，你就能在逆境中勇气倍增，就能让有限的资源发挥出无限价值的能力，争取到成功的砝码。忠诚是虽死犹生与行尸走肉的最初界限，也是最后界限。

看到今天许多人以满足物质欲望为人生的第一目标，全部生活由赚钱和花钱两件事组成，我为人心的贫瘠感到震惊，于是我怀念敬业。

如果一个人轻视自己的工作，那么他的工作一定会做得很粗糙；如果一个人认为自己的工作很辛苦、烦闷，那么他的工作绝对不会做好。敬业，人的精神能力在生长、开花和结果，久而久之，你的工作不会辜负你，你的工作技能得到提升，你的心性

---

① 朱在龙：《我怀念的忠诚、敬业与感恩》，载《景兴报》，2020 年第 11 期。

和人格也更加成熟，能够去接受更大的挑战，迎接更大的风浪。然而不可否认的是，现在大多数人在工作的时候，想到的是如何能让自己获得最大的收获、最高的成长，他们把敬业当成老板监督员工的手段，看作是管理者愚弄下属的手段，认为向员工灌输敬业思想的受益者是公司和老板。然而，敬业的最终最大受益者是你自己。

看到有些人为了获取金钱，可以干任何违背原则、突破底线的事，然后又依仗金钱肆意享受，我为这些人灵魂的荒芜感到震惊，于是我怀念感恩。

每个人的天性中都蕴含着精神需求，在生存需求得到满足之后，这种需求理应觉醒，它的满足理应越来越成为主要的目标。那些永远在功利世界中折腾的人，那些从来不谙思考、不懂感恩等心灵快乐的人，最大的问题正是信仰的缺失。在如今的形势下能拥有一份工作，让你不至于在柴米油盐中沉沦是一件多么幸福的事，对这个时代的状况有深刻忧虑和思考的人都会体会到，对精神世界的追求是多么切中时弊，不啻是醒世良言。

一个忠诚于公司、敬业于工作、感恩于平台的人，心里都有一条可为不可为的准则。需要坚守的信条是：绝不碰触做人的底线，绝不选择良心的坠落。

始于识才，基于用才，成于留才①

无论在什么时代，人才都是最宝贵的资源。

历代思想家、政治家都认识到为政之要，唯在得人，发出"千军易得，一将难求"的感叹。

从管理维度来讲，我们为什么要关注人才的建设和培养？因为作为管理者，不能忘记管理者的定位——管理者是通过团队去获得业绩的，所以管理者要学会如何识人、用人、留人。

识才之明——当有"知人善任"的火眼金睛。"骏马能历险，力田不如牛；坚车能载重，渡河不如舟。"要做到人尽其才、才尽其用，必须要准确地辨别人才。三百六十行，行行出状元，没有最好的人才，只有最适合的人才。各级管理人员要养成"眼观四路、耳听八方"的习惯，多到基层了解情况，掌握基层最迫切的人才需求，践行"耳闻目睹"的识才理念，避免"纸上谈兵"的识才和"掩耳盗铃"的辨才，要深入一线去了解员工特点，从小事中发现人才、辨别人才。

用才之量——当有"量才施用"的大胆气魄。管理之道，唯在用人。一切有远见的管理层，都应当用其所长的管理艺术，努力提高自己善于授权的能力，靠人才打开局面，靠人才搞好工作。管理人员不仅需要树立正确的人才观，而且要把选用人才作为自己的重要职责，敢于选用比自己优秀的人。人各有所长，亦各有所短，只要能扬长避短，天下便无不可用之人。敢于让有才华、有抱负的人才挑大梁、担重担，承担具有挑战性、前沿性的

---

① 朱在龙：《始于识才，基于用才，成于留才》，载《景兴报》，2021 年第 10 期。

工作，为他们的成长创造条件、营造环境、搭设舞台，使他们尽快在自己的岗位上做出成绩，干出一番事业。一个管理人员不可能掌握现代化生产的一切科学技术知识，面对复杂的情况，不可能包揽各种巨细事务，而是要学会"运筹帷幄""调兵遣将"，把人才选用到合适的岗位上，从上到下各司其职，发挥每个人的长处，让"十个手指"都动起来。反之，如果没有许多专业人才，管理人员的职责和任务势必难以实现。

留才之术——当有"名利双收"的归属感。只讲"重视"，不讲"待遇"，不是真正的重视人才。在制度上，要建立"能者上、平者让、庸者下"的公正动态机制，明确人才的发展通道，让人才有发展方向的指引，更大限度地实现自身价值；同时，帮助其做好职业规划，也令他们感受到个人职业发展的乐观前景，激发冲劲；在待遇上，把企业利益和员工利益密切地捆绑在一起，让人才实现"名利双收"，有归属感与成就感，自觉自发地留在公司，从而在全公司上下形成"人人渴望成才，人人努力成才，人人皆可成才，人人尽展其才"的良好局面，营造"近者悦、远者来"的人才生态环境。

人才难得，轻视不得，耽误不得。百年景兴，人才为先。当今世界的竞争，归根到底是人才实力的比拼，是人才数量和质量的比拼。做好人才培养规划，激发人才干事业激情，以良好的人才生态不断吸引优秀人才争先恐后地参与到我们的事业中来，汇聚力量，用人才护航百年景兴。

坚持刀刃向内，勇于自我革命[①]

习近平总书记曾明确指出："中国共产党的伟大不在于不犯错误，而在于从不讳疾忌医，敢于直面问题，敢于自我革命，具有极强的自我修复能力。"百年风雨沧桑，中国共产党用实际行动坚守自我革命的初心，践行自我革命的誓言。

于公司而言，改革是一场刀刃向内的自我革命，尤其是对我们这样 30 多年的传统制造企业来说，有之则为"硬核"，缺之则成"硬伤"。我们改变不了外在环境，只能改变自己去适应环境的变化，才能赢得主动权。大世之争，非优即汰；崛起之时，不进则退。面对公司改革发展的诸多难题，我们要少一些"雪拥蓝关马不前"的踌躇，多一些"风卷红旗过大关"的果断，不忘初心，砥砺前行。

于各级管理层而言，自我革命需要你们眼睛向下，聚集向上的灵气；身段向下，汲取向上的志气；脚板向下，踏稳向上的底气。沉下心来用情用力，扑下身子履职尽责，善于总结思考，善于笃定钻研，用"聚室而谋"的勇气直面改革，用"固不可彻"的锐气应对复杂局面，以"叩石垦壤"的志气开拓创新，锻造敢打必胜的血性胆气，坚持以上率下的优良作风，把目标刻在心上，把执行视为铁律，把担当作为自觉，切忌私心太重，切忌格局太小，切忌抱怨太多，坚守底线，转变观念，守正创新，负重拼搏，沉下心来，取得突破。

于每个人而言，自我革命带来的不是成功而是成长。当你

---

① 朱在龙：《坚持刀刃向内，勇于自我革命》，载《景兴报》，2022 年第 11 期。

勇敢地跳出舒适区去拥抱新变化时，就往期许的人生迈进一大步，不要被懒惰控制，不要再荒废时光，要去钻研有意思的领域，不断提升自己的实力和才华。人生最大的压力来源是怕压力，当你相信自己能面对事情时，一切忧虑都将消失，你终会发现，事情并不棘手难办。因循守旧没有出路，畏缩不前错失良机。人若是更新不了自己，就只能在守旧和重复之中迷惑。如果你不努力，一年后的你还是原来的你，只是老了一岁；如果你不去改变，今天的你还是一年前的你，生活还会是一成不变。有梦想的人睡不着，没梦想的人睡不醒，请相信：越努力，越幸运！

苟日新、日日新、又日新，自我革命提供着不竭的正能量。刀刃向内、革新自我，在新时代，我和我们更好地与党同新、与党同行、与党同心！

VI 景兴众议

《景兴报》如实记录和见证了1997年以来景兴纸业发展的辉煌历程，是我们了解景兴的一个不可或缺的重要载体。在朱在龙的影响和带领下，景兴纸业的干部职工共同打造了一个难能可贵的高规格的企业文化平台。景兴纸业中高层团队或谈论人生责任，或谈论事业理想，或谈论经营管理，或谈论科技创新，他们的文章不乏深邃的思考，读来令人印象深刻。站在40周年的时间节点上回望，景兴人更明白这样一个道理：唯改革者进，唯创新者强，唯坚守者胜。如今，景兴纸业在朱在龙的带领下，依然乘风破浪，向着百年企业的目标勇毅前行。

面向市场，自加压力，创造卓越①

回顾景兴 18 年创业历程，1984 年公司成立时，是一个产量仅 2 000 吨的作坊小厂，依靠各方面的大力关怀支持和自身力量的积累，企业发展迅速，目前已形成以生产工业包装用纸为龙头，集纸加工、发电供热、印务、光电和房产等多元化的经营格局，拥有 14 家全资或控股子公司。集团公司总资产 10.5 亿元，年销售收入 12.5 亿元，利税 1.3 亿元，名列全国优秀包装企业、包装龙头企业，是浙江省"五个一批"企业、"四星级管理示范"企业、浙江省科技进步优秀企业。

随着国家"双高一优"重点项目 8 月投入试产，预计 2002 年生产销售包装用纸 16 万吨，纸箱 6 000 万平方米，包装产值占全集团总产值的 77%。作为核心企业的景兴纸业股份公司，1996 年率先在全国造纸包装行业通过 ISO9000 质量体系认证，2002 年 10 月又通过 ISO14001 环境管理体系认证，公司申报的国家级包装纸板开发生产基地已通过专家论证，"景兴"牌牛皮箱板纸是省名牌产品。公司即将通过上市辅导期验收，目前正在申报上市材料，上市发行成功，将募集资金投入年产 30 万吨利用废纸纤维再生绿色包装用纸等 4 个项目。到 2008 年，景兴将实现年产 100 万吨牛皮箱板纸，成为全国最大的牛皮箱板纸生产基地之一，最终实现集团年销售收入 38 亿元，利税 8 亿元。

探求景兴发展轨迹，主要得益于以下方面。

---

① 戈海华：《面向市场，自加压力，创造卓越》，载《包装世界》，2003 年第 1 期。

居安思危，积极抢占主导产品的市场制高点

看准入市时机，以市场为导向，全身心全方位进行主导产品规模投入和技改，走出了一条以高档牛皮箱板纸专业化、规模化带动全集团发展的成功经营之路。

1984年企业仅有一条1 092 mm流水线，1987年至1991年的5年里，投入4 000万元，完成大小技改项目十余个，优化了工艺流程和工艺条件，实现了扭亏为盈的目标。1992年至1994年，投资5 000万元成功上马箱板纸和高强度瓦楞纸相配套的2 400 mm造纸流水线，实现了质的飞跃。1995年至1999年，通过对原机台的技改，及新建2 100 mm流水线，采用自动测控等多项先进技术，全范围替代进口纸，打入了三资企业的高档包装市场，取得了产品结构高位调整的战略成果。此后全力上马低克重高强度牛皮箱板纸国家重点技改项目，总投资达3.5亿元。2002年8月一次性成功试产，到目前为止牛皮箱板纸年产能达25万吨，年创利润达9 000万元。白面牛卡的成功开发，特种纸领域的进入以及今后努力的2008年目标，都将是企业实现产品结构优化的支撑。

抓关键，高起点，加快管理革命推进

企业管理是景兴乡镇企业底子的薄弱环节，管理软件与容易提升的硬件水平之间的时间差，一直以来是公司致力改进的方向。1995年，景兴率先在全国同行中申请ISO9000认证，经过"上下动员，全面培训，抓管理，重质量"一系列脱胎换骨的真抓实干的活动，转变了原有的凭经验的管理观念和品质观念，建立起了一整套具有可操作性的质量体系文件。近几年公司仍坚

持保持和持续改进及延伸质量管理,带动景兴管理走上了标准化、规范化和科学化的轨道。通过抓过程管理,使员工工作和产品质量置于全面、长期有效的监控状态,获得了客户的广泛信任,为增强市场竞争力提供了持续的后劲。

近年来景兴以质量管理辐射拓展,加强财务管理、人事管理、安全后勤管理等其他领域的管理。同时,景兴还坚持引进国内外先进管理观念和方法,善于消化、吸收,结合实际完善补充了现有模式,例如5S现场管理、A管理模式,竞争上岗制、招投标法和QC7大手法等。为抓住"成本"这一根本,1996年起景兴在管理系统明确分工的基础上积极学习和尝试推行邯钢"倒逼成本管理法",通过目标系统管理,将成本指标层层分解到每道工序、每个岗位,有效地堵住了大大小小看得见和看不见的效益漏洞,提升了经营工作的运行质量和运行效益。1998年景兴又创新配套目标成本硬指标考核,出台了"工作质量考核体系",对软指标进行量化定性,通过与各部门、各岗位工作规范挂钩考核,促使责、权、利明确化,保证了事事有人管,人人有专责,办事有标准,工作有检查,考核有依据;与倒逼成本体系形成了一套公平合理、奖勤罚懒的既重视结果导向,又重现过程导向的分配机制,连同一个以ISO9000体系为中心的管理体系,完成了符合景兴发展的管理模式构建。

此外在2002年,景兴积极推行ISO14001环境管理体系,圆满完成了从客户关注质量到逐步关注社会责任的拓展。应发展需要,逐步营造景兴文化氛围,鼓励合理化建议,改革用人机制,积极引进人才,整合人才,搭建施展才能的平台,以及引进日本专家,发掘日本同行的管理财富,引进ERP信息化,目前正在建立绩效考核体系,等等,这些都正在循序渐进地摸索。由于真抓实干,长期坚持和不断改进,实践证明,这些管理极大地支撑了景兴这种迅速壮大的发展速度,优化了景兴内在的机能。

锐意改革，勇于摸索市场化的经营机制

企业在创业初就形成了面向市场化运作的特质，景兴依靠科技进步和管理创新为发展的两个轮子，逐渐成长。由于规模效应优势日渐强化和建立现代企业制度的进程加快，1996 年景兴集团得以组建，通过产权明晰和政企分开，自主经营，不但有利于原有经营机制的转换，而且有利于进一步推动和组织资源合理配置，实现企业优势互补。随后景兴独资和控股组建了热电厂、包装材料厂等，至此形成了以造纸企业为核心，以技术和产品为纽带的多元化经营，发展纸箱、纸管、热电上下游产品补充经营，并通过核心企业先进管理的渗透，弱化市场风险，优化整体发展的效能。随着企业发展，1996 年以后又将原有集体控股的有限责任公司改制为自然人控股的有限责任公司，扩大了股盘，优化了资本结构，推进景兴开始建立起"产权明晰、职权明确、政企分开、管理科学"的现代企业制度，大大增强了主要经营者和全员的创造性与积极性。

近些年来，长江三角洲经济的快速发展为颇具地域优势的景兴带来了第一次发展的机遇，但如何真正实现从传统企业向现代企业的转化，以适应全新的市场规则，满足景兴规模发展？单靠自身积累资本成为制约景兴发展的重要因素：景兴审时度势，大胆走出了这一步，2003 年通过股份制改革，成功吸引了上市公司上海茉织华股份公司和世界 500 强之一的日本制纸株式会社、JP 公司的加盟，从资本运营经验和技术、管理方面拓展了景兴的经营理念，更有利于景兴建立完善的法人治理结构，做大景兴，做强景兴。

所有这些成绩和工作，离不开占景兴纸张销售额 35％的我们浙江客户，省包协领导的长期的支持和关心，离不开《包装世

界》等媒体的大力推介。没有各方面的支持，就没有现在和将来的景兴。今后景兴仍将与时俱进，大胆开拓，积极创新，坚持"顾客需求是景兴努力的方向，顾客满意是景兴执着的追求"的方针，以一流的质量、满意的服务、合理的价格作为我们的保证和回报，希望大家大胆、大量地使用我们景兴的产品。

今后我们景兴愿与大家携手共进，在省包协的领导下，为实现包装强省再添新功。最后，祝省包协 20 周年庆祝活动圆满成功！

守得住底线，才能走得更远①

习近平总书记不久前在讲话中指出："要善于运用底线思维的方法，凡事从坏处准备，努力争取最好的结果，这样才能有备无患、遇事不慌，牢牢把握主动权。"说到底线的坚守，做人如此，做事更是如此。一个企业在市场经济变幻莫测的大潮中，要想站稳脚跟并拥有一席之地，只有每个人坚守做人和做事的底线，不但关注企业收益的大小，而且关注风险的控制与防范，做到防患于未然，企业才能越来越强大。

一、建立完善的目标体系，周全考虑可能出现的成本和风险。设立目标为我们的行动指明了方向，让我们不断地完善和修正行为，朝着目标不断地努力，从而到达目标之港。而当目标执行过程中出现太多的不可控因素而增加我们的成本和风险时，我们会离目标越来越远，只有全面考虑到了成本和风险并有了相应的对策，目标收益的底线才能坚守住。

二、努力实践并不断创新，在危机中寻找生机。任何一个目标只有经过实践才知道它的结果，否则只能是纸上谈兵。创新就是对实践过程的扬长避短，为新的实践活动开辟新的领域，创造新的局面。我们要学会对目标实践过程中出现的任何一个不利点寻找出新的改进方法，在危机中寻找到生机，在实践中成功实现我们的创新能力，收获更大的人生价值。

三、认清自己能力的底线，不断地自我成长。我们要客观、正确地认识自己，看清自己的优缺点，在顺境中不自负自大，在

① 盛晓英：《守得住底线，才能走得更远》，载《景兴报》，2014 年第 8 期。

遭遇挫折时也不一蹶不振。说到底，未来的社会竞争已不再是知识和专业技能的竞争，而是学习能力的竞争。要努力做到善于发现自己能力的底线，通过学习不断自我成长，时刻做一个有准备的人。

四、防微杜渐、警钟长鸣，守住道德的底线。每个人、每个岗位时时刻刻受到道德底线的约束。增强自律意识，守住作风的底线，和正确行使岗位所赋予的职权，守住清廉的底线同样重要。近年来，社会上的不正之风时有耳闻，只有守住道德的底线，才能拥有一生的幸福，否则只是片刻的享乐，终究会害其一生。

《礼记·中庸》有云："凡事预则立，不预则废。"这个"预"就是有备无患、遇事不慌，这是古人对底线思维高度凝练的概括。在优胜劣汰的现代市场经济中，我们必须时刻运用底线思维，保持危机意识，对那些可能出现的不利因素有前瞻性的认识，并制定出应对策略，做到未雨绸缪，才有可能成为明天的强者。

改革探路，采购先行①

　　"一切事物日趋完善，都是来自改革的结果。"放眼中国宏观经济发展态势及市场的动态变化，造纸企业能否把握"一带一路"建设及"互联网＋"带来的机遇，又如何在新常态下进行战略调整、改革创新，这是每个企业都在思考的问题。对于制造型企业来说，掌控好采购成本，是降低成本、增加利润的直接手段之一。因此，改革探路，采购先行。

　　采购部门作为公司重点改革工作的一部分，也是改革关注的焦点。为了确保改革整体推进与落实，采购部门应从以下几个方面行动起来。

　　一、引导集采，降低成本。采购价格作为采购部门改革的重点，集中采购应是不二之选。通过将有限、分散的采购资源集中起来，充分利用规模优势吸引更多的供应商参与竞标，同时通过比价、谈判议价从而取得最优惠的价格，这是集采的最大优势。如大宗物资，运用集采平台，通过高抛低吸取得合适价格；辅料类化学品及纸机织物类，通过年采购量统计，集中招投标，以量议价；五金类及设备维保类物资，通过招授标或打包形式，多家供应商竞标；利用电子商务平台网上询价比价作为参考，从而降低采购成本。

　　二、完善流程，优化成本。通过集采，我们降低了采购成本，但价格的优化往往可能导致其他成本的增加。例如公司以很便宜的价格买了一台设备，采购部门达到了降低采购成本的

---

① 徐海伟：《改革探路，采购先行》，载《景兴报》，2015 年第 5 期。

目标,但使用、维修成本太高,而这些却要由使用部门来买单。如何做到综合成本优化,就需要采购人员在采购物料时不仅考虑采购价格,同样需要考虑采购物料的总成本,不能整天只围着订单转,而要了解供应链各个流程的操作,同时需要对供应商进行严格有效的管控,如建立供应商"一家一档",开发引进优秀的新供应商,经过整体综合考虑,真正做到优化成本。

三、转变观念,阳光采购。供应链的不断完善促使我们对传统的采购模式不断思考和突破。面对新常态,我们要转变观念,以新思路、新思维去战胜困难、解决问题。采购部门作为企业供应链系统运作的关键环节,我们必须把"人情、关系"与工作隔离,任何时候都要站在公司的利益和角度去看待问题,坚持"同等质量,价格优先;同等价格,服务优先"以及"公开、公平、公正"的阳光采购原则,对所采购的物资,均从质量、价格、售后服务等因素综合考虑后再确定供应商,无一例外。只有这样,才能真正净化我们的采购环境,才能促进采购工作持续健康有序的发展,最终实现双赢。

"删繁就简三秋树,领异标新二月花。"改革之任,人人有责,任何变革,都离不开自下而上的执行,任何变革,都是一次革命,都是一场全新的挑战!

不忘初心，方得始终[①]

忙忙碌碌的一年又被画上了句号，静心反思我们曾经的理想和实际结果，得与失之间有太多的感慨。

虽然我们始终明白，持续的盈利能力才是企业永续经营的根本，但我们在实际工作中是否游离于核心之外，没有真正在企业文化、价值观、团队建设和实际效率、成本、效益等之间做好平衡？

持续的盈利能力才是企业生存的根本，否则从饮食起居、员工福利、文化活动、奖惩激励到创新提升、社会责任等等，都将是空中楼阁、纸上谈兵。

新的开始，需要我们有新的希望和理想，需要我们回归初心、杜绝浮躁，需要我们有脚踏实地的行动方案。

业务流程再造始终是我们创新突破的重点。业务优先的流程设计是管理改进的主线，机构合并、层级缩减、奖惩分明是人力资源的优化保障，我们逐渐深入的岗位竞聘、末位告诫和淘汰，就是要去除团队的懒惰和滞胀，流水不腐户枢不蠹。

程序优化、资源共享、贯通阻塞是效率提升障碍的扫除方式，我们需要梳理会议、报表、流程控制点、部门接口、审批程序、沟通方式、标杆互动等，不要让时间和精力浪费在无用功上，复杂的事情简单做才是高效。

技术改造、机器换人、设备更新是转型升级的硬件投入，我们正在进行的大机台的改进提升、机器人的逐步引入、世界最先进设备的增添，预示着企业需要有引领行业的硬件前提，需要有

[①] 王志明：《不忘初心，方得始终》，载《景兴报》，2015 年第 12 期。

流程优化的必要基石。

业务流程再造,相当于切除肠道内的息肉,溶解血液里的脂肪。

继续深化改革,是我们新年的重要工作方向,是与管理主线平行的干线,也是降低成本和提升效益的重要依托。

在经济大环境不景气的现状下,采购价格和费用支出应该还有很大的调整空间,建立合理的竞价机制、选择优质的供应商是基础,与市场变化即时互动、对市场信息敏锐把握是实战操盘;在工程项目、后勤服务、专项外包等方面做到合理立项、有效监管是花好每一分钱的关键。

减员增效是牵动大局的举措,薪酬体系、奖惩机制、人才培养都是其中很重要的部分。减员是过程,增效才是结果,现在不是人海战术的年代,我们买的是高效率的个人和团队,人力成本减少如果带来效益的递减,或人力成本增加而没有效益的提升,那都是管理的渎职!

同样,"双增双节"需要我们重新梳理重点,需要精益深化。每一台电机的实际运行负荷,每一次断纸的时间控制,每一次习以为常的随手开灯……身边被忽视的有时候就是重点,就是问题的症结。

管理队伍的整顿是建立高效团队的重头戏,如果我们的员工在每次竞岗时都怀疑是否有内定,在正常活动开展时都狐疑是否有内幕,那么就是"塔西佗陷阱"在形成,缺失公信力将是管理团队最大的悲哀。

我们必须以公开公平公正"三公"平台为基础,以身作则正风肃纪,健全优化管理队伍,提高执行力和学习能力。高效的管理团队才是企业的脊梁。

总之,要有持续的盈利能力,必须要有内部强健的硬件和扎实的软件保障,只有具备源源不断的造血功能,企业才能充满活力,永续经营。

技术创新驱动企业可持续发展[①]

当前,中国经济发展步入新常态,经济增速改变给传统造纸企业带来了深远的影响。我国造纸企业大多面临着效益低、环保压力大的困境,同时也面临产能过剩的行业发展束缚。在这样的大背景下,公司只有走"专、精、特、新"的可持续发展之路,搭建创新平台,稳步推进技术改造、产品创新、智能制造,才能在激烈的市场竞争中立于不败之地。多年以来,公司一直秉承"创新、节约、降耗、增效"的理念,搭建多元创新平台,广泛开展项目攻关工作,充分发挥技术人员在实施创新发展战略中主力军的作用,着力于技术成果的转化和经济效益的提升,为实现"科技兴企"的目标而奋斗。

技术改造,是企业提质降耗不可替代的手段。在坚持技术进步的前提下,用先进的工艺和装备取代落后的工艺和装备,达到优化产品结构、提高产品质量、节能降耗、提高劳动生产率和经济效益的目的。回首公司发展历程,各项消耗指标取得长足的进步,这正是坚持不懈地推动技术创新和设备改造的结果,从节能电机置换老式产品,从生产线的技改升级到新型机台的引入,从制程优化到环保服务的升级等等,始终围绕着低成本、高质量、优服务这一主题在努力。"PM12 技术改造项目"重拳出击,为产品质量提升奠定坚实基础。

产品创新,是企业发展的动力。一个企业能否持续不断地进行产品创新,能否不断提高自主创新能力,开发出适合市场需

[①] 廖昌吕:《技术创新驱动企业可持续发展》,载《景兴报》,2016 年第 4 期。

求的新产品,决定了企业能否实现持续稳定发展。正是在这种内在责任和外在推力的双重驱动下,公司新品开发的力度和投入不断深入与提升。2015年低克重高强度瓦楞原纸和外卖食品包装专用箱板纸获省级认定新产品,环保型低定量高强白面牛卡纸项目顺利列入国家火炬计划,由于该项目,公司已获授权发明专利1项、实用新型专利3项,这些既是国家科技部对公司创新成果的充分肯定,也为公司产品转型升级提供了有力支撑。

智能制造,是新一轮科技革命的核心,也是制造业数字化、智能化、信息化的主攻方向。在智能制造中,工业机器人是实现自动化的重要一环,将代替人或者与人协作承担很多工作,从而达到解放人力、提高产品质量的作用。公司在这片新的领域已经开启探索前行之路,如机器贴标、搬运码垛、工业用纸测量等等,正处于尝试阶段,必将成为公司智能自动化生产的里程碑。

技术创新是企业的灵魂,是企业永续经营的法宝,更是大势所趋。只有坚持技术创新,不断激发各级员工的创新动力,才能迎来新的发展机遇,我们才能走得更好,更远。

魅力企业，幸福工匠①

　　无论是工业 1.0 时代，还是工业 4.0 智能制造时代，凡是长寿的家族或企业都离不开创造，离不开工匠，离不开工匠精神。截至 2012 年，寿命超过 200 年的企业中，日本有 3 146 家，为全球最多，德国有 837 家，荷兰有 222 家——为什么这些长寿企业扎堆出现在这些国家，是一种偶然吗？研究发现，它们的长寿秘诀在于传承一种精神——工匠精神。这是小到一个人，大到一个国家不断发展和前进的根本动力。20 世纪 90 年代我们提出"不想当将军的士兵不是一个好士兵"，但随着社会的进步，企业的发展，我们逐渐发现不是所有的人都能成为管理者，都能成为所谓的领导者。于是我们又提出了"不想当将军的士兵也是一个好士兵"。这就是鼓励员工在本职岗位上沉淀下来，精益求精，不断钻研。这也就是当下推崇的工匠精神。

　　对于企业，要营造尊重工匠的良好氛围。尊重就是要给其相应的职级、待遇、良好的工作环境等等。除了管理职务的晋升通道，技术员的技术职称通道和员工的技能等级通道也必不可少。这可使员工能根据自己的兴趣爱好，根据自己的性格特征来选择自己喜欢的岗位，并能得到相应的认可和待遇，满足自己的成就感，也能使员工一心在工作领域中精益求精。

　　对于员工，要树立正确的人生观，放下浮躁心、功利心。人生没有捷径，所谓慢慢来就是快，就是体现了一种工匠精神。工匠精神就是要有一颗甘于平凡、甘于寂寞的心。那些伟大的科

---

① 章红英：《魅力企业，幸福工匠》，载《景兴报》，2016 年第 5 期。

学家、企业家并非一开始就有惊天动地的成就，也是经过了无数的失败、无数的尝试和不懈的创新创造。

很多人认为工匠是机械重复的工作者，其实不然。"一个经验用了几十年的员工"和"一个有几十年工作经验的员工"，哪个更让人肃然起敬？即使只会一招武功，但只要把它练到极致，那就是绝招。因此，工匠精神更需要我们专一、专注、专业、坚守，把每一个当下做到极致。无论你在什么岗位，永远记住只有"先沉淀，后成才"，"先有为，后有位"。

三十多年的风风雨雨，景兴巍然屹立，靠的不仅是认真负责的态度、开拓进取的精神，更是一种创业创新的决心。"生产不停、技改不断"，"求存图变"，这些都体现了我们重视品质、注重细节、注重精益管理的精神。打造百年景兴，展现无限魅力，就是要做好工匠精神的传承。让我们一起了解工匠精神，实践工匠精神，传承工匠精神，让员工因工匠精神而能在平凡的岗位上创造出不平凡的业绩，让企业实现可持续发展，从而实现百年景兴的伟大梦想！

树立"归零"心态,打造生活用纸新起点^①

  海尔的张瑞敏告诫员工:我们的产品应该"零库存",成功也应该"零库存"。话不多,却掷地有声,不仅道出了一个优秀企业家所具有的个人"清空归零"心态,也道出了他领导企业的"空杯"精神和"空杯"理念。

  董事长朱在龙在公司 2016 年度总结表彰大会上的讲话中提出了"归零"心态的管理理念。所谓"归零"心态,就是不要把以前的成绩一直放在心里,成为我们今后开展和推进工作不可超越的障碍,应该把过去的最好水平看作"零"。对于企业而言,不管你是领导者还是普通员工,都需要有这样一种随时放空自己的"归零"心态和"空杯"理念。

  "归零"心态需要树立不断扬弃的精神。当今社会要与时俱进,无论你有多少骄人的成绩,无论你有多高的职位,无论企业品牌占据多少市场份额,那都是今日之前的事情,我们应正确看待企业发展中的得与失,适时否定自己,在失败面前不气馁,在成功面前不自傲,忘却过去,把眼光和行动放在为未来的筹划上,把最好的品质和服务展现给消费者。在品萱生活用纸发展的几年里,公司始终坚持周末品推、各种促销等活动,提升了品牌的市场占有率,找到了盈利增长点,实现了满产满销。面对成绩我们从不自满,我们不断开发新客户,提升品牌知名度,提高产品毛利,增加盈利是当前我们一直努力的方向。

---

① 高业星:《树立"归零"心态,打造生活用纸新起点》,载《景兴报》,2017 年第 2 期。

"归零"心态需要树立不断学习的精神。俗话说"活到老、学到老",昨天正确的东西,今天不见得正确;过去行之有效的方法,现在不见得可行。"月盈则亏、水满则溢",随时对自己拥有的知识进行重整,清空过时的,为新知识的进入留出空间,保证自己的知识总是最新的,只有永不自满,才能不被所谓的颠覆性指标所吓倒。所以,我们不断完善内外部培训和审计,在工作中找问题,在问题中学习改善,永远在学习,永远保持新的活力。

　　"归零"心态需要树立不断吐故纳新的精神。从快消品传统渠道的销售到电商、微商、公众号的上线;从原来大力发展 KA渠道,打造市场份额,到现在侧重提升毛利,加大 AFH 及多元化渠道销售;从产品质量不断升级,包装更新换代,到丝滑系列、柔滑系列产品的不断上市,都是在迎合市场需求的情况下不断地吐故纳新、快速反应来应对市场带给我们的机遇和考验。

　　"归零"心态需要树立脚踏实地的行动精神。"归零"心态可以让我们自觉地对职业"垃圾"进行有效的清理,可以让我们保持前进的方向,但不能保证我们一定取得成功。倘若眼高手低,不脚踏实地,行动跟不上,势必造成工作落实不到位,指标实现打折扣,自然也起不到应有的效果。为完成 2017 年的指标,我们对 2017 年的经营状况做了细致的经营预算,并从成本、费用、价格等多渠道进行控制,为实现满产满销、增加盈利目标而奋斗。

　　曾国藩曾说:"未来不迎,当下不杂,既往不恋。"这是对"归零"心态最好的诠释。"归零"心态是一种智慧、一种思维、一种境界。在改革的道路上,永远都是起点,没有终点。

坚持以质取胜，提高竞争实力①

在这个追求"短、平、快"的时代，不少企业注重投资少、周期短、见效快所带来的即时利益，却忽略了产品的品质灵魂，最终将会被社会快速淘汰。"不忘初心，方得始终"，企业的初心应该是向社会或消费者提供物美价廉的产品，要得始终，则需要产品质量的强劲支撑。企业要发展，质量管理是关键，提高意识、强化标准、侧重预防、优化服务和持续改进是贯穿质量管理全局的核心要素。

提高意识。质量意识就是对质量的认知及态度。质量管理链中的每个人都应有全员、全过程、全面质量管理和对工作结果负责的心态。管理人员要对工作顺利开展负责，设备维护人员要对机器正常运行负责，生产人员要对产品质量负责，检验人员要对不良品筛选负责，仓库人员要对产品防护负责。

强化标准。产品标准是产品生产、质量检验和洽谈交易的技术依据，它全面反映客户对产品品质的要求；检验标准则是产品识别和判定的法则，为产品标准服务的尺度准则；作业标准是保证产品质量稳定性的重要前提，所以从产品开发、工艺流程设计到原料采购，从成品发货到运输，每个环节都必须制订详细、可控制的作业标准。标准一旦出现失误，会给质量管理带来麻烦是不言而喻的，因此在质量管理过程中应强化标准的制订和管理，才能从源头消除质量隐患。

侧重预防。质量管理需要有前瞻性，强调将质量管理工作

---

① 廖昌吕：《坚持以质取胜，提高竞争实力》，载《景兴报》，2017年第9期。

的重心放在事前预防和事中控制上，从结果管理转为过程管理，施行"预防为主、防治结合"的方针，严格控制影响产品质量的因素，做到"防患于未然"。事后的纠正成本花费巨大，而且有些损失无法挽回，因此我们不做质量事故的"消防员"，而要做产品品质的"操控者"。

优化服务。我们要树立内、外部顾客理念，产品和服务不但要经得起最终顾客、经销商或消费者的检验，也要经得起内部顾客的检验。在企业内部要做到自检互查，确保本道工序的产品质量，更要有"下道工序是顾客"的思想，只有产品链中的各个环节都树立良好的服务意识，才能真正实现从本位主义到合作共赢服务理念的转变。

持续改进。质量管理是一个循序渐进并且需要长期坚持的过程，不仅需要坚持质量底线，还需要追求精益求精。只有持续改进才能提升产品和服务质量，使企业保持长期竞争力，真正做到推创新、减浪费、降成本，使顾客满意，并使超越顾客期望变为可能。

一直以来，公司都高度重视质量建设，为了满足市场需要，斥巨资进行项目投入和技改，不断完善产品结构，提高产品质量。我们只有坚定地实施质量强企战略，走质量兴企之路，才能提升公司核心竞争力，为打造百年景兴奠定坚实基础。

打通"精益"之脉，挖掘内部"金山"①

　　这些年，精益生产模式越来越引起大家重视。精益生产的概念来源于日本丰田汽车公司，是一种以满足用户需求为目标、力求降低成本、提高产品质量、不断创新的资源节约型经营管理方式。顾名思义，精，即精良、精确、精美，少而精，不投入多余的生产要素，只是在适当的时间生产必要数量的产品。益，即利益、效益，所有经营活动都要有益和有效。精益求精，即实现投入产出最大化。

　　精益路上，我们在"超越自我、挑战极限、追求卓越"的景兴精神号召下，一直没有放松，努力探索和实践，从最初导入TQM、质量体系、实施现场7S和绩效体系，到环境体系、职业健康安全体系、能源管理体系和FSC等多个体系，还有近年来推行的全面改革活动、子公司精益项目，开展了近20年的合理化建议、一年一度已举办17届的品管圈发表会、技师和工程师评定、不断涌现的各项创新等等。各方面的点点滴滴精进，无一不展示公司一直在精益这条路上披荆斩棘地奋斗着。

　　当然，在坚持突破中取得形势向好的同时，从各种事故、质量投诉和各项检查暴露的一些问题当中，不难发现我们离真正的精益还有很多差距：浅尝辄止，精进乏力，不能、不愿深入钻研；经过几年的改革自逼，自认为已经很努力到极限了，再也逼不出来了；自认为有些指标在业内领先，有些飘飘然了；等等。这些想法永远是组织和个人发展的绊脚石，要不得。你追我赶，

① 鲁富贵：《打通"精益"之脉，挖掘内部"金山"》，载《景兴报》，2017年第10期。

从来没有舒舒服服的竞争和挑战，精益生产本就是为客户创造价值。让客户选择我们，是因为我们能提供优于竞争对手的产品与服务的质量、交期和价格。一旦停滞不前，优势就会湮灭在竞争之潮当中。

如何才能保持不断精进精益的干劲？凡事彻底，凡事内求，练好内功是挖掘不尽的"金山"，坚持精益是求强的必由之路。竞争需要我们时刻保持清醒的头脑，围绕公司战略积极转变观念，去除浮躁，从问题和事故中及时认识不足，从部门和同行对比中找到差距并持续改进，将精力集中到做"精品"，要自信不要自负，要自豪不要自满。其次，充分尊重个人、发挥团队精神是关键，在新形势下如何继续发挥每位员工的积极性和创造性是对每个团队的严峻考验，立足专业，注重细节，不断提升技能，取得个人和团队价值最大化。最后，需要深入学习科学先进的精益理论，运用精益工具，与我们现有管理方法紧密融合，做细做实，管细管实，查细查实，将自己逼到绝境做到极致，变不可能为可能。

精益从来不是一朝一夕的事，更不是一条平坦、宽广的道路。需要坚持、坚持、再坚持！

高效团队是企业持续发展的"法宝"①

日前,董事长朱在龙推荐管理人员观看电视剧《绝密543》,其中二营"全营一杆枪"的口号形象地诠释了团队的协作精神、"6秒打U-2"的效率完美彰显了团队的集体力量。风雨兼程的景兴纸业,经过30多年的发展,日益成为受社会尊重的企业,同时不断面临着严峻的市场挑战和考验,这就需要我们高效团队的共同努力,才能确保这艘造纸大船驶向百年的彼岸。

高效团队需要具有自主性。在我们的日常工作中,"等、靠、要"的工作状态注定不合时宜。市场价格的剧烈波动、政策的不连续和不确定性,给造纸企业正常的生产经营带来极大的挑战,这就需要我们依靠团队的力量和智慧,充分发挥"变不可能为可能"的挑战精神。对一个部门来说,部门负责人以身作则是发挥团队精神的根本,部门负责人也是团队的灵魂,要主动承担责任;而下属成员则需要及时汇报和反馈工作内容,要主动沟通。办法总比困难多,只要上下齐心不回避,共同想办法,那么再大的困难也只是"纸老虎"。

高效团队需要具有思考性。随着企业的不断发展,在运行过程中极易出现固有的操作模式影响工作效率,造成流程接口的"障碍",这就需要我们动态地思考管理现状,不断进行流程再造。如生产系统的"小仓库"会积压企业的固定资产、外协加工审批节点滞后会影响设备到货进度等。团队战斗力需要每个人

---

① 徐海伟:《高效团队是企业持续发展的"法宝"》,载《景兴报》,2017年第12期。

的参与。如果每个部门每个岗位都定期进行自我范围内工作流程的梳理和思考，周而复始地提出问题、优化问题、解决问题，那么很多隐性的管理成本势必得到有效控制，组织的发展必然处于健康的发展轨道上。

高效团队需要具有协作性。凡事预则立，不预则废。没有目标，团队就会失去方向。而环保、安全、能源已经成为企业发展征程中新的"三座大山"，贯穿于企业生产运行全过程。企业唯一的选择，就是上下拧成一股绳，通力协作，如通过内部中水回用以减少废水外排压力，通过严格遵守安全生产以控制事故发生概率，通过节能技术应用以降低能耗指标等，每一个环节管理控制的程度都与公司的发展目标息息相关。这些系统性生产管理活动靠个人驾驭的时代已经不复存在，只有上下同心，依靠精诚合作的团队精神才能实现最终目标。二营的团队协作精神就是我们永远学习的楷模。

"一个人没有团队精神将难成大事；一个企业如果没有团队精神将成为一盘散沙；一个民族如果没有团队精神也将难以强大。"2017年废纸总计调价115次，这是历史上从未有过的现象，对过山车式的价格，产能过剩的造纸行业要想在市场竞争浪潮中披荆斩棘，高效团队的合作精神必将是企业持续发展的"法宝"。

诚信揽客心，质优赢市场[①]

"诚信揽客心，质优赢市场"，又到一年一度话质量的时刻。随着国家对环保监管力度的严格，废品洋垃圾进口被严控，进口废纸供应进一步收缩，污染防治政策不断从紧从严实施，使纸业制造企业生存发展面临困难重重。当质量目标与其他目标发生矛盾和冲突时，我们是否应将质量靠边，是当前所有造纸企业需要考虑的重要问题。"质量第一，严格管理，质量提升，高质量发展"，今年质量月活动主题不但对此问题给出了最好的回答，而且对质量发展提出了更"高"的要求，只有将质量做到更优、更强，才能绝处逢生。

坚守质量价值观。质量价值观是指人们对质量及其积极作用的根本看法，是质量管理的经营理念。具有质量价值观的企业家以追求高质量、取得用户满意作为企业经营管理的奋斗目标，以最大限度满足用户质量需求作为企业方针和使命，也会要求全体员工为实现这一宗旨而共同奋斗。因此，只有具有共同的质量价值观的个人和组织才能对质量具有共同的思维与行动力，才会生产出优质产品赢得市场。

坚持质量诚信。"质量是企业发展之本，信誉是企业生存之道。"企业要生存和盈利，就必须恪守"诚信为本""质量第一"的原则，从始至终都能够为顾客提供满意的产品和服务，甚至超越客户预期，真正实现"我们说的就是我们做的，我们做的就是我们说的"，何患顾客不比肩接踵而至？尤其在同质化的时代，竞

---

① 廖昌吕：《诚信揽客心，质优赢市场》，载《景兴报》，2018年第9期。

争力不仅在于产品本身,更在于产品背后的体验、感受和服务能力,更需要以质量赢得信誉,以信誉收获市场。只有这样,企业才能在激烈的竞争中立于不败之地。

坚持质量源头管理。质量源头管理应以预防为主和标准化作业并重,这样不仅能保证质量,而且能减少不必要的问题发生,促使企业整体的工作质量和效率得到提高。随着下游包装企业技术和装备的更新,纸箱生产线速度更快,产品质量更好,对原纸产品的供给也提出了更高的要求,我们务必随时跟进并适应市场,这就需要我们保持与客户畅通的沟通渠道,只有准确的产品信息输入,才能有的放矢,降低投诉频次,实现供需双赢。

加强规则意识化。规则意识是指发自内心的、以规则为自己行动准绳的意识。一个企业经过多年的发展,必定制订了许多规则、标准和制度,它们也是我们的行为指引,因此要求每个人都要树立规则意识,即使规则有时不合理,我们可以更正,但并不能影响从内心学习、遵循、监督和执行规则。否则规则不一,质量不稳,何谈质量更优。我们只有严格执行各类标准和制度,才有稳定的质量可言,才有适时提升至更高质量水平的基础。

"困难与希望同在,挑战与机遇并存",随着淘汰落后产能政策的从紧实施、环保政策的细化和部分地区产业结构的调整,将为部分企业带来商机和发展机遇。把握机会,练好内功,将公司质量价值观与客户保持一致,我们将在新制造、新常态下再占鳌头。

创新之举，意识先行①

　　春天来了，万物从沉睡中苏醒过来，一切预示着朝气和希望。一年之计在于春，春天是一年的开始，是竞技场上的起跑线，提醒我们做好整装待发的准备，开始逐梦前行。

　　董事长朱在龙在公司 2018 年度总结大会中指出：2019 年是公司的创新之年。创新对国家而言，是一个民族进步的灵魂，是一个国家兴旺发达的不竭动力；创新对企业而言，是一个公司发展的源泉，是一个企业持久生存的能量储备。只有创新才能生存，只有创新才能发展，只有创新才能成为"百年老店"。而创新首先就要有创新意识。

　　意识是行动的先导，意识的领先是最重要的领先。无论外部环境多么扑朔迷离，要知道再寒冷的冬日也有暖阳普照的日子，再不景气的行业也有优秀的企业昂然屹立。有了做精做强主业的创新意识，才能有把成本、市场、品质做到极致的行动。

　　"变不可能为可能""超越自我、挑战极限"是我们创新路上不断前进的原动力。实践证明，前几年在一片质疑声中提出的减员增效、节能减排等创新目标都成为现实。只要敢想敢干，用创新意识打破常规，推陈出新，就能实现变不可能为可能。电视剧《绝密543》中的肖占武全盘否定苏军方案，用 6 秒击下敌机 U－2 就是革故鼎新的创新意识的最好体现。今年我们的创新目标之一是"设备零故障"。或许很多人会怀疑，但是不尝试又怎么知道呢？试想，如果每一台设备零部件在平时都注意保养

---

① 盛晓英：《创新之举，意识先行》，载《景兴报》，2019 年第 2 期。

和润滑,停机时进行检查和修理,那么运行时做到"零故障"不是没有可能。我们要有打破常规、不断创新的意识和勇气。

习近平总书记在会见探月工程嫦娥四号任务参研参试人员时说道:"唯有创新才能抢占先机。"伟大事业的成就必须靠创新决胜未来。核心技术催生核心竞争力,创新的杠杆总能撬起出乎意料的奇迹。"先思而后动,谋定而动之",创新意识需要相应的措施和行动来加以实现。如何把创新意识转变成现实,需要我们去设计、去规划。比如流程再造,比如制度和标准的更新与完善。虽然不可能一步到位,但只有尝试才有可能慢慢成功。我们作为制造型企业,节能降耗、成本控制永远在路上;创新的路子,需要我们大胆去想,去探索。不断尝试,努力超越,只有创新才能保持企业可持续发展。

创新之路,意识当先,思路决定出路。成功属于那些不墨守成规的人,属于那些想到就会付诸行动的人!让我们一起努力拼搏,让意识创新成为每个人锐意思考的习惯,用创新的力量让梦想成真。

坚持科学技术创新，保障企业持续发展[①]

习近平总书记指出，科技是国家强盛之基，创新是民族进步之魂。科技创新是国家全面发展的核心动力，是当今时代的最强音，而技术创新则是企业发展的原动力。在市场竞争日益激烈的情况下，我们要有时不我待的紧迫感和危机感，牢牢掌握技术创新的主动权，才能立足行业，取得竞争优势。

当下，中美贸易关系扑朔迷离，进口废纸政策紧缩，给工业包装纸生产企业的生存和持续发展带来重重危机。行业面临着原料、人力、能源等各项成本不断上涨的严峻挑战，更迫切地要求企业深挖内部自主创新潜力，增强自主创新能力，在产品开发升级、清洁生产、节能减排等方面加大技术创新力度。

完善技术创新机制。调动创新人才的积极性和主动性，是企业提高技术创新能力的重要一环。目前，公司建立合理化建议、科协、高新研发项目等全体员工参与技术创新的多层次激励平台，依据公司技术创新激励制度评审创新项目成果，对那些为技术创新作出贡献的员工给予物质上和精神上的奖励，大大地激发员工参与技术创新的热情，提升员工的创新意识。

重视创新人才队伍建设。创新是第一动力，人才是第一资源，企业高速发展需要大量专业人才，不仅要引进高素质科技人才，更需要建立自己完备有序的人才培训体系。2017 年以来，公司陆续组建院士专家工作站和博士后工作站，公司技术团队

---

① 程正柏：《坚持科学技术创新，保障企业持续发展》，载《景兴报》，2019 年第 3 期。

借助专家工作站的平台，加强双方技术交流与沟通，有效吸纳国内外高校、科研院所的创新资源，为公司技术创新研发项目提供国际、国内最前沿的技术支撑。同时公司通过大量外派和内部专业技术培训，培养一大批优秀技术创新人才，并且配套在项目建设、高新技术项目研发实践中，让专业技术人员人尽其才、才尽其用，逐渐建成满足公司发展需求的人才队伍。

技术人员要转变思想观念。董事长朱在龙多次在会议中强调：技术人员需要有更多的创新精神，积极转变思想观念，大胆进行工艺创新、技术创新。公司一直引导技术人员要围绕课题、目标、研发项目开展技术创新，摒弃因循守旧、畏难退缩的思想，充分发挥自身的主观能动性和创造力，推进用创新思维去攻坚克难，将勇于冒险、不怕失败的创新态度融合到所有员工的思想中。其实对于传统企业，大部分技术创新可以是基于运行现状的改进，可以是渐进性的小改进，这种改进性的技术创新在生产过程中无处不在，比如改善生产工艺、优化作业流程、实施技术改造等方式的技术创新，只要技术人员有认真负责的工作态度、突破性的思路，技术创新成果就可以遍地开花。

随着经济的全球化和科技的高速发展，企业间的竞争核心已逐渐转移到创新能力的竞争。"沉舟侧畔千帆过，病树前头万木春"，2019年是公司的"创新年"，我们只有坚持技术创新，提高创新能力，敢于创新投入，才能掌握市场竞争主动权，实现企业可持续发展。

税收遵从合作，携手共赢未来①

近年来，企业内部控制已成为企业风险管理的重要组成部分，而税收风险控制是企业内部控制的核心工作之一，对促进企业的健康发展具有重要意义。作为一家上市公司，景兴纸业一直以来树立且具有较强的风险防控意识，并重视各项经营活动的合法合规性，注重维护公司声誉，是遵从意愿较好的企业。公司经过前期的税收遵从现场评价、集中论证、专程回访等多方面的工作，与嘉兴市税务局签订《税收遵从合作协议》，成为嘉兴市税务局首次签约的3家大企业之一。这既是公司税法遵从度高的标志，也是公司的一张"信用金名片"。结合公司目前实际情况，以下几个方面是税务风险控制的主要途径。

建立健全税务风险管理制度。没有规矩，不成方圆。企业要合法合规经营，风险管理制度不可或缺，然而在企业进行税务风险管理工作的前提下，有一套完整、健全的税务风险管理制度尤为重要，是企业在规范的环境下进行税收风险管理的保障。

完善税务风险信息管理机制。企业进行税务风险管理工作是一系列环环紧扣的整体工作体系，要保证风险管理能够对信息实现有效收集、整理、分类、分析和执行工作，确保企业内部的各个部门对税务信息有正确的认识，并能够采取积极的应对措施。

加强培训提高风险识别能力。通过多渠道加强税收政策培训和学习，提高税务风险管控能力，不断提升税收遵从度。通过

---

① 盛晓英：《税收遵从合作，携手共赢未来》，载《景兴报》，2019年第12期。

多种形式加强税收政策的宣传,共同交流探讨,使政策得到有效贯彻与执行。

完善信息化系统,提升制度有效性。通过信息管理系统把企业采购、生产、销售、存货、财务、人力资源等各个环节集成起来,共享信息和资源,能够提升公司内部控制制度的执行力,有效防范企业税务风险。

总之,税收风险的防控工作和纳税遵从度的提升是一个持续的过程,税收遵从协议的签订并不是终点,而是税企合作的一个新起点。公司今后将在税务部门的指导下,进一步建立健全各项制度,不断提高公司税务风险的防范意识,不断提升税收遵从度,促进企业健康稳定发展,为地方经济作出更大的贡献。

"四新应用"助力企业技术升级^①

在企业生产经营活动中,景兴一直在倡导推广应用"四新"技术,提高企业生产运行中的科技含量,增强企业的竞争力和发展潜力,通过先进的技术和设备来实现质量、效率、效益目标,提高企业经济效益。

新技术应用,提升运行效率。董事长很早就提出"生产不停、技改不断"的理念,小改小革就是让新技术应用贯穿整个生产过程,是推进新技术应用的动力,也是解决生产难题和提升运行效率最有效的方法。如纸机在真空吸移辊处容易引起断纸,尤其"吊边""跟边"等现象明显,着实让造纸人头痛,常规处理方法效果不佳,通过研发低真空吸区边部新建一高真空纸边小区、边密封条钻孔通入压缩空气等一系列新技术并投入使用后,这一难题得到彻底解决。近期,行业内一些最新技术成果在公司计划推广中,应用这些新技术后,将为提升纸机产能与运行效率提供有力支撑。

新设备应用,推进节能降耗。公司一直秉持"绿色节能"理念,深入推进可持续绿色发展战略。淘汰低效落后高耗能设备,采用节能环保高效新设备,是节能降耗最有效也是最直接的方法。如公司原采用26台套喷油工频螺杆机组,加卸载现象比较频繁,能源浪费较重,通过采用离心空压机机组集中控制系统,组建压缩空气厂区管网,经核算对比,综合节能率在21%左右,年节约能耗成本245万元。目前,磁悬浮风机、蒸汽箱等最新设

---

① 程正柏:《"四新应用"助力企业技术升级》,载《景兴报》,2020年第10期。

备也在技术交流和推进中,随着新设备的持续推广应用,公司在节能降耗方面会取得更好的业绩。

新工艺应用,降低运行成本。公司经过几十年的发展,深深体会到新工艺是企业降低运行成本的重要因素之一。如公司脱墨线漂白工艺采用的是先氧化漂后还原漂,由于产能提升后,漂白反应时间不足,化学品效率下降,用量大大提升,通过技术部门研究,开发新工艺并实施后,有效降低了化学品消耗,节约成本。原料市场的变化更加促使工艺必须尽快地适应和创新,通过流程再造、工艺创新来降低运行成本。

新材料应用,优化产品质量。随着"美废"限制进口,包装纸行业的原材料质量逐年下降,产品质量控制困难加大。针对挂面纸板面板的明度、颜色变化,公司技术人员经过大量研究,在面浆中加入适量化学品来控制纸页颜色,确保产品外观质量;针对产品技术指标下降,我们在产品增强方面加强技术研究,通过引进新型增强化学品保证产品技术指标;针对国废比例高系统检测数据变差,使用反应型杀菌剂替代传统型杀菌剂,提升杀菌效率,减少淀粉降解、酸化,在保证产品质量的同时改善车间异味。

虽然在推广"四新"技术应用上我们取得了一些成果,但各专业人员仍要紧密结合生产运行现状,对标一流找差距,围绕公司经营目标,发挥技术创新的引领作用,转变思想观念,打破固有思维,勇于尝试,推动"四新"技术应用再上新台阶。

启程过半，业绩攀新，革新不止，未来可期[①]

2021 年上半年，在国内需求的拉动下，国内经济整体呈上升趋势，在当前全世界多极化发展的大背景下，全球经济渐渐复苏。公司也开启全新的管理模式，通过打破固有观念，大胆尝试新流程、新技术、新工艺、新材料、新设备，发扬勇攀高峰的精神，变不可能为可能，超预期完成上半年度经营计划，取得良好业绩。

再辉煌的成绩也只属于过去，我们不能只躺在功劳簿上沾沾自喜、得意忘形，我们要眼睛向前看，行动向前进，匠心不改、革新不止，向未来迈进。

用管理创新提业绩。创新是企业带有氧气的血液，是企业的生命力。管理创新则是对企业中固有的传统思想、管理模式、经营管理、战略管理等各方面进行一定程度的创新。以工业用纸事业部为例，部门通过开展晚间工作交流会，解决存在的问题与不足，提高岗位专业技术能力，尤其是针对影响纸机稳定运行的重点设备相关操作与维保知识分享；建立周计划产量奖罚机制、机台负责与值长激励机制，以季度、半年度为时间节点对生产管理及业绩进行考核；细化事故管理，严查隐患漏洞、狠抓整改落实，以点带面、举一反三，预防同类事故重复发生；成立金加工车间，节省设备零件维修时间，降低库存及维修费用，提高备件利用率；开展创新人才梯队建设，发扬创新精神和团队精神，

---

① 钱晓东：《启程过半，业绩攀新，革新不止，未来可期》，载《景兴报》，2021 年第 7 期。

要求管理人员必须现场现地办公,对照问题找差距,以工艺标准细化,操作规程细化双管齐下,提升员工的协同作战能力等一系列管理创新举措来稳定生产、提高产能、预防事故,从而提升部门业绩。

用技术创新降成本。随着新经济时代的到来和经济全球化步伐的加快,技术进步、技术创新正成为经济发展的原动力。市场的瞬息万变,技术和市场的激烈竞争,常常影响到企业的发展,企业间的竞争则是企业技术创新实力的较量。公司一直秉持"科技是第一生产力"的理念,建立以企业为主体、市场为导向、产学研相结合的技术创新运行机制。公司通过新技术、新工艺、新材料和新设备的运用,深入研究,改善产品品质、降低生产成本、提升生产效率。例如通过运用木质纤维浆来降低原料成本;改造包膜机优化各产线工艺流程;采用新材料矿物纤维降低化工成本;安装高压永磁电机、伺服永磁电机、磁悬浮透平风机等新设备节能降耗;运用清水与压缩空气用量监控、设备在线状态监测等新技术降成本提效率⋯⋯

企业,只有企图才有事业。企而创新,图而突破。没有创新就缺乏竞争力,没有创新也就没有价值的提升,纵观当代企业,唯有不断创新,才能在竞争中处于主动,立于不败之地。我们必须居安思危总结过去,艰苦奋斗把握当下,树立求真务实、守正创新的工作作风,与时俱进开创未来。

"双碳"背景下的企业用能思考[①]

　　"碳达峰、碳中和"目标的提出，为我国能源转型和产业发展指明了方向和道路，其中能效提高和能源结构转变是实现碳达峰和碳中和的关键。为实现 2030 年碳达峰，非化石能源将首次成为能源增量的主力军，对于清洁能源建设具有重要意义。平湖市是浙江省"双碳"行动低碳能源试点城市，作为重点用能企业，景兴立足精益 TPM，同时作好"广开源、深挖潜，践行'先行先试'"，积极行动起来，打造低碳园区的示范企业。

开拓工艺节能和贮能技术，节能降耗是最便捷有效的降碳

　　通过对工艺流程与设备进行梳理，合理安排三时段的可调负荷，降低尖电与峰电的用量，提高平电与谷电的用量。永磁技术直驱改造传统驱动方式，提高能源转换效率，降低碳排放，尤其是对于长时间轻载且需调速的设备，节能效果更明显，是目前电机系统应用改造效果比较明显的案例。随着原料结构的调整，要对原生产系统进行优化整合，引入新材料、新工艺、新技术、新设备，优化用能环境，降低能源消耗，降低碳排放。例如浆料制备可调节负荷，增加浆料的贮备量是在新常态下贮能技术的一种全新应用场景——浆料贮能，即在平电和谷电时段备好浆料，在尖电时段不制浆，在峰电时段减少用电负荷来降低用能

① 王爱其：《"双碳"背景下的企业用能思考》，载《景兴报》，2021 年第 8 期。

成本。节能型制浆设备与输送设备、节能型热交换器、余热回收利用技术的研究应用是下一阶段探索节能降碳的重要途径。每减少100万 kWh 化学能源电力或多用清洁能源,可节省标煤320T,减排 CO_2 990T,减排 SO_2 30T,减少粉尘排放272T,减少氮氧化物排放15T,相当于年植树 $544.8\,m^3$,将加速企业碳减排进程。提升设备和工艺保障能力,降低非计划影响生产时间,提高产线产能发挥,就是降低单位产品能耗强度,也是能源"双控"的一种有效途径。

盘活现有资源,建设分布式光伏发电系统,增加绿色清洁能源

目前企业已经建设22万平方米屋面21兆瓦的光伏,占一次能源消费(电耗)比重为2%左右。在政策支持下,可采用分布式光伏多元场景的技术创新应用,进一步挖掘光伏建设潜力。根据园区实际情况,采用柔性光伏支架技术、钢结构光伏连廊技术、光伏停车棚技术等,建设多元场景,进一步提升企业清洁能源占比。

利用智慧能源可视化平台,动态掌握企业"碳排放、碳吸收"服务

通过能源拓扑和计量网络搭建,掌握各能耗与碳排放情况,实时动态监测,助力企业做好碳排放核算工作。基于可测量、可报告、可核查的原则,选择最优的核实方法开展节能降碳工作。清洁能源与传统能源接入,能够更便捷地计算并参与"用能权交易"与"碳交易"市场分析,通过交易数据接入能够实时掌握碳计算结果与达标情况趋势分析与研判。践行精益要有创新思

VI

景兴众议

维，变不可能为可能，因地制宜制定好"双碳"实施路径，提高用能效率与经济性，降低用能成本。低碳减排，能源低碳化，推动企业产业创新，集约、绿色低碳发展是当下要积极思考的方向。

守正创新，拥抱未来①

未来可期，未来已来。

两年多的疫情，改变着世界改变着人类，让我们可以更深刻地思考，可以更多维度地观察，可以跳出更多的桎梏，可以真正地居危思危。苦难和幸福同在，机遇与挑战并存，时刻保持好奇和期待之心，阳光就会洒满每一个角落。

新的一年，永远充满未知和希望。危机酝酿机会，要想在市场经济跌宕起伏的激流里屹立不倒，我们必须强身健体，高举高质量发展和"双碳"目标的旗帜，坚守主业固本培元，做精做强，根须深扎蔓延，枝繁叶茂参天，方能抵御任何狂风暴雨。龙盘江浙沪，虎踞全世界，国际化的市场，需要国际化的眼光和思维，更需要重心稳固的根据地。

在市场上，我们将始终保持敏锐的嗅觉，追踪最新的动态变化，不断地调整创新，契合市场细微需求，精确定位产品与服务策略。利用区位优势，布局主力客户群及品种结构，利用差异化市场细分，定位特定产品和区域范围，疏密结合内外共融。

在管理上，我们将持续深化改革活动，在广度和深度上不断拓展，动真格开大刀，毫不留情切除一切毒瘤，造就健康充满活力的肌体。优化整合各项流程，在采购招标、项目管理、减员增效等方面，持续采纳新方法，持续尝试新流程，允许适度试错，宽容拔苗助长，在成长中承受失败的苦痛，在成长中享受成功的喜悦。在技术上，我们将以创新理念为先导，保持对新材料、新工

---

① 王志明：《守正创新，拥抱未来》，载《景兴报》，2022 年第 1 期。

艺、新设备、新发明的高度热情，紧盯节能减排、环保清洁主线，敢于尝试敢于突破，在"人有我有，人无我有"的创新理念下，关注国际前沿关注行业最先，培育运用提高提升。

在人才上，我们将引进和培养并举，建立和完善薪酬激励体系、技能评定体系、培养培训体系，既要培养提升技能，也要培养提升综合素质和终身学习的能力，打造企业自身的与企业共成长的招人、用人、留人体系，不断培养高精专型、德才兼备型、技能管理型等多生态人才网，为企业未来发展奠定扎实的人力资源基础。

在战略上，我们秉持主业延伸、多元辅助发展的原则，一棵大树营造一座花园，参天大树迎风招展，片片花圃灿烂微笑。未来，需要我们培育更多自身发展的沃土，需要奠定更深更广的强大根基。唯有方向正确，一切行动终究会有最优的结果。

敬畏未来，突破创新，开放的心态和理性的前行，都是翘首新岁月，拥抱新事物的心理准备，我们的所有努力也都将会有最好的回报，我们也一定能成为让员工觉得最骄傲，让社会觉得最尊重的企业！

打造具有景兴标志性和辨识度的党建金名片[①]

新百年开启新征程。目前,正处于浙江省第十五次党代会精神学习热潮以及党的二十大召开之际的重要节点,加快形成一批更具标志性、辨识度的景兴党建金名片是高质量党建引领高质量发展的重要指向,是"党建＋"融入企业经营发展的必然选择。

打造"党建＋节能减排",提升全员参与感

"一度电、一滴水、一升油、一张纸",都是生产成本的重要组成部分。随着节能减排要求的提升,寻求技术突破将是造纸工业转型升级的关键,如磁悬浮技术应用、废水多级回用技术等。尤其自"碳达峰""碳中和"被首次写入政府工作报告,全员推动企业能源管理优化势在必行。只有坚持节约发展、清洁发展、安全发展,才能实现经济又好又快发展。

打造"党建＋双增双节",提升全员专业性

在错综复杂的市场竞争下,唯有"眼睛向内看",全员抠出管理流程中的内耗成本点,如转产效率、回抄数量、事故频次等,从更专业、更科学、更系统的层面进行攻关,并持续改善。以现场

[①] 曹海兵:《打造具有景兴标志性和辨识度的党建金名片》,载《景兴报》,2022年第 7 期。

为主战场，带着问题思维看现场，咬定经营目标盯现场，挖掘全员潜在智慧，用好现有问题平台，提升各级干部问题管控力指数，朝着"没有最好，只有更好"的方向迈进。

打造"党建＋减员增效"，提升全员聚合力

"一人会三岗、一岗三人会"的"3×3培训模式"正在公司有序推进，这是持续做优人才新生态、做大人才"基本盘"的重要保证。在企业内部，通过"工匠精神"挖掘一批批能工巧匠，通过"三站合作"提升一批批技术骨干，通过"市场锤炼"形成一批批销售精英……真正打造出有责任、有能力、有热情的员工队伍，在"引育用留"全链条竞争力中形成景兴特色的复合型人才建设新风向。

打造"党建＋正风肃纪"，提升全员向心力

习近平总书记说"把权力关进制度的笼子里"，就是要依法设定权力、规范权力、制约权力、监督权力。这对任何一家企业的"窗口"部门来说，既是风险口，又是试金石。各级党员干部要以"阳光坦荡"的心态接受外部监督，以"如履薄冰"的姿态开展自我监督，以"履职尽职"的状态主动抓好监督，共同守护好"红色根脉"，砥砺初心，持续奋斗，将以往的案例作为一面镜子，用实际行动营造风清气正的"清廉景兴"。

打造"党建＋全面精益"，提升全员创新力

"全面精益"的号角已经吹响，各级领导干部和员工需坚持在补短板、扬优势、锻长板上聚焦发力，如：聚焦设备管理，提升

设备综合效率;聚焦品质管理,提升产品竞争力;聚焦生产管理,提升运行驾驭力;聚焦销售管理,提升市场占有率;聚焦数字化管理,撬动组织全新变革等。"精益求精,百年景兴",需要一代代景兴人用实际行动去赓续和成就。

如果信仰有颜色,那一定是中国红。作为红船旁的一家民营企业,"党建做实了,就是生产力",面对高质量发展建设共富路的新使命,景兴人需要紧密围绕"四条主线"全面精益的总基调,一路劈波斩浪、逐梦前行,在新时代"赶考路"上贡献景兴力量。

生逢其时，重任在肩①

百年栉风沐雨，百年严寒风霜，百年前这个国家曾山河破碎，却有无数的人民英雄抛头颅洒热血。正是他们的砥砺前行，方守得华夏大地如今的八方安宁。这盛世，也如无数先驱烈士所愿，绘得一番其乐融融的愿景。

站在"两个一百年"的历史交汇期，中国共产党第二十次全国代表大会在全党全国各族人民迈上全面建设社会主义现代化国家新征程、向第二个百年奋斗目标进军的关键时刻召开，将是我党进入下一个百年奋斗历程、从胜利走向新胜利、开启我党新辉煌奋斗历程的开局之年，使命在肩，意义非凡。

欣逢盛世，不胜感怀。于世界，我国的国际地位持续提高，国际事务话语权不断提升；于国家，人民群众的获得感、幸福感不断提升；于我们，生在红旗下，长在春风里，人民有信仰，国家有力量，民族有希望，目光所至皆为华夏，五星闪耀皆为信仰……我相信，随着我们不断朝着社会主义现代化强国的方向迈进，随着中华民族伟大复兴不断推进，中国人的志气、骨气、底气将不断增强，中华民族终将自信自强地屹立于世界民族之林，有着五千年文明史的古老民族必将再次崛起于世界东方。

欣逢盛世，蝶变出新。党的十八大以来，营商环境持续向好，为高质量发展注入强大动力，让企业发展活力倍增，如虎添翼。景兴纸业时刻牢记习总书记的殷切嘱托，始终坚持党建引领，聚焦主业，不断提升企业创新能力，走绿色发展之路，让废纸

---

① 沈守贤：《生逢其时，重任在肩》，载《景兴报》，2022 年第 10 期。

回收再利用与绿色环保交相辉映,努力开拓"数智""双碳"新蓝海。景兴人将认真学习党的二十大精神,在新一届中央委员会的领导下,以党的二十大精神为指导,将企业与党的二十大重点部署的战略任务和重大举措紧密结合,充分发挥民营企业优势,积极响应国家乡村振兴的号召,助力宏观经济稳定发展,为稳就业、促繁荣贡献力量,在党的正确领导下,走出一条共同富裕、人与自然和谐共生的中国特色社会主义现代化道路,为社会经济发展和精神文明建设作出新贡献。

欣逢盛世,大有可为。生逢大有可为的新时代,作为一名光荣的共产党员,我们将在以习近平同志为核心的党中央坚强领导下,坚持以学习新时代中国特色社会主义思想为指导,学出坚定信仰、悟出思想共识、读出使命担当,牢记习总书记"三个务必",做到不忘初心、牢记使命、谦虚谨慎、艰苦奋斗、敢于斗争、善于斗争,使命如磐不能丝毫迟疑,重任在肩岂敢须臾懈怠,要积蓄坚韧之力,踔厉奋发。

一代人有一代人的长征,一代人有一代人的担当,百年漫漫征程路,走过荆棘沼泽,也踏过枯骨万里,从中共一大到二十大,党的初心始终不改,坚持以人民为中心,奋勇向前,在党史上刻出一部又一部的壮丽史诗。

如今,历史的笔已落在我们手中,时代的责任已落在我们肩上,站在新的历史起点,吾辈更应当以梦为马,不负韶华,自当心怀鸿鹄之志,不负百年初心,坚定战略自信,保持战略清醒,增强斗志信心,以实际行动落实党的要求,奋力谱写全面建设社会主义现代化国家新篇章!

只争朝夕,再创未来①

2022 年是跌宕起伏、历尽艰辛的一年。2023 年,我们将坚持发展不停、目标不松、时间不等、机会不放,要用创业的精神、以创新的手段,看到现实,分析长远,再造优势,保持特色,拉大差距来布局 2023 年,创造新的业绩。

只争朝夕,全力推进新项目的建设和投入,抓牢高质量发展的重中之重。

只争朝夕,厚植江浙沪,深耕"一带一路"建设,争取实现国内外产销的共同发力,深入市场一线,贴近客户需求,把握市场节奏,精准定位产品和服务的差异化,维系存量老客户,开发增量新客户,实现国内外一体化滚动发展。

只争朝夕,全力推进智能制造和创新工作,促进生产经营稳进提质,以更少的资源投入,贡献更大的业绩增长。未来,需要更进一步深化数字赋能,持续高水平构建绿色智造,助力生产经营提质增效,持续释放"数智"制造优势。创新是最持久、最长久的竞争力,我们要紧紧抓住市场开发和产品研发,确立创新产品引领市场、创新技术引领行业、创新理念引领发展的理念,持续提升核心竞争力。

只争朝夕,持续深化各项内部改革活动,以降本增效为重点,用空杯的心态强势拓展广度和深度,打破站位不高、眼界不宽的桎梏,思变求进,弃安于现状、小进即满的心态,形成策马扬鞭、提档换速的改革氛围。

---

① 王志明:《只争朝夕,再创新未来》,载《景兴报》,2023 年第 1 期。

只争朝夕,全力完善人才培养机制,将内部培养和外部招聘无缝融合,科学引领、精准谋划、统筹协调、高效推进。以德为先,德才兼备,打造识才爱才敬才用才的强磁场,激发各类人才活力,让有才的人愿来、愿来的人扎根、扎根的人出彩,以人为本,践行责任,实现员工与企业的"双向奔赴",为公司高质量发展汇聚澎湃动能。

2023年,是疫散重启的一年,步履不停,未来可期。

今天的只争朝夕,是为了明天的日新月异。夜色难免黑凉,前行必有曙光,我们希望,瞬间的积淀不要流淌,岁月的馈赠别被消磨,而是在时间的河床上凝聚起沉潜的力量,只争朝夕,向阳生长,再创新未来!

解放思想，创新有为[①]

一说到创新，大家总能说上很多，比如技术创新、管理创新、机制创新、模式创新、组织创新、思想创新……从我们这些年通过深化全面改革和 TPM 精益，可以感受到改革创新助力生存发展的巨大威力；从我们每年技术创新和管理创新项目表彰，可以看到课题管理喜结硕果；从合理化建议和问题平台，可以领略到员工微创新的魅力。我们身边无数实践证明，只有通过不断创新才能适应新时代新常态下新的机遇。创新，是个人走向成功的催化剂和奋斗本色，是企业生存和发展的灵魂。创新之所以重要，就是因为所取得的成果可以为企业带来优势，能帮助企业有效适应市场发展趋势，保持企业市场经营活动的持续盈利。穷则变，变则通，通则久，否则墨守成规，踌躇不前，终将被超越，终将遭淘汰。

在疫情防控政策优化调整后的第一个春天，我们仍明显感受到严冬后的寒意，全球市场复苏乏力，伴随着紧张激烈的同行竞争，市场没有给我们喘息的时间，以往改革创新水平已难以满足现实发展的需要，须得从思想和行动上迅速转变观念，迎难而上，守正创新，逆势拼搏。

这些年经过大力倡导、摸索和规范，我们内部已逐步建立涵盖以"三站"（博士后、院士和外国专家工作站）、技能大师室、专题攻关和微创新等为主要内容的创新体系，在推进过程中不难发现我们创新思想障碍仍存在反复反弹，创新广度和深度亟待

---

① 鲁富贵：《解放思想，创新有为》，载《景兴报》，2023 年第 3 期。

进一步突破:目标提升要求加码就暴露出一些畏难情绪;部门岗位创新不均衡,有些干部对自己、对下属要求不高,坐等行情转好;或者自我感觉良好,认为做得很好不用改善;怕出错,怕别人嘲笑;脱离实际和客观规律搞创新……针对存在的思想认识问题,我们需要进一步解放思想,摆脱习惯性思维的束缚。创新的内容包括企业系统的每一个层面每一个角落,无处不在,事事都有改善的空间,人人都有改善的能力。"盛水木桶"需要均衡提升,"在船上"需要大家一起出力。不是一群人在评头论足而另一群人在改善创新,更不是一试一做就成功完美的。需要我们珍惜大家的智慧,鼓励大胆尝试,从多个层面给予宽容、支持和激励,点燃部属创新的激情,商定下达创新攻关课题更有利于人才培育。不论大小,不论先后,改善、改进和创造都是创新,但凡有利于效率和效益提升的都是好提案、好创新。其实,个人发展、企业发展,都需要事上磨,改善创新就是磨刀石,好行情好前途是靠艰苦奋斗得来的,不是等出来的。

打通创新思路后不是盲目和脱离客观规律地改善创新,需要化"自逼"的自觉和"他逼"的压力为行动的动力,认真踏实做事、沉淀积累之后自然的质的突破:全身心投入做好本职工作,了解相关流程和做法等所有信息,夯实改善创新的基础;深入现场调查研究,从客观实际出发,利用现有数字化平台、"三站"平台、焦点课题攻关和微创新平台,围绕超越客户期望从身边找问题找课题,欣然接受上级下达的任务,勇于揭榜,带着问题带着事故找答案,改善、固化、再改善;通过报纸杂志书籍网络等各种渠道的学习,向上级向同事请教,与同行与优秀人士增进交流,看到别人的闪光点,三人行必有我师;遇显见的改善可以直接提交给合理化建议和问题平台,遇有些难度的充分利用鱼骨图、5WHY 和 OEE 等工具,少走弯路勇于开拓。更重要的是遇到问题要虚心听取意见建议,勇于批评和自我批评,切不可一意孤行,脱离实际,听不进任何劝告只会封闭言路,不利于任何改善创新。

　　苟日新,日日新,又日新。创新是取得进步和发展的不竭动力,积极响应创新强国、创新强市的号召,积极响应公司"创新年""降本年"的号召,从我做起,从现在做起,求存图变,奋发有为,在新常态下抓住机遇实现高质量发展,立于不败之地!

焠匠心之"火",铸时代之"刃"①

　　沉迷于水墨丹青里的江山如碧,金丝锦绣下的繁华如缀,浴火新焠后的玉瓷青花,这些无不凝聚成传统工匠精神的缩影。如今,底色未变,底蕴却更加丰富深厚——工匠精神从精妙绝伦的技艺体现运用而生,不仅转变为专注、创新精神的体现,还转变为修身格物之道。

　　心心在一艺,其艺必工;心心在一职,其职必举。把工作做到极致,工匠们的"匠心"在时间的淬炼下坚定,也在不懈的攀爬中沉淀。

　　执着追求,脚踏实地,为弘扬工匠精神领航。纵观各行各业,所谓杰出之士或许不在于才能有多出众,而在于其将精益求精之专注融入工作中,一心一意方成硕果累累。陈良杰在第十届国际残疾人技能大赛中一举夺魁,实现他在计算机"文本处理"项目的荣誉大满贯。在先进事迹报告会上,他借助 AI 智能语音用最朴实的语言讲述他虽无法听说,却在无声的世界里顽强拼搏、自强不息的励志经历,完美诠释要想成为一代工匠,忘记浮华虚无、潜心事业、执着追求、脚踏实地是唯一的选择。

　　匠心独运,专注创新,为弘扬工匠精神助航。从神秘故宫到掌上故宫的转变,是高大上的科技创新,从塑料吸管到可降解的转变,是精益求精的企业工艺,更是焕发生机的技术创新。创新是时代长盛不衰的奥秘,技能工作室、博士后工作站、院士专家工作站、工匠学院的先后成立,为企业技能锻造搭建平台,全国

---

① 沈守贤:《焠匠心之"火",铸时代之"刃"》,载《景兴报》,2023 年第 4 期。

劳模、省劳模、市劳模的先进标杆为我们人才培养树立榜样，我们只有将匠心意识融于创新，企业发展的血脉才能有新鲜血液不断涌入，焠匠心之"火"，以创新打磨，方铸时代"利刃"。

工匠精神的诠释不仅体现在专注和创新，还体现于乱花渐欲迷人眼中独守芬芳，于污浊淤泥中濯而不妖。年轻人有敢于尝新尝鲜的特质，不过，尝新抵达创新的最后"一公里"，往往需要"工匠精神"来铺就，就像既有"四两拨千斤""乾坤大挪移"，也有"重剑无锋""以拙胜巧"，伟大的观念也离不开扎实的手艺。在这个喧嚣的时代，一如《干法》中所说："劳动的意义不仅在于追求业绩，更在于完善人的内心。"当匠心不再流浮于品质的保障，切实成为一种心灵的陶冶、一种修身养性的境界时，匠心精神的诠释或许才算尽善尽美，不失本真。

在新征程上，大力弘扬工匠精神，重视发挥产业工人队伍的作用，使创新才智充分涌流，就能凝聚起强大的创新动能，为企业高质量发展注入不竭动力。无论从事什么职业，只要具有"择一事终一生"的执着专注、"干一行钻一行"的精益求精、"偏毫厘不敢安"的一丝不苟、"千万锤成一器"的卓越追求，就能以勤学长知识、以苦练精技术、以创新求突破，在平凡的岗位上创造出不平凡的业绩。

以匠心致初心，用平凡成就不凡。致敬每一个努力工作的你！

危机中敢担当,风浪中勇前行[①]

受新冠病毒感染疫情、俄乌冲突等影响,国内外市场形势依然严峻,企业经营发展面临重大挑战,企业如何避免危机发生或使危机造成的损失和影响尽可能降到最小程度,预防危机是危机管理的首要环节,是我们共同要应对并解决的问题。危机当下,我们要在危机中强练内功抓机遇、敢于挑战挖潜力、化危为机促发展。

一是稳定生产,提升运行。纸机稳定运行,是产量与质量的保证,实现"零断纸"是生产管理的终极目标。稳定生产,首先要做到清洁生产,深入内部加强纸机各工段系统清理。其次要全面落地工艺标准化,把控重点参数,严肃工艺执行力,如通过精准各品种车速管理,提升纸机有效运行率;碎浆机叶轮优化,提升浆线产能发挥;保证纸页出压榨干度,减少干部断纸,降低蒸汽单耗;重视岗位首检与专业点检,全方位监控设备运行动态,减少设备故障率,使工艺生产、技术和设备紧密相联,为纸机的稳定运行保驾护航。

二是保证质量,减少客诉。质量是企业的生命,没有质量就没有市场。目前市场疲软,质量投诉风险增大,我们需苦练内功,实现全员过程质量管控。全面提升全员质量意识,提高员工的工作效率,努力向专业化、精细化方向发展,保证产品质量,真正实现"不接受不良品,不制造不良品,不流出不良品";通过原料品种与结构优化,并对原料指标精准测试;提升浆料处理质

---

① 钱晓东:《危机中敢担当,风浪中勇前行》,载《景兴报》,2023 年第 12 期。

VI

景兴众议

量,确保二段三段精筛筛缝标准化管理;提高淀粉强度指标。

三是杜绝事故,保全设备。"事故"是最大的浪费。从设备维保和定修深入,运用好"二八法则"——百分之八十的精力去解决百分之二十的核心问题(重复性问题、关键疑难问题、贵重设备保养问题);从设备运行深入,使设备稳定运行的层面向高效运行层面转变;从设备事故管理深入,向设备本体内部与运行功能方面发展,做好定修工作,精准掌控设备的运行;从设备事故细化深入,严查隐患漏洞、狠抓整改落实,以点带面、举一反三,杜绝同类事故发生,使之长效治理;做到"预防为主,防患于未然",提高设备运行率,发挥设备性能最大化,纵深推进达到"零故障、零事故、零断纸、零缺陷"。

四是全面精益,降本增效。推行全面精益是企业生存发展的关键。全面精益管理中 TPM、阿米巴、人才复制等都是精益管理的精华,我们要遵循科学的管理方式,才能把企业做大做强。阿米巴划分小单元经营核算,持续通过科目的梳理、流程的编制、数据的收集打好基础,实现降本增效;TPM 深入对两源(发生源、困难源)方面的治理,针对故障发生源、不良发生源、浪费发生源、点检困难源、注油困难源几方面同步开展,从而避免设备故障,提高纸机的有效运行,提升岗位操作工对设备的认知能力,提升设备员工对设备的维保能力,真正树立"我的设备由我来维护"的正确观念。

只有付出不亚于任何人的努力,才能在这个竞争激烈的市场环境里立足,以提产、降耗、提升品质与纸机运行率为目标,做好生产质量过程监控、设备运行状态监控,树立强烈的危机意识,沉下心来,脚踏实地,刻苦钻研,方能带领团队赢得未来。

附录 景兴纸业大事记

- 1984 年 7 月 10 日,曹桥乡工业公司、曹桥供销合作社签订联办平湖(第二)造纸厂联营协议合同,合同约定曹桥供销合作社提供基建和设备资金 25 万元,不足部分由曹桥乡工业公司承担,盈亏承担比例为 6∶4。协议由曹桥乡人民政府监证。

- 1984 年 7 月 20 日,平湖县乡镇企业管理局正式批复同意成立平湖第二造纸厂(以下简称"二纸厂"),固定资产投资 36 万元。吴全荣任厂长,沈勤荣任副厂长。

- 1984 年 8 月,浙江省平湖第二造纸厂正式投产。

- 1985 年,朱在龙进平湖第二造纸厂。历任组长、主任、科长。

- 1985 年 8 月,1 号机(PM1,1 092 mm 三网四缸造纸机)投入运行,生产普通箱板纸和普通瓦楞原纸。

- 1986 年 10 月 27 日,曹桥乡人民政府发布文件(曹政 86-24 号),任命朱在龙为平湖第二造纸厂副厂长。

- 1987 年 11 月 30 日,平湖第二造纸厂由曹桥乡工业公司独立经营。双方协议明确工业公司分期归还曹桥供销合作社 25 万元(本息),1988 年 12 月 31 日前结清。协议由曹桥乡人民政府、平湖县供销联社共同监证。

- 1988 年 1 月 13 日,曹桥乡人民政府发布文件(曹政 88-1 号),任命朱在龙任第二造纸厂厂长,戈海华任副厂长。此后,在朱在龙的领导下,平湖第二造纸厂开始大刀阔斧改革,全面倡导"向管理要效益""生产不停,技改不断"等先进经营理念。通过扩建、技改,企业不断发展壮大。

- 1988—1991 年,第二造纸厂扩建改造 2 号机、3 号机。

- 1991 年 3 月 7 日,曹桥乡人民政府发布文件(曹政 91-13 号),任命朱在龙为平湖东方造纸联营厂厂长,陈仁珊、戈海华为副厂长。

● 1992 年 6 月,平湖市第二造纸厂被浙江省人民政府授予"省重点骨干乡镇企业"荣誉称号。

● 1992—1993 年,平湖市第二造纸厂实施"3250 工程",该项目建设投资 3 250 万元,扩建两条 2 400 mm 流水线(即"4 号机"和"5 号机",后改名为"5 号机"和"6 号机")。从试运行至正式投产历时 1 年多。公司迅速成为造纸包装业界的后起之秀,奠定了以高档绿色环保包装纸为主导的发展布局。

● 1993 年 9 月,浙江省计划经济委员会、浙江省经济体制改革委员会等发布评价证书,认定平湖市第二造纸厂在 1992 年度全省工业企业评价排序中,进入行业规模第 16 位,行业效益第 14 位。

● 1993 年 10 月,中国包装科技信息中心站评定平湖市第二造纸厂为"守财政信誉十佳单位"。

● 1994 年 1 月,经过一年多的试运行,5 号机(PM5,2 400 mm 圆网多缸纸机)投入运行,生产各种牛皮箱板纸。

● 1994 年 1 月,平湖市第二造纸厂被国家统计局认定为 1993 年"中国行业一百强"。

● 1994 年,成立林兴造纸原料公司。

● 1994 年 9 月,平湖市第二造纸厂经浙江省计划经济委员会、省体改委、省统计局、中国企业评价中心浙江分中心等认定,进入"全省最佳经济效益"工业企业评价序列。1995 年 7 月、1996 年 10 月、1998 年 7 月等,进入全省"行业最佳经济效益"工业企业评价序列,并分别获得相应评价证书。

● 1994 年 10 月,平湖市第二造纸厂获国家统计局、中国行业企业信息发布中心"中国企业排序证书",按 1993 年利税总额统计指标,第二造纸厂荣列全国造纸及纸制品业行业第 80 名。

● 1995 年 1 月,平湖市第二造纸厂被国家统计局认定为 1994 年"中国行业一百强"。

● 1995 年 2 月,全国划分企业类型协调小组将公司确定为"国家大型企业"。公司自此晋升进入国家大型企业行列。

● 1995 年 2 月,中共嘉兴市委、嘉兴市人民政府授予平湖市第二造纸厂 1994 年度"嘉兴市百强乡镇企业"称号。

● 1995 年 2 月,为表彰浙江省平湖市第二造纸厂及法人代表朱在龙任内卓越的经营业绩,联合国技术信息促进系统中国国家分中心、国家统计局授予第二造纸厂"中国优秀民营企业"荣誉称号。

● 1995 年 4 月 13 日,平湖市第二造纸厂向曹桥乡党委提交组建党委会的申请报告。报告载明,公司职工人数 1 300 余人,其中党员 52 人,各类技术人员 136 人,专业学校毕业及经专业学校培训的有 337 人。

● 1995 年 5 月,国家科学技术委员会、中国工商银行、国家劳动部、国家外国专家局、国家技术监督局等五部委授予公司研制开发的 2 400 mm 低克重牛皮箱板纸(320 g/m^2)为"国家级新产品"称号。

● 1995 年 5 月,平湖市第二造纸厂在农业部乡镇企业局、中国乡镇企业协会发布的 1995 中国乡镇企业评价排序中,荣获"中国最大经营规模乡镇企业 1 000 家"的第 673 名。

● 1995 年 6 月,平湖市第二造纸厂在农业部乡镇企业局、中国乡镇企业协会发布的 1995 中国乡镇企业评价排序中,荣获"中国最高利税总额 1 000 家"的第 552 名。

● 1995 年 6 月,平湖市第二造纸厂在农业部乡镇企业局、中国乡镇企业协会发布的 1995 中国乡镇企业评价排序中,荣获"1995 中国造纸及纸制品业行业最大规模乡镇企业 100 家"的第 5 名,成为全国乡镇造纸行业规模"五强"之一。

● 1995 年 6 月,平湖热电厂建设项目由平湖市计经委批准。项目规模为 3 台 35t/h 中温中压链条炉,2 台 6 000 kW 抽凝式汽轮发电机组以及相配套设施,总投资 8 000 万元。

● 1995 年 9 月 17 日,平湖市第二造纸厂 2 400 mm 牛皮箱板纸获中国包装科技信息中心站、《中国新包装》编辑部颁发的"1995 年全国包装科技成果奖"二等奖。

● 1995年10月，平湖市第二造纸厂在国家统计局按1994年利税总额统计指标的排序中，荣列中国造纸及纸制品行业百强企业第30名。

● 1995年，平湖市第二造纸厂被浙江省计划经济委员会、省体改委、统计局、浙江省企业评价中心等认定列入"浙江省最大工业企业"评价序列。并于1997年8月和1999年7月，分别再次进入"浙江省最大工业企业"评价序列。

● 1996年1月，经浙江省政府计经委、省体改委批准，浙江省平湖市第二造纸厂改制设立为浙江景兴纸业集团有限公司（以下简称为"景兴纸业"），注册资本7 800万元。

● 1996年4月，平湖市第二造纸厂的2400 mm‑125 g/m² 高强度瓦楞原纸获浙江省计划经济委员会颁发的"1995年度浙江省优秀新产品奖"三等奖。

● 1996年10月，平湖市第二造纸厂被浙江省计划经济委员会、体改委、统计局、浙江省企业评价中心等认定列入全省"行业最佳经济效益工业企业"评价序列。

● 1996年10月，景兴纸业在全国造纸、包装行业中率先通过中国商检质量认证中心ISO9002‑1994质量管理体系认证（证书号：3300‑96257）。

● 1996年12月，浙江省乡镇企业局、省技术监督局、工商行政管理局授予捷龙牌牛皮箱板纸为"浙江省地方工业名牌产品"。

● 1997年5月22日，中共平湖市委批复，同意建立中共浙江景兴纸业集团委员会，隶属于曹桥乡党委领导。

● 1997年8月，景兴纸业新建7号机开车试机，9月底该机车速突破80米。该纸机投资700多万元，由原4号机部分拆迁改造而成，平均日产36吨优质高强度瓦楞原纸。

● 1997年9月2日，中共平湖市委组织部批复曹桥乡党委请示（平组批97‑28），同意浙江景兴纸业集团公司党委下设造纸一厂支部、造纸二厂支部、造纸三厂支部和热电厂支部等四个党支部。

● 1997年9月30日，景兴纸业下属子公司平湖市景兴包装材料有限公司前身——浙江景兴纸业集团包装材料厂创立。

● 1997年10月20日，曹桥乡团委批复(97-5号)，同意成立浙江景兴纸业集团公司团委，隶属于乡团委。

● 1997年10月22日，曹桥乡妇女联合会批复(97-4号)，同意成立景兴纸业妇联，朱芳珠任妇联主席，毛凤梅任副主席。

● 1997年10月24日，《景兴报》创刊，创刊号为浙企准字第0301号，现刊号为浙企准字第F008号。

● 1998年3月26日，2号机改造投产成功。此后，6号机的小改造也与8号机扩建、纸管生产线项目基本同步完成。景兴纸业产业结构进一步拓展和优化。

● 1998年5月初，景兴纸业被浙江省人民政府增补为"五个一批"重点骨干企业(省培育工作领导小组，办字〔1998〕2号)。同时，景兴纸业获"小巨人"企业和"三星级"企业称号。

● 1998年5月，景兴纸业"倒逼成本管理体系"成果获嘉兴市1997年度青工"五小"科技成果二等奖。获奖者为张金祥、盛晓英、鲁富贵、戈海华。

● 1998年6月1日至9日，景兴纸业常务副总经理戈海华、总工程师郭廷智随轻工总会商务考察团参观和考察了芬兰、奥地利制浆造纸国际博览会。

● 1998年7月29日，朱在龙总经理在全省企业改革工作会议上被浙江省政府授予"省优秀企业经营者"称号。

● 1998年9月，景兴纸业在中国包装技术协会第五次全国代表大会上被中国包装技术协会、中国包装技术协会包装企业家联合会授予"全国先进包装企业"光荣称号(证书编号:00061)。

● 1998年9月，景兴纸业180—250 g/m² 高强度箱板纸获中国包装科技信息中心站、《中国新包装》编辑部颁发的1998年度全国包装科技成果奖二等奖。

● 1998年12月，浙江省环保局监察小组等一行21人来景兴纸业进行造纸废水治理工程及达标排放检查。公司顺利通过验收，省环保局副局长肖军、平湖市副市长刘耀明到会指导工作。

● 1998 年 12 月 3 日至 15 日，朱在龙总经理随平湖市代表团赴台参加考察、交流和学习。

● 1999 年 1 月，景兴纸业被浙江省乡镇企业局、技术监督局等授予"浙江省质量效益型乡镇企业"。同年，景兴纸业被浙江省计划经济委员会命名为"浙江省四星级企业"。

● 1999 年 1 月 13 日，景兴纸业召开 1998 年度总结表彰大会。大会表彰了 1998 年度"星级"班组、个人。董事长、总经理朱在龙作了题为《增创新业绩迎接新世纪》的重要讲话。

● 1999 年 3 月，景兴纸业在嘉兴市三级干部大会上被授予 1998 年嘉兴市"三好企业"、科学进步优秀企业、优秀技术改造项目等奖牌和锦旗。高金法副总经理获得"嘉兴市销售优秀工作者"荣誉称号。

● 1999 年 3 月，平湖市政府、市委组织部和市科委组织召开市第四批优秀专业人才座谈会。常务副总经理戈海华作为优秀专业人才之一参加会议，并接受记者采访。

● 1999 年 4 月 6 日，景兴纸业 5 号机技改工程完成。5 号机自年初全面进入安装。在戈海华副总经理指挥下，将纸幅送到卷纸机，技改工程取得成功。

● 1999 年 7 月，为树立企业对外形象，彻底改善办公环境，经集团上层领导反复讨论商定，将出资 380 万元，耗时 10 个月，在纸业公司行政区内兴建集团办公大楼。

● 1999 年 7 月，公司获省"五个一批"和"三星级"企业命名，并获省市 1998 年度"治安安全单位"称号。

● 1999 年 7 月，据中国乡镇企业协会公布的全国造纸及纸制品行业最大经营规模乡镇企业的排序，景兴纸业名列第 6。

● 1999 年 8 月 11 日，浙江省对口帮扶四川省贫困地区、对口支援三峡工程移民工作领导小组办公室授予景兴纸业"1998 年度全省'双对口'工作先进单位"称号。

● 1999 年 9 月，景兴纸业荣获浙江省人民政府颁发的"浙江省四星级企业"荣誉证书，这是全省造纸行业首家获得四星荣誉称号的企业。

● 1999 年 9 月,公司捷龙牌牛皮箱纸板被浙江省人民政府认定为"浙江名牌产品"。2003 年浙江名牌产品认定委员会继续授予景兴纸业"浙江名牌"称号。

● 1999 年 10 月 9 日,景兴包装材料厂一次性获得 CQC 浙江评审中心关于 ISO9002 质量体系推荐认证。

● 1999 年 11 月,景兴纸业被中国包装技术协会评为"中国包装龙头企业"。

● 1999 年 11 月 21 日,景兴纸业 1999 年技改重点项目 9 号机顺利开机运行,这条 2100 型造纸生产流水线日产 50 吨低克重高强度牛皮箱板纸,生产定量 200 g/m² 箱纸板,车速可超 100 m/min。自此,景兴纸业生产规模将首次突破 10 万吨大关,为公司更快发展奠定了坚实基础。

● 1999 年 11 月 24 日至 12 月 3 日,朱在龙总经理在法国、意大利等五国二区进行了造纸包装科技考察。

● 1999 年 12 月,浙江景兴纸业集团包装材料厂获得中国进出口商品质量认证中心颁发的 ISO9002 质量体系认证证书(证书号:3300/993349)。

● 1999 年 12 月,朱在龙举债 2 000 多万元,从曹桥乡集体资产经营管理公司手中,受让了景兴纸业 2 750 万元的出资额股份。在他的带领下,景兴纸业发展步入快车道。

● 2000 年 1 月,浙江省乡镇企业局授予景兴纸业"浙江省科技先导型企业"和"浙江省乡镇企业管理示范企业"两项称号。

● 2000 年 1 月 15 日,由公司与浙江大学联办的企业管理大专班在曹桥中学举行开学典礼,共 58 名干部员工取得入学资格。

● 2000 年 2 月,景兴纸业召开资本重组后的首次股东大会,共有 32 位股东代表和职工代表参加。会议由徐俊发主持,先后通过公司重组筹备情况报告、公司章程,最后选举产生了新公司董事会、监事会组成人员。朱在龙担任董事长。

● 2000 年 3 月,中国包装科技信息中站组织的全国包装暨宣传工作会上,景兴纸业选送的纸蜂窝产品被评为"包装科技成果优秀奖"。

● 2000 年 3 月 29 日,国家经贸委国经贸投资(2000)271 号通知,景兴纸业拟建年产十万吨造纸高强度低克重牛皮箱纸板技术改造项目经国家经贸立项批复,列入国家重点技术改造"双高一优"项目。

● 2000 年 4 月 7 日,"景兴工业园"总体规划通过初步论证。会议邀请了市政府有关部门领导参加,总体规划初步论证获一致通过。工业园规划总占地面积达 1500 亩,总规划至 2015 年,近期规划到 2005 年,占地面积 600 亩。

● 1999 年 5 月,景兴纸业荣登 1998 年度浙江省"纳税大户"光荣榜。

● 2000 年 6 月 6 日,景兴纸业荣获"平湖市人才工作先进集体"光荣称号。鲁富贵、程正柏被市政府授予"市优秀引进人才"称号。

● 2000 年 7 月,景兴纸业受到农业部的表彰,被授予"全国乡镇企业管理先进单位"荣誉称号。

● 2000 年 7 月 28 日,中共曹桥乡委员会发布(2000)37 号通知,朱在龙任景兴纸业集团党委书记,沈守贤任副书记,徐俊发、戈海华、高金法、张金祥、褚其仁任党委委员。

● 2000 年 9 月,集团常务副总经理戈海华被共青团浙江省委、浙江省经济贸易委员会、浙江省劳动合同社会保障厅联合授予"一九九九年省优秀青年岗位能手"光荣称号。

● 2000 年 9 月,景兴纸业及其选送的蜂窝纸板在全国包装科技和《中国新包装》宣传工作二十周年会议上分获"优秀包装产品单位"和"全国包装科技成果一等奖"。

● 2000 年 9 月,集团大楼落成启用。

● 2000 年 9 月 8 日,中共浙江景兴纸业集团党委召开成立大会,会议宣读了中共曹桥乡委员会(2000)37 号《关于朱在龙等同志任职的通知》,新任党委书记朱在龙作《团结奋进,开拓创新,为实现新千年景兴宏伟目标而奋斗》的报告。

●2000 年 9 月 19 日,时任浙江省委书记张德江一行在嘉兴市委副书记、市长杨荣华、平湖市委书记阮鑫光、市长万亚伟等领导的陪同下考察景兴纸业,参观了 9 号机生产车间,董事长朱在龙陪同介绍。

●2000 年 11 月,景兴纸业 10 号机(PM10,4 800 mm 四叠网纸机)高档牛皮箱板纸项目开始动工。此前,该项目经国家经贸委立项批复,列入国家重点技术改造"双高一优"项目。

●2000 年 11 月 15 日,中国包装技术协会、中国包装企业家联合会表彰大会上,公司董事长朱在龙荣获"中国当代优秀包装企业家"光荣称号,集团公司获"中国 200 强先进包装企业"荣誉称号(中包彰字 121 号),选送的蜂窝纸板获"中国包装科技成果奖"。

●2000 年 12 月,全国工商联评定集团公司名列 1999 年度中国民营企业 500 强。

●2000 年 12 月 13 日,景兴纸业团委正式成立暨第一次团代会召开,副董事长徐俊发、乡团委书记季小英、公司党委副书记沈守贤等领导出席会议。

●2000 年 12 月 16 日起,景兴纸业朱在龙、戈海华、郭廷智等一行 7 人赴美国、加拿大进行为期半个月的技术考察,主要对 10 万吨造纸项目部分引进设备的生产企业进行考察和技术交流。

●2001 年 6 月,"上海茉织华、日本制纸、日本 JP 公司投资合作景兴集团签字仪式"在平湖举行,平湖市委、市政府、市人大、市政协以及相关局、银行领导、新老股东、上海茉织华股份有限公司、日本制纸株式会社、日本纸张纸浆商事株式会社、平湖市国有资产经营有限公司、平湖市电力实业总公司、曹桥乡集体资产经营公司、景兴纸业集团的代表出席。

●2001 年 6 月,集团公司党委书记、董事长兼总经理朱在龙荣登由中共浙江省委主办的《共产党员》杂志六月号(总第 411)封面人物。

●2001 年 7 月,"全国纺织用纸管专业委员会会员大会"在昆明召开,景兴纸业纸管公司被评为"全国纸管行业十强企业"之一,公司经理宋明华参会。

● 2001年8月28日，浙江景兴纸业股份有限公司成立仪式暨第一届股东大会及董事会、监事会在浙江景兴纸业集团总部举行。

● 2001年9月26日，经浙江省人民政府企业上市工作领导小组浙上市〔2001〕61号文批复，浙江景兴纸业股份有限公司正式设立。

● 2001年9月，按照职工捐资及企业等额划拨的原则，朱在龙推动在景兴成立平湖地区首家"1＋1"互助互济基金。基金意在通过给生病住院、工伤、车祸和意外灾害的职工发放救助金，帮助他们解决经济问题。

● 2001年10月，景兴纸业获中宣部、国家计划生育委员全国婚育新风进万家"先进单位"。

● 2002年1月，浙江省乡镇企业局、省中小企业局授予景兴纸业技术中心为"浙江省省级乡镇企业（中小企业）技术服务中心"。

● 2002年1月，股份公司一届二次董事会决定由戈海华任股份公司总经理。

● 2002年1月14日，景兴纸业董事长朱在龙一行赴日本进行为期一周的商务考察，访问日本制纸总部及日本JP公司，与日本方面签署相关技术支持协议，结束对日本的考察后朱在龙董事长还将赴美对"美废"行情及供应情况进行考察。

● 2002年4月，嘉兴市总工会授予景兴纸业"先进职工之家"。

● 2002年4月，在2002年五四青年节前，景兴纸业董事长朱在龙荣获第四届"嘉兴市十大杰出青年"光荣称号。

● 2002年4月，平湖集中供热项目进入实施阶段，平湖市景兴科技投资有限公司与平湖市经济开发区共同组建平湖市景源热力有限公司，集中供热工程总投资2672万元。

● 2002年4月，《景兴报》取得浙江省新闻出版局颁发的企业报刊内部资料准印证，准印号：浙企准字第0301号。

● 2002年4月3日，浙江省省长柴松岳在市长万亚伟陪同下，视察景兴工业园，公司董事长朱在龙陪同。

● 2002年5月,景兴纸业董事长朱在龙被中华人民共和国农业部评为第四届"全国乡镇企业家",充分肯定其为经济发展所做出的贡献。

● 2002年5月,由国家环保局政策研究处处长原庆丹率领的调研组来到浙江景兴纸业股份有限公司,就污染治理设施社会化管理工作进行调研。

● 2002年6月,浙江景兴纸业股份有限公司开发生产的新产品AJ纱管原纸获得"浙江省职工经济技术创新活动优秀成果奖"。

● 2002年6月,浙江景兴纸业股份有限公司获得第十二届"浙江省设备管理优秀单位"称号,纸业股份有限公司王爱其获第七届浙江省设备管理先进个人殊荣。

● 2002年6月15日,景兴纸业集团造纸有限公司15万吨纸机于6月15日正式顺利试产。10号机(PM10)第一卷纸出厂。此项目自2000年9月开始筹建,历时22个月终于顺利完工,景兴纸业朝100万吨目标又迈进了一大步。

● 2002年6月18日,景包二期工程关键项目——1600瓦楞纸板流水线进行了安装完成后的首次全面调试,流水线开机成功。

● 2002年7月2日,浙江省环保局环境工程技术评估中心主持召开浙江景兴纸业集团造纸有限公司年产10万吨牛皮箱纸板工程年增产5万吨技改项目环境影响评价大纲评审大会,环评大纲获得通过。

● 2002年8月,中华工商联合会办公室授予证书,表彰景兴纸业"在2001年度全国工商联上规模民营会员企业经营情况调研中营收总额列第278位"。

● 2002年9月30日,浙江景兴纸业集团造纸有限公司与日本制纸株式会社、日本纸张纸浆商事株式会社在平湖市政府会议中心举行合资签约仪式,成立浙江景兴特种纸有限公司。平湖市委书记万亚伟等相关领导出席签约仪式。

● 2002年10月17日,浙江景兴股份有限公司ISO14001环境管理体系第二次评审顺利通过万泰认证中心认证。2002年10月

24 日,获万泰认证中心认证颁发的 ISO14001:1996 环境管理体系认证证书(证书号:26/02E0105R00)。

● 2002 年 12 月,浙江景兴纸业股份有限公司被农业部评为 2002 年全国第四批"乡镇企业创名牌重点企业"。

● 2002 年 12 月,浙江景兴纸业股份有限公司经省"五个一批"重点骨干企业培育工作领导小组办公室审定并报省人民政府同意,被确定为省"五个一批"重点骨干企业"2001 年度优秀企业"的光荣称号。

● 2002 年 12 月 21 日,浙江景兴纸业股份有限公司在浙江包装技术协会成立 20 周年纪念大会上被评为"浙江包装工业 50 强企业",董事长朱在龙被评为"浙江包装工业杰出企业家"。

● 2003 年 1 月 8 日,中国包装技术协会〔2003〕5 号文件批复,同意设立中国包装纸板(华东)开发生产基地。景兴纸业 2003 年 1 月起正式成为国家级包装纸板开发生产基地。

● 2003 年 2 月,浙江景兴纸业股份有限公司被浙江省经济贸易委员会授予"浙江省 2002 年度管理信息化先进企业"称号。

● 2003 年 3 月,浙江省总工会授予景兴纸业工会"模范职工之家"称号。同年 9 月,中华全国总工会授予景兴纸业工会"全国模范职工之家"称号。

● 2003 年 4 月 1 日,随着 9 号机第一卷纸的下机,景兴纸业"纸类家族"中又添一位新成员——SAJ 纱管原纸,其绝大部分强度指标达到或超过国内领先水平。

● 2003 年 4 月 11 日,受浙江省资源综合利用认定委员会委托,由嘉兴市经贸委主持召开造纸公司资源综合利用认定会议,会议认定景兴纸业造纸公司为资源综合利用企业,4 月 21 日正式获得浙江省经济贸易委员会颁发的"浙江省资源综合利用企业认定证书"。

● 2003 年 5 月 19 日,平湖市市长马邦伟在平湖相关部门及曹桥乡领导的陪同下视察景兴纸业,董事长朱在龙、副总经理徐俊发、董事汪为民参与接待。

● 2003 年 5 月 27 日,浙江景兴纸业残疾人协会在市、乡残联、民政等有关部门以及上级党委和政府的亲切关怀下正式成立。

● 2003 年 6 月,浙江景兴纸业股份有限公司被浙江省经贸委员会、浙江省环境保护局确定为首批省级"绿色企业",这是对景兴历年来坚持清洁生产,保护环境,坚持可持续发展努力的肯定。

● 2003 年 7 月,景兴纸业被浙江省造纸行业协会授予"2002 年度造纸行业安全生产先进单位",戈海华、张林芳、盖良丰获得"造纸行业安全生产先进工作者"荣誉称号。

● 2003 年 9 月 5 日,《浙江日报》刊载确认,景兴牌箱板纸被省质量技术监督局认定为"浙江省名牌产品"。

● 2003 年 9 月 23 日,造纸公司年产 15 万吨项目顺利通过竣工验收。浙江省经贸委、省环保局、省造纸协会和嘉兴市经贸委,平湖市建设局、规划局、经贸委、财政局、档案局及相关部门的领导共 30 余人参加验收工作,验收会由省经贸委主持。

● 2003 年 10 月 16 日,浙江景兴日纸有限公司举行年产 15 万吨高强度瓦楞纸项目开工仪式。日本联合纸业会长小林正夫、日本纸张纸浆商事株式会社社长松谷克,以及嘉兴市和平湖市有关领导、茉织华股份公司董事长李勤夫、景兴纸业董事长朱在龙、总经理戈海华等出席了开工仪式。

● 2003 年 10 月 27 日,股份公司、造纸有限公司顺利通过 ISO9001:2000/14001:1996 认证审核。股份公司正式通过 ISO9001:2000 版质量管理体系换版认证并通 ISO14001 监督审核;造纸公司两个管理体系顺利建立。

● 2003 年 12 月,浙江景兴纸业股份有限公司进入由全国工商联组织的"2002 年度全国民营企业 500 强"行列,排名第 249 位。

● 2004 年 4 月,日本著名的 NHK 电视台在国台办、嘉兴外办和平湖外办的相关领导陪同下,来到造纸公司采访并拍摄《变废为宝》电视片。

● 2004 年 5 月,浙江省工商局和浙江省私营(民营)企业协会公布浙江省民营企业百强榜和浙江诚信民营企业百强榜。浙江景兴纸业股份有限公司榜上有名,名列第61位。

- 2004年5月21日,5号机技改后的第一卷纸下机,标志着5号机技改取得重大进展。

- 2004年6月,景兴纸业造纸公司月产量首次突破15 000吨。

- 2004年8月,浙江景兴纸业股份有限公司负责实施的"废水处理全封闭回用技改项目"获得"2003年浙江省职工经济技术创新活动优秀成果"殊荣。

- 2004年9月,国务院发展研究中心农村部、农业部农村经济研究中心等多部门单位联合授予景兴纸业"优秀企业"称号。

- 2004年9月18日,中国证监会前主席周道炯来公司考察,董事长朱在龙接待。

- 2004年9月30日,朱在龙董事长被浙江省委、省政府授予"浙江省劳动模范"称号。

- 2004年11月,景兴纸业平湖市恒丰科技投资有限公司与美国实耐格公司进行亚太纸管-实耐格转制签约仪式,同时景兴纸业与美国实耐格公司签订了纱管纸、工业纸管供销合作合同。石云良副市长等领导参加签约仪式。

- 2004年11月,日本JP访华团考察景兴纸业。

- 2004年11月,股份公司聘请上影厂拍摄上市推荐片。

- 2004年12月,中共浙江省委组织部发布"浙组通〔2004〕32号文件"(通知),正式宣布景兴纸业等42家非公企业为"党建工作省级示范企业"。

- 2004年12月9日,由曹桥街道文化站张金生作词、原平湖市音协主席马宏军作曲的"浙江景兴纸业之歌"——《我们的前景无比辉煌》在杭州市某录音棚录制成功。

- 2005年2月,景兴纸业造纸公司职工公寓落成。

- 2005年3月,浙江省包装技术协会授予景兴纸业为浙江省包装行业"楷模企业"。

- 2005年5月,景兴纸业10号机产量突破每个月1.6万吨。

- 2005年7月,景兴纸业成立30万吨项目领导小组并召开环评会议。30万吨项目领导小组下设指挥部1个、实施小组8个,由股份公司董事长朱在龙担任项目领导小组组长,由总经理戈海华担任总指挥,由副总经理徐俊发、江云根担任副组长。

- 2005年11月30日,景兴纸业12号机(PM12,5600 mm三叠网纸机)利用废纸纤维再生环保绿色包装纸项目举行开工奠基仪式。

- 2005年12月23日,景兴纸业召开保持共产党员先进性教育活动动员大会。

- 2006年1月,中国质量评价中心授予景兴纸业"AAA级中国质量信用企业"证书。

- 2006年初,公司从荷兰引进先进内循环厌氧反应器,建设一套日处理6000吨厌氧好氧处理设施,采用"厌氧＋好氧"处理技术,提高了废水治理水平。

- 2006年2月21日,景兴纸业与世界著名造纸机械提供商芬兰美卓公司签订30万吨项目纸机采购合同。该项目是2005年度浙江省重点建设项目。

- 2006年4月19日,朱在龙董事长出席在北京召开的2006年世界包装大会。中共中央政治局委员、国务院副总理曾培炎代表中国政府到会,并在会前与代表合影留念。

- 2006年4月20日,景兴纸业被中国包装联合会评为"中国包装龙头企业"、董事长朱在龙荣获"中国杰出包装企业家"称号,景兴牌牛皮箱板纸获得"中国驰名品牌"称号。

- 2006年7月1日,景兴纸业党委被中共浙江省委授予浙江省"先进基层党组织"荣誉称号。

- 2006年8月14日,经中国证券监督管理委员会证监发行字[2006]62号文核准,景兴纸业获准首次公开发行人民币普通股(A股)不超过8000万股股票。

- 2006年9月15日,景兴纸业在深圳证券交易所正式挂牌上市,成为全流通时代中小板浙江企业上市第五股。

- 2006年10月,景兴纸业喜获浙江省经济贸易委员会颁发的

"十五"技术改造优秀企业荣誉称号。

● 2006 年 10 月 26 日,中国光大银行郭友行长考察景兴纸业,董事长朱在龙以及平湖市委书记孙贤龙、光大银行杭州分行行长谭平等陪同。

● 2006 年 11 月 8 日,重庆景兴纸业有限公司举行开工仪式。重庆市有关领导、长寿区四套班子、平湖市有关领导以及景兴纸业有关领导共 101 人参加开工仪式。

● 2006 年 11 月 23 日,朱在龙董事长当选为平湖市工商联会长。

● 2006 年 11 月 25 日,景兴纸业副董事长、副总经理、财务总监徐俊发荣获"2006 中国总会计师年度人物奖"。

● 2006 年 12 月,浙江省质量技术监督局授予景兴牌箱板纸"浙江省名牌产品"称号。这项荣誉一直得到延续——浙江省质量技术监督局分别颁发证书 2010.12—2013.12、证书 2013.12—2016.12、证书 2016.12—2019.12 等,延续景兴牌纸板箱为浙江省名牌产品。

● 2006 年 12 月 25 日,中共浙江省委、浙江省人民政府授予景兴纸业"浙江省文明单位"称号。

● 2006 年 12 月 27 日,中国中轻产品质量保障中心评定景兴纸业生产的牛皮箱板纸、白面牛卡纸、纱管纸、高强度瓦楞原纸、纸箱系列产品为"国家合格评定质量信得过产品"(证书编号:宣A060111469)。

● 2007 年 1 月,董事长朱在龙当选为"平湖市第十三届人民代表大会"正式代表,并于 2007 年 2 月 6 日出席平湖市第十三届人民代表大会第一次会议。

● 2007 年 1 月,嘉兴市人民政府授予景兴纸业"2006 年度十大突出贡献工业企业"称号。

● 2007 年 1 月 5 日,景兴纸业 30 万吨项目举行设备安装启动仪式。朱在龙董事长要求不懈努力,保证项目如期投产。

● 2007 年 2 月,浙江省工商行政管理局授予景兴纸业注册并使用在 16 类箱板纸商品上的"景兴商标"为浙江省著名商标(有效期三年),2010 年 1 月(有效期三年)、2013 年 1 月(有效期三年)、2016 年 1 月(有效期三年)等,分别继续延续颁证加以确认。

● 2007 年 3 月 17 日,景兴纸业校企合作座谈会在公司举行。江云根、沈守贤、章红英以及嘉兴学院和嘉兴职业技术学院有关领导与会。受景兴资助的学生以及公司员工代表与会。

● 2007 年 4 月,嘉兴市副市长沈雪康率嘉兴市环保局、嘉兴市五县两区分管环保工作的副市长、县长、环保局长等一行莅临平湖景兴造纸有限公司,重点就"生态建设暨发展循环经济、节能减排工作"召开研讨会。

● 2007 年 5 月,景兴纸业获"浙江省五一劳动奖状"的殊荣(浙总工发〔2007〕41 号)。

● 2007 年 5 月 25 日,全国政协常委、中国包装协会会长石万鹏参观景兴纸业,市委书记孙贤龙陪同;嘉兴政协中心组到景兴纸业参观学习。

● 2007 年 6 月 15 日上午,景兴纸业与浙江科技学院签订双方合作创建实习基地的协议。浙江科技学院实习基地在公司挂牌。

● 2007 年 7 月 28 日,公司派员参加第十届健峰全国"品管圈"大会,景兴纸业"品管圈"囊括"健峰""石川"两项大奖。

● 2007 年 8 月,董事长朱在龙荣获浙江省第二届"优秀中国特色社会主义事业建设者"称号。

● 2007 年 9 月,景兴纸业年产 45 万吨包装纸项目竣工投产仪式暨 60 万吨包装纸板项目开工仪式在平湖市景兴造纸工业园隆重举行。嘉兴市委副书记朱伟、平湖市领导孙贤龙等应邀出席。

● 2007 年 10 月 19 日,经公司 2007 年第二次临时股东大会通过,并经中国证监会核准,景兴纸业增发 9 300 万股,募集资金用于公司进一步扩大生产规模。

● 2007 年 11 月,朱在龙董事长当选为浙江省第十一届人民代表大会代表。

● 2007 年 11 月,浙江省创建劳动关系和谐企业活动领导小组授予景兴纸业"浙江省创建和谐劳动关系先进企业"称号。

● 2007年12月10日，景兴纸业4R项目成功启航。朱在龙董事长、徐俊发副董事长、戈海华总经理、江云根副总经理、王志明副总经理等公司中高层领导和锡恩公司顾问小组成员参加会议。朱在龙董事长宣布景兴4R项目正式启动，并对培训寄予殷切的希望。本次会议标志着为期9周的4R执行力培训项目在景兴纸业正式启动。

● 2008年4月16日，日本制纸株式会社中村社长、海外部芳贺本部长以及日本制纸上海事务所石井所长等一行7人来访，朱在龙董事长对中村社长一行的到来予以热情接待。

● 2008年5月，景兴纸业组织为汶川震灾募捐，截至6月2日，景兴纸业已累计捐赠善款数十万元。

● 2008年9月22日至23日，全国工商联纸业商会举办的"纪念改革开放30年首届中国纸业发展大会"在北京举行，景兴纸业被全国工商联纸业商会评为首届中华蔡伦奖"杰出企业奖"。

● 2008年11月，在嘉兴市总工会组织的"2008年嘉兴市企业报刊评选活动"中，《景兴报》获"十佳企业报"称号。

● 2008年11月，景兴纸业综合部负责人、造纸公司党支部书记宋甫根被国务院农民工工作联席会议授予"全国优秀农民工"称号。

● 2008年12月，朱在龙董事长荣获"辉煌30年平湖市十大明星企业家"荣誉称号。

● 2008年12月，景兴纸业相关技术人员在公司总经理戈海华的带领下赴日本进行学习、考察。

● 2008年12月16日，景兴纸业朱在龙董事长当选为浙江省光彩事业促进会第二届理事会理事，并荣获"浙江省光彩事业奖"。

● 2008年12月26日，由中华工商时报主办的纪念改革开放30年民营企业系列成就颁奖典礼在北京人民大会堂隆重举行。景兴纸业荣获"2008年度最具成长性民营企业奖"荣誉称号。

● 2009年1月18日，南京景兴新扩建2500mm瓦楞纸板生产线联动调试成功。

● 2009年2月，景兴纸业副总经理江云根启程赴德国参加由嘉兴市经贸委组织的为期16天的企业供应链管理培训。

● 2009年3月，浙江景特彩包装"年产6.6亿平方米复合纸板项目"被列入省级重点技术改造"双千工程"项目计划。

● 2009年3月9日至11日，公司分三批次举行"五心"（即"做良心之人，做良心之事，说良心之话，拿良心之薪，怀感恩之心"）教育重要思想培训会，会议由人力资源部副经理章红英主持，总经理助理沈守贤、鲁富贵出席会议并做现场培训。

● 2009年4月，景兴纸业启动了沼气发电综合利用项目。年可发电1091.4万kWh，该项目是沼气生物能开发绿色电力和热力资源，是一项集变废为宝、环境保护、清洁能源、循环节约为一体的资源综合利用技术。

● 2009年4月，景兴纸业的企业商号"景兴纸业"被浙江省工商行政管理局延续认定为"浙江省知名商号"。

● 2009年4月2日，浙江省总工会副主席李锦平一行，在嘉兴市总工会副主席张心桥及平湖市总工会主席杨晓东等陪同下前来景兴纸业，就当前企业面临的困难和工会组织如何发挥作用开展调研。

● 2009年4月9日，嘉兴市召开"南湖百杰"优秀人才表彰大会，董事长朱在龙喜获"南湖百杰"之"嘉兴市突出贡献禾商奖"。

● 2009年4月17日，浙江省证监局党委委员、局长助理蒋潇华一行在嘉兴市政府企业上市办冯俊华主任陪同下莅临景兴纸业，就金融危机对公司的影响进行调研，并与公司董事长朱在龙、副董事长汪为民、董秘姚洁青进行了座谈。

● 2009年4月20日，中国造纸协会第二届理事会第二次会议和中国造纸协会第三届会员代表大会上，董事长朱在龙获"制浆造纸行业优秀企业家"荣誉称号，并当选为中国造纸协会第三届理事会副理事长，公司获得"全国制浆造纸企业30强"殊荣。

● 2009年4月24日，中国包装联合会全国包装行业企业信用等级评价结果揭晓,景兴纸业被评为 AAA 级信用企业。

● 2009 年 4 月 24 日至 26 日,全国造纸产业报刊协会第十八届年会上,《景兴报》获得"2007—2008 年度全国造纸产业十佳企业报刊"荣誉称号。

● 2009 年 4 月 29 日,浙江省庆祝"五一"国际劳动节暨先进表彰大会在省人民大会堂隆重举行。沈守贤获"全国五一劳动奖章"。

● 2009 年 5 月 30 日,天下浙商的盛会——2009 浙商大会暨浙江名优新产品(内需)采购对接会在浙江省人民大会堂隆重开幕,大会主题是"转型升级,逆势超越"。公司董事长朱在龙荣获"2009 浙商创新奖"。

● 2009 年 6 月 2 日,德国邮政副总裁汤姆及 DHL 国际采购主管卡洛斯一行来景兴纸业参观考察。景兴纸业董事长朱在龙接待客人并进行深入交流。

● 2009 年 6 月 2 日,景兴纸业入围"浙江省工业行业龙头骨干企业"名单。

● 2009 年 6 月 27 日,浙江大学浙商总裁(工商管理)高级研修班的 30 余名优秀民营企业家,来公司进行交流与参观考察。

● 2009 年 8 月 3 日,中国邮政指定浙江景特彩为新型邮件包装箱唯一供应商,签订了 5 省市 3 个月的定点试用协议。中国邮政同意在市场同类竞争性产品尚未达到浙江景特彩研制的新型包装箱的技术标准之前,指定浙江景特彩为唯一供应商。

● 2009 年 8 月 17 日,浙江省人大常委会副主任徐宏俊一行来公司调研指导。嘉兴市人大常委会主任徐士珍、副主任俞四兴,平湖市人大常委会主任何大利、副主任周建安陪同调研。浙江省人大代表、公司董事长朱在龙热情接待和交流。

● 2009 年 9 月 16 日,浙江省发展改革委员会组织召开景兴纸业年产 30 万吨利用废纸纤维再生环保绿色包装纸项目初步设计审查会。公司 30 万吨项目初步设计方案通过审查。

● 2009 年 9 月 21 日,台湾地区造纸工业同业公会代表团来景兴纸业参观访问,公司总经理戈海华陪同交流。

● 2009 年 10 月，景兴纸业 15 号机（PM15，4 800 mm 三叠网纸机）白面牛卡纸项目安装启动仪式正式开始。

● 2009 年 10 月，景兴纸业被中国包装联合会纸制品包装委员会评定为 2008—2010 年度"五星级企业"，被中华全国工商业联合会纸业商会授予"十佳优秀会员"荣誉。

● 2009 年 11 月 4 日，多米尼加共和国贸易损害和保障措施委员会主席玛克西米娜女士一行在国家商务部李增力处长、浙江省商务厅董千红及平湖市外经贸局局长肖建华等领导的陪同下来景兴纸业参观访问，公司副董事长徐俊发代表公司接待和交流。

● 2010 年 1 月 8 日至 10 日，由中国包装联合会纸制品包装委员会（简称"中包联纸委会"）主办的 2010 年全国纸包装行业工作会议在广东佛山隆重召开，王志明副总经理出席会议，景兴纸业被评为中包联纸委会"五星级企业"。

● 2010 年 3 月 1 日，公司取得杭州万泰认证中心颁发的 ISO9001:2008 质量体系证书，标志着公司顺利通过体系换版工作，质量体系建设迈入新的阶段。

● 2010 年 4 月 23 日，景兴纸业举行"情系玉树抗震救灾共建家园"捐款活动。捐款交由平湖市慈善总会统一捐赠，用于玉树灾区震后重建。

● 2010 年 6 月，景兴纸业被中国造纸协会、中国财贸轻纺烟草工会授予"全国造纸行业劳动关系和谐企业"称号。

● 2010 年 6 月 1 日至 4 日，董事长朱在龙应邀出席在北京召开的世界包装大会。

● 2010 年 7 月，浙江省企业联合会、省企业家协会联合公布 "2010 浙江省制造业百强企业"名单。景兴纸业荣获"2010 年浙江省制造业百强企业"。

● 2010 年 7 月 1 日，第三届"浙江省优秀企业报工作者"评选揭晓，《景兴报》编辑曹海兵获此殊荣。

● 2010 年 7 月 8 日至 9 日，"2010 民企投融资大会暨浙商 500强论坛"在浙江省人民大会堂隆重举行，同时揭晓"2010 浙商全国

附录　景兴纸业大事记

500 强"榜单,景兴纸业入选"2010 浙商全国 500 强",位居第 288 名。

● 2010 年 8 月,景兴纸业被中国轻工业联合会授予"2010 年全国轻工业企业信息化先进单位"称号。

● 2010 年 8 月,由浙江省企业联合会、浙江省企业家协会与省工业经济联合会(简称省"三会")联合举办的浙江省首届企业领袖年会表彰了浙江省第九届优秀企业家获得者。董事长朱在龙荣获"浙江省优秀企业家"称号。

● 2010 年 8 月 28 日,浙江省副省长金德水一行在嘉兴市副市长蒋仁欢等领导的陪同下来景兴纸业考察调研。朱在龙董事长汇报了景兴整体发展情况及节能减排工作,重点对公司"十二五"发展规划进行了介绍。

● 2010 年 8 月 31 日,嘉兴市委常委孙贤龙一行在平湖市领导盛全生等陪同下来公司调研。公司董事长朱在龙和工会主席沈守贤热情接待,并介绍 15 号机(PM15)项目建设及试运行等情况。

● 2010 年 11 月 7 日,景兴纸业总经理戈海华赴日本参加由日本海外技术者研修协会(AOTS)主办的为期 11 天的纸张再利用研修班。

● 2010 年 12 月,景兴纸业主办"中国包装纸板(华东)开发生产基地"被中国包装联合会授予 2010 年度"中国包装优秀产业基地"。

● 2010 年 12 月 21 日,由中信银行担任主承销商的"浙江景兴纸业股份有限公司 7 亿元短期融资券"在中国银行间市场交易商协会成功注册,景兴纸业成为平湖市第一家发行短期融资券的工业企业,将对平湖市企业利用新型债务融资工具、实现多渠道融资产生良好的示范效应。

● 2011 年 2 月 28 日,浙江省工商联九届五次执委(扩大)会议在杭州召开,朱在龙董事长作为平湖市工商联主席应邀出席本次会议,并担任浙江省工商联九届执行委员兼常务委员。

● 2011 年 3 月,景兴纸业获评全国工会"职工书屋"建设领导小组颁发的"全国工会优秀职工书屋"称号。

● 2011 年 3 月,景兴纸业品萱品牌问世;7 月,品萱第一款环保生活用纸系列产品新鲜出炉;10 月,品萱挺进卜蜂莲花超市,正式拉开了终端销售的帷幕;次月,品萱入驻家乐福超市,站稳上海并以此逐步辐射长三角地区。

● 2011 年 4 月,全国造纸产业报刊协会授予《景兴报》2009—2010 年度全国造纸产业"优秀企业报刊"。

● 2011 年 4 月,嘉兴市经济贸易委员会授予景兴纸业"2010 年度嘉兴市精细化管理示范企业"。

● 2011 年 4 月 9 日,景兴纸业和浙江科技学院校企合作成人教育班举行开学典礼。

● 2011 年 5 月 25 日,中国证监会发布《关于核准浙江景兴纸业股份有限公司非公开发行股票的批复》,同意景兴纸业增发 93 095 万元,用于投资 60 万吨高档包装纸板技改项目。

● 2011 年 6 月 3 日,景兴纸业参股公司浙江莎普爱思药业股份有限公司(以下简称"莎普爱思")收到中国证监会 111125 号《中国证监会行政许可申请受理通知书》,证监会正式受理莎普爱思首次公开发行 A 股股票的申请。景兴纸业全资子公司上海景兴实业投资有限公司持有莎普爱思 980 万股股份,占其总股本的 20%。

● 2011 年 7 月,嘉兴市人民政府授予景兴纸业"2010 年度嘉兴市节能降耗工作先进企业"称号。中共嘉兴市委创先争优活动领导小组授予景兴纸业"发展强、党建强"先进企业称号。

● 2011 年 7 月 29 日至 30 日,景兴纸业 2011 年度职业道德与形势任务教育暨中层干部述职评价汇报会分四批举行,公司领导朱在龙、徐俊发、王志明出席会议并讲话,来自各部门、子公司共 1 000 余名员工参加。

● 2011 年 8 月,景兴纸业荣登 2011 浙商全国 500 强。

● 2011 年 9 月,景兴纸业获得省级"高新技术企业"证书。

● 2011 年 9 月 23 日,景兴纸业青年职工胡勇喜获"浙江省青年岗位能手"称号。

● 2011 年 11 月 26 日,平湖市工商业联合会(总商会)第八次会员代表大会召开。大会选举产生了新一届执委会领导班子,景兴纸业董事长朱在龙连任第八届执委会主席、总商会会长。

● 2011 年 12 月 2 日,景兴纸业捐资助学仪式在浙江科技学院举行。景兴纸业党委副书记沈守贤、人力资源部副经理章红英代表公司与受助学生签约。

● 2011 年 12 月 3 日,景兴纸业被中国造纸协会授予 2010—2011 中国造纸工业"环境友好企业"荣誉称号。

● 2011 年 12 月 11 日至 17 日,景兴纸业副总经理徐海伟应日本制纸联合会邀请,加入中国造纸协会组织的代表团赴日参加中国构建纸张再利用体系研讨会。

● 2012 年 1 月,中共浙江省委宣传部、组织部下发文件,景兴纸业党委被评为"浙江省学习型党组织建设工作先进单位"。

● 2012 年 1 月,景兴纸业品萱成功登陆易买得,全面开创了景兴纸业生活用纸新时代。

● 2012 年 2 月,景兴纸业从浙江省经信委、省环保厅《关于公布 2010 年度浙江省绿色企业(清洁生产先进企业)名单的通知》获悉,景兴纸纸再次上榜省级"绿色企业"(有效期五年)。

● 2012 年 2 月 13 日,国家工业和信息化部、财政部、科学技术部联合公布《关于同意资源节约型环境友好型企业创建试点实施方案的批复》,景兴纸业入选首批"两型"试点企业。

● 2012 年 7 月,景兴纸业收到"2012 年浙商全国 500 强"奖牌。这是继 2011 年之后,公司又一次荣登"浙商全国 500 强"榜单。

● 2012 年 7 月,中国包装联合会授予景兴纸业 2011 年度"中国包装百强企业"(位列第 7 名)、2011 年度"中国纸包装行业 50 强"(位列第 2 名)。

● 2012 年 8 月,中华全国工商业联合会授予景兴纸业"中国民营企业制造业 500 强"称号,名列第 433 名。

● 2012 年 8 月,浙江省人力资源和社会保障厅授予景兴纸业"浙江省企业技能人才评价标准化体系建设基地"称号。

● 2012 年 9 月 28 日,景兴纸业年产 6.8 万吨高档绿色环保生活用纸项目奠基开工。

● 2012 年 10 月,景兴纸业组建后道加工生产车间,自主生产有芯卷纸、塑包面巾纸、盒装面巾纸等产品系列。

● 2012 年 11 月,景兴纸业掀起了学习党的十八大精神的热潮。

● 2012 年 11 月 16 日,浙江科技学院举行校企合作理事会成立暨国家级工程实践教育中心授牌仪式。景兴纸业被授予由教育部、财政部等 23 个部门联合颁发的"国家级工程实践教育中心"。公司总经理王志明被聘为浙江科技学院第一届校企合作理事会常务理事、浙江科技学院客座教授。

● 2012 年 12 月,景兴纸业获中国造纸协会等颁发的"2012 年度全国造纸行业节能减排达标竞赛优胜企业"。

● 2013 年 3 月 18 日,工业和信息化部节能与综合利用司副司长杨铁生一行莅临参观指导景兴纸业清洁生产工作。总经理王志明向杨铁生一行介绍公司基本情况以及"两型企业"和能源管理中心建设情况。

● 2013 年 5 月,景兴纸业被嘉兴市委、市政府评为"嘉兴撤地建市 30 周年优秀民营企业"。

● 2013 年 8 月 3 日,中共浙江景兴纸业第五次党员代表大会召开。大会产生了新一届景兴纸业党委及纪委领导班子。朱在龙当选为党委书记,沈守贤当选为党委副书记,党委委员为戈海华、盛晓英、鲁富贵、方瑞明、何士俊。

● 2013 年 8 月 22 日,嘉兴市第二届"十大风云人物"颁奖典礼暨嘉兴市第三届"十大风云人物"系列评选活动启动仪式上,董事长朱在龙获嘉兴市第二届"十大民企风云人物"称号。

● 2014 年 3 月,景兴纸业生活用纸事业部的手帕纸加工机顺利完成组装、调试、生产试机、产品试样等一系列工作。4 月,品萱生活用纸系列又添"新宠"——品萱纯色 3 层手帕纸,为品牌的扩延提供更多的方向。

● 2014 年 3 月 12 日,景兴纸业"一种箱板纸的制造方法"(发明人:张小红)获得国家知识产权局颁发的发明专利授权证书(证书号为第 1357189 号,专利号 ZL201210112014.3);景兴纸业"一种废纸脱墨方法"(发明人:徐清凉)获得国家知识产权局颁发的发明专利授权证书(证书号第 1356562 号,专利号 ZL201210112132.4)。

● 2014 年 3 月 25 日,景兴纸业成立党的群众路线教育实践活动领导小组,通过了党的群众路线教育实践活动的实施方案。

● 2014 年 4 月 15 日,由公司总经理王志明带队,生产技术环境一行人员赴日本考察原料收购及造纸厂环境治理工作,寻找原料收购使用突破及学习优秀企业环境治理的措施和方法。

● 2014 年 5 月,中共嘉兴市委宣传部、嘉兴市文明办、嘉兴市工商局、嘉兴市环保局等授予景兴纸业"2013 年度嘉兴市最具社会责任感企业""最具社会责任感上市企业"称号。

● 2014 年 5 月 8 日,景兴纸业年产 30 万吨高强度瓦楞原纸项目 16 号机(PM16,5 650 mm 长网纸机)安装开工仪式隆重举行。

● 2014 年 6 月 25 日至 27 日,PM10 片区的"奋斗圈"代表公司参加由浙江省质量协会、浙江省总工会、浙江省质量技术监督局、浙江省科学技术协会及浙江省妇女联合会共同举办的"2014 年度浙江省优秀质量管理小组成果发布会"。"奋斗圈"最终获得三等奖。

● 2014 年 7 月 2 日,企业参股公司浙江莎普爱思药业股份有限公司股票(证券代码:603168,证券简称:"莎普爱思")正式在上海证券交易所上市。

● 2014 年 9 月 29 日,景兴纸业获浙江省科学技术厅、财政厅、国税局、地税局四部门联合颁发的"高新技术企业"证书,编号:GF201433000236。

● 2014 年 11 月,由浙江景兴纸业股份有限公司研发的环保型白面牛卡纸获 2014 年嘉兴市科学技术进步奖二等奖(证书号:14 - 22)。获奖者为景兴纸业,戈海华、丁明其、廖昌吕、唐金军、徐清凉、唐永生、陈科、闫志海、汤瑜杰。

● 2015 年 4 月 22 日，芬兰伊马特拉市代表团就造纸行业污染处理来景兴纸业进行实地考察交流。

● 2015 年 5 月 14 日，浙江省环保厅副厅长张培国等在平湖市副市长何健等陪同下对公司固（危）废处理情况进行现场调研，公司副董事长戈海华、总经理王志明、副总经理徐海伟等接待交流。

● 2015 年 6 月，浙江景兴纸业股份有限公司、浙江景兴板纸有限公司和平湖市景兴包装材料有限公司顺利取得 FSC 认证证书。

● 2015 年 9 月 12 日，朝鲜民主主义人民共和国商业会议所东白合营会社朴社长一行到公司参观交流。公司董事长朱在龙、副总经理徐海伟等陪同朝鲜客人参观生活用纸生产车间。

● 2015 年 10 月，经过 1 个多月的后台搭建和测试，公司 OA 微信集成平台开始正常运行，并成功开通新闻中心、流程中心、协作区、通讯录等模块，让广大 OA 用户动动手指就能随时随地办公。

● 2015 年 10 月 22 日，中日合作共筑中国造纸行业节能低碳社会论坛在景兴纸业召开。上海环境科学学会常务副理事长陆书玉、浙江省环境科学学会原理事长陆茜、平湖市副市长钱勇彪、川崎市副市长三浦淳等与会。董事长朱在龙做主旨发言。

● 2015 年 11 月，中国设备管理协会授予景兴纸业"第十届全国设备管理优秀单位"称号。

● 2015 年 11 月，中国设备管理协会 2015 年理事会（扩大）会议暨全国设备管理先进表彰大会在北京人民大会堂召开，景兴纸业被评为"第十届全国设备管理优秀单位"。这是公司第一次获此殊荣，公司设备部经理王爱其受邀参加会议。

● 2015 年 11 月 5 日，国家卫计委综合监督局、监督中心、省卫计委综合监督局、嘉兴市卫生监督所专家一行到公司调研消毒产品监管工作情况。公司副总经理徐海伟陪同参观生活用纸生产车间。

● 2015 年 11 月 11 日，浙江景兴纸业股份有限公司和浙江治丞智能机械科技有限公司共同召开"机器换人"工作推进会议。公司董事长朱在龙、副董事长戈海华、总经理王志明和各部门各子公司领导干部出席会议。

● 2015 年 11 月 19 日，公司总经理王志明应邀赴浙江科技学院安吉校区进行"中国改革开放中的企业发展和人才素质需求"讲座。校企合作"知""实"结合，形式丰富。

● 2015 年 12 月 15 日，浙江省工商联副主席李任治等一行在平湖市副市长沈坚、市工商联党组书记杨永明等的陪同下来公司走访调研。平湖市工商联主席、公司董事长朱在龙等接待交流。

● 2015 年 12 月，景兴纸业年产 30 万吨高强度瓦楞纸项目正式投产。高强度瓦楞纸在保持纸张强度不变的情况下，可减少 30% 的能源消耗。景兴纸业通过完成对靴压施胶机的技术改造，把生产过程中的产品干度从 46%～49% 提高到 49%～51%，而每提高一个干度就意味着公司可以减少 5% 的蒸汽消耗量。

● 2016 年 1 月，国家科技部下达 2015 年度国家火炬计划项目的通知。景兴纸业研发的"环保型低定量高强白面牛卡纸"项目正式列入 2015 年度国家火炬计划，为产品转型升级提供了有力支撑。

● 2016 年 2 月，景兴纸业获"2015 年度平湖市专利示范企业"称号。公司员工创造了 2 项发明专利，十几项实用新型专利。

● 2016 年 5 月，景兴纸业技术中心荣获浙江省"工人先锋号"称号。

● 2016 年 8 月，景兴纸业上榜国家工商行政管理总局 2014—2015 年度"守合同重信用"企业名单。

● 2016 年 10 月，嘉兴市人民政府授予景兴纸业"环保型低克重高强度白面牛卡纸"项目嘉兴市科技进步三等奖。

● 2016 年 12 月 8 日，国家环保部水环境管理司司长张波一行在省市各级相关领导陪同下莅临公司调研废水刷卡排污建设工作，公司总经理王志明、总经理助理沈守贤等接待交流。

● 2017 年 3 月，景兴纸业排污许可证申报顺利通过国家环保部门审核，成为首批获得全国唯一编码排污许可证的企业之一，真正实现了对固定污染源"一证式"管理。

● 2017 年 3 月,嘉兴市消费者权益保护委员会授予景兴纸业"嘉兴市第十二届消费者信得过单位"荣誉称号。

● 2017 年 4 月,中华全国总工会命名浙江景兴纸业技术中心为"全国工人先锋号"。

● 2017 年 4 月 21 日,景兴纸业自主品牌品萱天猫旗舰店正式营业,标志着品萱生活用纸线上、线下双渠道销售迈出重要的一步。

● 2017 年 4 月,浙江省博士后工作办公室同意浙江景兴纸业股份有限公司设立浙江省博士后工作站。11 月,获得浙江省人力资源和社会保障局授牌。

● 2017 年 5 月 24 日,浙江省环保厅厅长方敏一行来公司调研"最多跑一次"改革、排污许可证管理等工作。嘉兴市副市长洪湖鹏,平湖市领导刘中华、何健等陪同调研,戈海华、丁明其、沈守贤等参加调研会。

● 2017 年 10 月 18 日,景兴纸业党委组织党员集中收看党的十九大召开盛况,聆听习近平总书记代表第十八届中央委员会所作的报告。

● 2017 年 10 月 21 日,荣获景兴纸业第十七届品管圈一等奖的"无限动力圈",代表公司参加了由台湾健峰企管集团在东莞举行的第 51 届健峰全国品管圈大会。"无限动力圈"获得健峰企管集团授予的"健峰奖"。

● 2017 年 10 月 24 日,《景兴报》召开创刊 20 周年座谈会。总编沈守贤、总经理助理鲁富贵、总经理王志明到会讲话,强调《景兴报》是景兴发展历史的见证,是景兴文化形成的见证,是管理逐步完善的见证。

● 2017 年 11 月,景兴纸业倪永浩(加拿大工程院士)院士专家工作站正式签约。2018 年 4 月被嘉兴市委人才工作领导小组认定列入第九批"嘉兴市院士专家工作站"。

● 2017 年 11 月 4 日,景兴纸业党委邀请平湖市委党校周水观老师为全体党员辅导"党的十九大精神"。公司党委领导、各党支部书记、党员代表共计 200 余人参加。

● 2017 年 11 月 27 日，由浙江省企业社会责任促进会公布的"2015 年度浙江省企业社会责任优秀报告"名单中，景兴纸业获"企业社会责任优秀报告"荣誉称号。

● 2017 年 12 月，浙江省高新技术企业协会公布"2017 年度浙江省国家高新技术企业创新能力百强榜"，景兴纸业是平湖市唯一获此殊荣的企业。

● 2017 年 12 月，景兴纸业荣登"浙江省高新技术资源与环境行业"十强榜单。

● 2017 年 12 月 5 日，工信部、水利部、国家发展改革委、国家质检局授予景兴纸业"重点用水企业水效领跑者（造纸行业）"荣誉。

● 2017 年 12 月 28 日，嘉兴市人民政府授予景兴纸业环保型低克重高强度瓦楞原纸新产品"嘉兴市科学技术二等奖"（嘉政发〔2017〕56 号），获奖者为：景兴纸业张小红、徐清凉、程正柏、王洪超、王志明、廖昌吕、唐金军、朱勋辉、陈科。

● 2018 年 1 月 2 日，景兴纸业与安徽省宿州市萧县大屯镇进行一对一的基础教育精准扶贫结对，向该镇张楼小学捐赠 60 万元，用于学校建设与村道修建。

● 2018 年 1 月 6 日，景兴纸业中青班学员组织"读董事长撰写或推荐的文章、董事长在历年大会上的会议指示以及关于工匠精神、精益管理等方面书籍"的读书分享活动。董事长朱在龙、总经理王志明及各部门负责人参加活动。

● 2018 年 1 月 12 日，"2017 嘉兴品牌力量榜"暨嘉兴日报第四届金马奖双榜颁奖盛典全面启幕。浙江景兴纸业股份有限公司获得 2017 嘉兴品牌力量榜"卓越科技创新企业"称号。

● 2018 年 1 月 16 日，景兴纸业召开以"现场即市场"为主题的 2017 年度 7S 成果发表会。总经理王志明等公司高层领导及各部门班组长以上共 300 余人参加发表会。

● 2018 年 2 月 10 日，景兴纸业深化改革各领导小组就 2017 年改革成果及 2018 年改革方案进行汇报，公司董事长朱在龙、副董事长戈海华、总经理王志明等出席汇报会。朱在龙在会议上强调要挖掘"双增双节"的空间,充分利用大数据与信息化管理,通过数据对比分析原因,从技术创新、工艺创新等角度去挖潜、找出解决问题的方法。

● 2018 年 3 月 8 日,浙江省经信委资源处处长应云进一行在平湖市经信局副局长陆丹恩等人的陪同下,来景兴纸业调研水效领跑者的成功做法及经验。公司总经理王志明向调研组介绍了公司生产经营及节水做法、成效和经验。

● 2018 年 3 月 17 日,由景兴纸业主办,平湖市壹起来公益发展中心、平湖市大润发和市红十字会协办的品萱纸巾义卖活动在大润发底楼拉开帷幕。

● 2018 年 3 月 23 日,浙江省劳动人事争议仲裁院院长吴正和上海市人社局调解仲裁管理处处长李刚一行莅临公司,就加快推进长三角地区劳动人事争议调解仲裁工作的协同发展,建立沪、浙两地调解仲裁工作协调机制方面进行调研。公司总经理助理鲁富贵和人力资源部经理章红英陪同参加调研活动。

● 2018 年 4 月 16 日,景兴纸业院士专家工作站交流会在研发大楼举行,倪永浩院士及其专家团队代表,公司领导徐海伟、鲁富贵等参加会议。

● 2018 年 5 月 2 日,景兴纸业组织全体党员及副主任以上干部开展正风肃纪警示教育活动暨《绝密543》分享会。

● 2018 年 6 月,中国轻工业联合会、中国造纸协会评选出"2017 年度中国轻工业造纸行业十强企业",景兴纸业等十家企业获此殊荣。

● 2018 年 6 月 15 日,平湖市、青田县深化山海协作暨乡镇(街道)、村企结对签约仪式在青田文化会展中心举行,景兴纸业等 15 家平湖企业与青田 15 个经济薄弱村结成帮扶对子,以产业带动、项目帮扶、资金支持、就业扶贫等多种方式,携手精准扶贫。

● 2018 年 6 月 23 日,景兴纸业召开党组织、工会、共青团、女职委、科协年度工作会议,表彰各条线涌现出来的先进集体及个人。

公司党委书记、董事长朱在龙,党委委员、副董事长戈海华,党委副书记、工会主席沈守贤等领导出席会议。

● 2018 年 7 月 10 日,浙江省农业厅厅长林健东一行莅临公司调研"村企消薄"工作,平湖市委副书记、市长刘中华,公司党委书记、董事长朱在龙,党委副书记沈守贤等接待交流。

● 2018 年 7 月 12 日,公司党委书记、董事长朱在龙赴安徽参加"张楼景兴希望小学"揭牌仪式。景兴党委各支部与所结对的 28 位贫困学子家庭进行了现场爱心助学签约仪式。

● 2018 年 8 月,景兴纸业获中华全国工商业联合会"2017 年度全国工商联上规模民营企业"称号。

● 2018 年 8 月 9 日,景兴纸业第一期中青班课题攻关答辩会在研发大楼举行。公司总经理王志明、副总经理丁明其、总经理助理鲁富贵以及评委和课题攻关指导老师参加答辩会。

● 2018 年 8 月 15 日,中国人民银行嘉兴市中心支行行长张一兵一行在平湖中心支行行长高红卫的陪同下,莅临公司开展调研座谈,公司董事长朱在龙、副总经理兼财务总监盛晓英接待并参加座谈会。

● 2018 年 10 月 18 日,景兴纸业召开精益 TPM 启动大会。董事长朱在龙指出,导入精益管理非常必要,必须通过自身的努力和设备的优势,降低成本,提升竞争力。

● 2018 年 10 月 25 日,生态环境部固废进口管理调研组一行来公司开展专题调研。浙江省固废管理中心、嘉兴市固废管理中心、平湖市环保局有关领导陪同。董事长朱在龙、总经理助理沈守贤接待交流。

● 2018 年 11 月,由中国设备管理协会主办的全国设备管理先进表彰大会在北京人民大会堂隆重举行。景兴纸业荣获第十一届"全国设备管理优秀单位"荣誉称号,公司设备部经理王爱其、副经理方瑞明同时被授予"全国设备管理优秀工作者"称号。

● 2018 年 11 月,浙江省高新技术企业协会授予景兴纸业 2018 年度"浙江省高新技术企业创新能力百强""浙江省高新技术企业技术领域十强"称号。

- 2018年11月,浙江省质量技术监督局将景兴纸业品萱纸巾纸认定为"浙江省名牌产品"(2018.11—2021.11)。

- 2018年11月9日,在第十六届中国企业管理高峰会上,景兴纸业被中国先进制造者联盟等授予"2017—2018年度精益践行者"称号。

- 2018年11月12日,2018年浙江省高新技术企业发展大会在杭州召开。景兴纸业荣获"2018年度浙江省高新技术企业创新能力百强"第20名和"2018年度浙江省高新技术企业领域资源与环境十强"第1名两项殊荣。

- 2018年11月15日,浙江省水利厅、浙江省人力资源和社会保障厅联合发布《关于表扬在实行最严格水资源管理制度工作中成绩突出集体和个人的通报》(浙水人〔2018〕52号),景兴纸业榜上有名,是唯一一家受表扬的民营企业。

- 2018年11月19日,嘉兴市民营经济高质量发展大会在乌镇举行,来自嘉兴政、商、学等2000多名各界代表参加大会。景兴纸业荣获"2017年度嘉兴市上市公司十大优秀企业"称号。

- 2018年12月,董事长朱在龙代表公司向平湖行知中学捐款50万元,设立"景兴教育基金"。

- 2019年1月11日,景兴纸业召开2018年度7S成果发表会,本次会议是继2017年之后举行的第二届7S成果发表会。公司总经理王志明等高层领导和各部门班组长及以上干部300余人参加会议。

- 2019年1月19日,浙江省信息化促进会、浙江省图灵互联网研究院主办的"企业数字化转型分享会"在杭州召开,会上揭晓2018年度浙江省企业信息化获奖名单。景兴纸业WMS高效仓储管理系统荣获"优秀项目奖"。

- 2019年1月21日,"2018嘉兴品牌力量榜"年度颁奖典礼在中国歌剧舞剧院艺术培训中心嘉兴基地隆重举行,景兴纸业荣获"智慧科技创新企业"称号。

● 2019 年 3 月 8 日，浙江省水利厅水资源管理处副调研员沈仁英偕同浙江日报记者等莅临公司，就公司用水节水、中水回用项目等相关情况进行调研和采访。平湖市水利局局长张照明、公司副总经理丁明其、总经理助理沈守贤等陪同。

● 2019 年 3 月 30 日，景兴纸业第一期中青班举行结业典礼。董事长朱在龙，总经理王志明，副总经理盛晓英、丁明其，总经理助理沈守贤、鲁富贵，嘉兴精益企业管理研究院院长帅远华、主任熊衍福，事业部和子公司负责人等出席。朱在龙董事长对毕业学员提出殷切期望。

● 2019 年 4 月 2 日，浙江省能源局节能处处长吴炳成一行与嘉兴市能源监察支队相关人员，来公司进行上年度能源"双控"考核现场核查，平湖市副市长钱勇彪、公司总经理助理沈守贤等陪同检查。

● 2019 年 4 月 8 日至 12 日，公司董事长朱在龙、总经理王志明等一行前往马来西亚吉隆坡进行项目实地调研，并在雪兰莪州万津工业园内召开项目前期筹备会议，针对项目各项筹备工作进行深入探讨和部署。其间，朱在龙一行前往中国驻马来西亚大使馆拜访大使白天先生和经济商务参赞石资明女士。

● 2019 年 4 月 30 日，公司召开景兴纸业正风肃纪工作会议，公司中高层领导、全体党员及重要岗位员工代表 300 余人参加。中共平湖市委党校老师曾现锋和公司党委书记、董事长朱在龙主讲。朱在龙在会议上强调，广大干部员工要在工作上、行动上、行为上有所表现，统一认识，强化纪律的约束。

● 2019 年 5 月 1 日，景兴纸业张小红被评为浙江省劳动模范。

● 2019 年 5 月 8 日，国家水利部原总工程师、水利部参咨委副主任委员汪洪带领的调研组在浙江省水利厅副厅长冯强的陪同下，莅临公司开展节水减排工作调研，嘉兴市委常委、副市长姜波，嘉兴市水利局局长潘侃，平湖市副市长张永刚，平湖市水利局局长张照明，公司董事长朱在龙等陪同。

● 2020 年 6 月，平湖市景兴包装材料有限公司残疾员工陈良杰被浙江省总工会评为2019"浙江金蓝领"。2019年陈良杰更是在第六届全国残疾人职业技能大赛中夺得计算机文本处理竞赛项目第一名。

● 2019年6月21日,国家生态环境部华南环境科学研究所吴蓉一行到访,就"进口废纸环境影响评价研究"课题工作开展专题调研。公司副总经理徐海伟等接待。

● 2019年6月27日,景兴纸业党委副书记沈守贤和各支部书记、党员代表一行19人,赴安徽省萧县大屯镇张楼村景兴希望小学开展帮扶结对爱心助学活动。

● 2019年7月3日,由精益推行办主导的"第一届改善提案发表会"在公司研发大楼召开。本次参加发表的12个提案主要围绕7S改善、减少八大浪费、提升经济效益等展开。

● 2019年7月28日,马来西亚投资与发展局(MIDA)绿色技术部门总监Wan Hashimah Wan Salleh女士和马来西亚驻沪总领事馆贸易与投资处投资领事May Lim女士等一行四人莅临公司参观访问,公司总经理王志明及相关人员对她们一行的到来表示热烈欢迎。

● 2019年8月23日,景兴纸业党委召开党员大会,选举产生新一届党组织班子。选举采用公推直选无记名投票方式差额选举,选举产生新一届公司党委委员。朱在龙任党委书记,沈守贤任党委副书记兼纪委书记。

● 2019年9月12日,国家工业和信息化部公布第四批绿色制造名单,浙江景兴纸业股份有限公司荣获"绿色工厂"和"生活用纸绿色设计产品"两项殊荣。

● 2019年11月,在2019年度全省高新技术企业发展大会上,2019年度"浙江省高新技术企业百强"榜单正式发布,公司连续四年入围百强榜单。

● 2019年11月8日,景兴纸业召开"不忘初心、牢记使命"暨"守纪律、强执行"主题教育活动,公司全体党员及各级干部300余人参加此次主题教育。

- 2019 年 11 月 16 日,景兴控股(马)有限公司与马来西亚金狮集团合作签约仪式在公司举行。雪兰莪州政府执行委员邓章钦、雪兰莪州投资局克文达、金狮集团董事长钟延森、马来西亚驻沪总领事馆贸易与投资处投资领事詹盛福等,以及中方嘉宾嘉兴市委副书记孙贤龙、平湖市委书记祁海龙、平湖市常务副市长钱勇彪、平湖市工业副市长陈群伟、嘉兴外事办主任沈文平等出席仪式。

- 2019 年 12 月 13 日下午,KAIYO JAPAN PAPER AUCTION CO.，LTD. 总经理伊藤敦一行莅临公司参观考察,公司董事长朱在龙等随行陪同。12 月上旬,公司与 KAIYO JAPAN PAPER AUCTION CO.，LTD. 首次达成塑包软抽的出口业务。

- 2019 年 12 月 20 日,景兴纸业博士后出站仪式暨结题报告会在公司举行。公司副总经理丁明其、总经理助理鲁富贵、副总工程师廖昌吕等出席仪式。专家组一致讨论决定两位博士后按要求完成既定的目标任务,考核优秀,同意出站。

- 2020 年 1 月,武汉新型冠状病毒疫情发生,景兴纸业党委坚决贯彻习近平总书记重要指示精神,落实上级党委关于疫情防控工作部署,进一步发挥党组织战斗堡垒作用和党员先锋模范作用。公司成立以党委书记、董事长朱在龙为组长的防治新型冠状病毒应急小组。

- 2020 年 1 月 3 日,浙江省民政厅党组成员、副厅长江宇一行莅临景兴纸业开展"服务企业、服务群众、服务基层"活动,调研企业发展、党建工作情况,听取企业意见和建议。嘉兴市民政局副局长鲁肇峰,平湖市民政局党组书记、局长俞鑫岗等陪同调研。公司党委副书记沈守贤接待。

- 2020 年 2 月,2019 年度平湖市金桥工程评奖结果正式揭晓。景兴纸业科协荣获组织奖,"生活用纸擦手纸工艺开发项目"获 2019 年度市金桥工程重点项目三等奖,"空压机节能(集中供气)改造项目"获 2019 年度市金桥工程一般项目三等奖。

- 2020 年 3 月 3 日,景兴纸业党委发出《自愿捐款支持新冠肺炎疫情防控工作的通知》,动员广大党员干部、员工继续发扬群策群力、团结互助的精神，为抗击疫情献出一份爱心，贡献一份力量。

● 2020 年 3 月 6 日，浙江省工商联副主席张必来莅临公司调研企业复工复产及当前企业遇到的困难。公司党委书记、董事长朱在龙，党委副书记、总经理助理沈守贤给予热情接待。

● 2020 年 4 月，浙江省水利厅、浙江省人力资源和社会保障厅发文表彰 2019 年度全省实行最严格水资源管理制度工作成绩突出集体和个人，景兴纸业荣获 2019 年度浙江省实行最严格水资源管理制度先进集体荣誉称号。

● 2020 年 4 月，全国疫情防控形势复杂严峻，举国上下奋力抗击疫情，景兴纸业以实际行动支持疫情防控工作，现金捐款 80 万元，捐赠品萱保湿抑菌生活用纸等物资 40 余万元。4 月，公司分两批向马来西亚捐赠抗疫物资（口罩）。

● 2020 年 4 月 11 日，景兴纸业组织召开"形势任务暨正风肃纪主题教育会议"，公司全体高管与各部门经理及班组长以上管理人员参加会议，下属子公司通过分会场在线直播同步观看。董事长朱在龙告诫大家，经济大环境扑朔迷离，要做好过紧日子、过苦日子的准备。

● 2020 年 4 月 16 日，马来西亚驻沪总领事丘世豪，马来西亚驻沪投资领事、马来西亚投资发展局上海办事处主任詹盛福莅临公司，代表马来西亚中央政府对公司捐赠防疫物资表示感谢，同时交流景兴控股（马）有限公司的筹备事宜。公司董事长朱在龙热情接待。

● 2020 年 6 月 12 日，中国证券监督管理委员会通过浙江景兴纸业股份有限公司公开发行可转换公司债券申请，本次可转换公司债券募集资金不超过 128 000 万元（含 128 000 万元），将全部用于马来西亚年产 80 万吨废纸浆板项目。

● 2020 年 6 月 30 日，安徽省萧县大屯镇张楼景兴希望小学的景兴党员爱心助学结对仪式如期举行。景兴纸业 200 余名党员与张楼景兴希望小学贫困学子的爱心助学结对已连续开展数年。

● 2020 年 7 月，根据嘉院协发〔2020〕2 号文件《关于公布 2019

年度市级院士工作站绩效考核情况的通知》，景兴纸业院士专家工作站被评定为"优秀"等级。

● 2020年7月6日，浙江省能源监察总队总队长吴光中一行莅临公司开展"三服务"活动，主要调研企业生产经营、智慧能源运行、能耗管理、节能管理等情况。公司董事长朱在龙、总经理助理沈守贤、工业用纸事业部总经理助理王爱其等热情接待。

● 2020年7月14日，浙江省总工会党组成员、副主席张卫华一行莅临景兴调研推进新时代产业工人队伍建设改革工作。嘉兴市总工会副主席王春勤，平湖市政协副主席、市工会主席许静，平湖市总工会党组书记、副主席朱洪宝等陪同调研，公司总经理王志明、工会主席沈守贤热情接待。

● 2020年7月22日，浙江科技学院纪委书记陆爱华一行莅临公司参观交流，公司董事长朱在龙、副董事长戈海华等热情接待。朱在龙向浙江科技学院的老师们介绍企业的基本情况及发展方向，并希望双方在技术及人才培养上有更多合作。

● 2020年7月29日，浙江省政协常委、社法委副主任、省总工会副主席、一级巡视员董建伟率省政协工会界别委员来景兴纸业调研新时代工匠培育工作，嘉兴市总工会副主席王春勤，平湖市政协副主席、总工会主席许静，曹桥街道党委副书记、总工会主席戈浩强等陪同调研。

● 2020年8月3日，嘉兴市副市长盛全生莅临公司开展"三服务"活动，听取企业发展诉求，助力企业破难前行。平湖市委副书记、市长仲旭东，副市长陈群伟，市级部门和曹桥街道有关领导陪同，公司董事长朱在龙、总经理王志明等接待交流。

● 2020年8月5日，国家水利部全国节约用水办公室副主任熊中才一行在浙江省水利厅水资源处处长王云南、嘉兴市水利局局长潘侃、平湖市水利局局长张照明等陪同下莅临景兴调研企业用水节水工作。公司总经理王志明、总经理助理沈守贤等接待交流。

● 2020年8月5日，浙江省统计局党组成员、副局长方腾高一行莅临公司调研生产经营情况和能源生产、供应及消费状况。嘉兴市统计局党组书记、局长沈周明,平湖市统计局党组书记、局长陈仕栋,曹桥街道党委副书记、办事处主任杨金平等陪同调研,公司总经理王志明、总经理助理沈守贤等接待交流。

● 2020年8月13日,浙江省司法厅党委委员、省行政复议局局长曹水萍一行莅临公司开展"三服务"活动,了解企业困难,帮助企业解忧。嘉兴市司法局副局长丁瑜琼,平湖市人大常委会副主任姚田宝,市司法局局长徐立等陪同。

● 2020年8月20日,浙江省生态环境厅领导带领嘉兴、舟山、湖州生态环境局相关人员及清华大学、东南大学等专家组一行30余人,莅临公司参观景兴纸业水专项示范工程。公司董事长朱在龙、总经理助理沈守贤等陪同参观。

● 2020年9月8日,商务部亚洲司副司长杨伟群偕同马来西亚驻华使馆公使施志光及商务部、省商务厅调研组来公司调研马来西亚项目进展情况,嘉兴市商务局局长李捷、副局长邱锦月,平湖市副市长陈群伟等陪同,公司总经理王志明热情接待。

● 2020年11月3日下午,景兴纸业中青班(第二期)启动会在公司研发大楼召开,公司董事长朱在龙、总经理王志明等出席。

● 2020年11月20日,景兴纸业年产12万吨天然抗菌高品质生活用纸项目隆重奠基。

● 2020年11月20日,景兴纸业举行倪永浩院士专家工作站交流会。天津科技大学刘洪斌院长、安兴业博士与公司技术团队成员参加此次会议。双方签订后续合作项目"厨房用纸产品开发"协议。

● 2020年11月20日,景兴纸业10号机(PM10)施胶机改造项目顺利投产,该项目于9月15日开始停机技改,历经两个月的艰苦奋斗,于11月17日成功出纸。11月20日凌晨2点,第一卷合格品箱板纸下卷。

● 2020年12月1日,景兴纸业开通阿里巴巴国际站,这是生活用纸产品走出国门的重要转折点。

● 2021年1月,中共浙江省委、浙江省人民政府授予景兴纸业

"浙江省文明单位"殊荣。

● 2021 年 2 月，经国务院批准，人力资源和社会保障部公布 2020 年享受国务院政府特殊津贴人员名单，景兴纸业高级工程师张小红成功入选。

● 2021 年 2 月 7 日，浙江省生态环境应急与监控中心主任杨哲带队到公司就造纸行业污染物排放自动监测数据标记和电子督办试点调研指导，公司总经理助理沈守贤、环保办经理陈永明等热情接待。

● 2021 年 2 月 10 日，景兴纸业董事长朱在龙在精益 TPM 推行办主任鲁富贵的陪同下来到 PM12 参加 TPM 小组活动，在活动现场进行检查、指导和交流。

● 2021 年 3 月 23 日，生态环境部科财司副司长付川带领专家组莅临景兴纸业，实地勘察、评估由公司承担的"十三五"国家科技重大专项——造纸废水资源化利用成套技术示范工程实施、运营情况。浙江省生态环境厅副厅长单锦炎，嘉兴市生态环境局、嘉兴市治水办和平湖市政府相关领导陪同调研。

● 2021 年 3 月 28 日，景兴纸业第一批技术人员由公司总工程师廖昌吕带队，队员沈斌、李力勋、黄丽君、沈海涛、陈佳丽 6 人率先出征马来西亚项目。

● 2021 年 4 月 17 日，"我心向党·红船精神进企业"——景兴纸业举行党史学习教育首场专题宣讲，嘉兴市人大常委会副主任、市总工会主席卓卫明为大家带来一堂生动丰富的党史课。

● 2021 年 5 月，嘉兴市红十字会授予景兴纸业"红十字博爱功勋奖金奖"。

● 2021 年 5 月 7 日，景兴纸业数字化运营云平台项目启动。公司董事长朱在龙、总经理王志明，长盈科技董事长杨小剑、总经理吴丰铭，博依特商务总监陈腾飞以及三方管理人员、项目组成员参加会议。

● 2021 年 5 月 22 日，平湖市市长仲旭东、常务副市长钱勇彪、副市长陈群伟一行来公司开展市长现场办公会议，为企业排忧解难办实事,曹桥街道党委书记杨金平、办事处副主任周鼎,董事长朱在龙等参加。

● 2021 年 6 月,嘉兴市工商联合会授予景兴纸业"嘉兴市民营经济人士理想信念教育基地"称号。

● 2021 年 6 月,平湖景包获得全国首批快递包装绿色产品认证。

● 2021 年 6 月 5 日,景兴纸业党委组织公司全体党员、副主任及以上干部举行"学党史,感党恩,践初心,严纪律"的党史学习教育专题培训。邀请平湖市委党校高级讲师、教务科科长王晓燕授课。

● 2021 年 6 月 25 日,景兴纸业隆重召开喜迎建党 100 周年文艺汇演暨 2020 年度群团先进表彰大会。

● 2021 年 7 月 13 日,共青团浙江省委下发表彰文件,表彰一批工作成效突出的先进典型,景兴纸业团委荣获"浙江省成绩突出团委"荣誉称号。

● 2021 年 9 月 24 日,2021 中国浙江"星耀南湖长三角精英峰会"在嘉兴召开。景兴纸业工业用纸技术研发部经理助理、省级高端人才张小红应邀参加并获得星耀南湖"时代工匠楷模奖"。

● 2021 年 10 月,根据嘉兴市院士专家工作站建设指导协调小组文件(嘉院协发〔2021〕3 号),景兴纸业院士工作站获得 2020 年度绩效考核工作优秀单位。

● 2021 年 10 月 29 日,景兴纸业 12 万吨生活用纸项目 TM5 扬克缸安装成功。

● 2021 年 12 月,景兴纸业连续 6 年位列浙江省高新技术企业创新能力百强榜和资源与环境技术十强榜。

● 2021 年 12 月,中国人力资源社会保障部发布《关于授予 2019—2020 年度职业技能竞赛优秀选手"全国技术能手"称号的决定》的通知,平湖景包的优秀员工陈良杰成为平湖和嘉兴地区的唯一获奖者。

● 2021 年 12 月 24 日,在以"造物育人,缔造利润"为主题的"第十九届中国企业管理高峰会"上,公司董事长朱在龙获得"卓越精益领导力大奖",PM13设备主任胡继超获得"2021年中国精益匠人"称号。

● 2022年1月,浙江景兴纸业股份有限公司和浙江景兴板纸有限公司同时荣获浙江省2021年度"节水标杆企业"称号。

● 2022年1月9日,嘉兴市工商业联合会(总商会)第八次代表大会召开。公司董事长朱在龙当选第八届嘉兴市工商业联合会(总商会)副主席、嘉兴市高新技术企业协会第一届理事会副会长。

● 2022年1月20日,景兴纸业生活用纸TM5纸机试运行启动仪式隆重举行。TM5纸机由芬兰维美德公司提供,幅宽5650mm,设计车速2000m/min,采用原生木浆作为原料生产高档生活用纸,实现节能和品质的精准结合,是目前世界上最先进的卫生纸生产线。

● 2022年2月,公司问题上报管理平台正式上线。

● 2022年3月2日,嘉兴市工商联主席潘建清,市委统战部副部长、工商联党委书记张建生一行莅临公司开展调研。平湖市工商联党组书记李寿林,公司董事长朱在龙、总经理助理沈守贤等陪同。

● 2022年3月16日,景兴纸业党委副书记、总经理助理沈守贤代表公司与平湖市慈善总会曹桥分会签署捐赠协议,捐款捐物120万元,用于新冠病毒感染疫情防控工作。

● 2022年4月,共青团嘉兴市委召开八届五次全委(扩大)会议暨深化全面从严治团推进会。景兴纸业团委荣获2021年度嘉兴市"先进团委"称号。

● 2022年5月,2021年度嘉兴市首批市级"博士创新站"认定结果出炉,景兴纸业等被嘉兴市科学技术协会认定为"嘉兴市博士创新工作站"。

● 2022年5月18日,共青团嘉兴市委书记田凯、嘉兴市青年企业家协会副会长兼秘书长吴奇辉一行莅临景兴纸业走访调研。曹桥街道党委书记潘加林、共青团平湖市委副书记孙堃琦等陪同调研。公司董事长朱在龙、总经理助理沈守贤等热情接待。

● 2022 年 5 月 19 日，嘉兴市委常委、统战部部长李小平一行莅临公司调研指导，平湖市委常委、统战部部长王兰平，曹桥街道党委书记潘加林等陪同。公司董事长朱在龙、总经理助理沈守贤热情接待。

● 2022 年 5 月 21 日，景兴纸业首个"品萱官方旗舰店"抖音直播间正式开播。

● 2022 年 5 月 27 日，浙江省人力社保厅二级巡视员陈荣华、省人力社保厅专技处二级调研员朱淑梅一行莅临景兴纸业调研指导，嘉兴市人力社保局副局长杭晔等陪同，公司副总经理鲁富贵、总工程师程正柏等热情接待。

● 2022 年 6 月，嘉兴市生态环境局、嘉兴市环保联合会授予景兴纸业"嘉兴市优秀环保企业"称号。

● 2022 年 6 月，景兴纸业 10 号机（PM10）迎来开机 20 周年，PM10 是景兴的功勋纸机，自开机以来，纸机的正常运行给公司带来了丰厚回报。公司发展与 PM10 密不可分。

● 2022 年 6 月 9 日，景兴纸业年产 12 万吨天然抗菌高品质生活用纸项目第二条生产线 TM6 试运行启动仪式隆重举行。该项目采用两条幅宽 5 650 mm、设计车速 2 000 米/分的维美德高速生活用纸生产线，单台产能 6 万吨/年。TM6 试运行后，该项目的两条生产线已全部进入试运行阶段。

● 2022 年 6 月 13 日，嘉兴市科协三级调研员万勇一行莅临景兴纸业，就公司"博士创新站"和"院士工作站"建设、运行情况进行走访调研，平湖市科协党组书记、主席林士良，曹桥街道党委副书记祝佳悦，公司总工程师、科协主席程正柏等陪同。

● 2022 年 6 月 23 日，浙江省总工会副主席董建伟一行在嘉兴市总工会党组成员、副主席朱永根，平湖市政协副主席、总工会主席许静，曹桥街道党委书记潘加林等陪同下莅临景兴纸业调研指导，公司工会主席沈守贤等热情接待。

● 2022 年 6 月 29 日，景兴纸业举行年度群团总结表彰暨正风肃纪工作会议。

● 2022 年 7 月 2 日，嘉兴市委副书记、政法委书记帅燮琅一行莅临景兴纸业调研指导。平湖市委副书记、政法委书记毛捷，曹桥街道党委书记潘加林等陪同。董事长朱在龙、副总经理徐海伟、总经理助理沈守贤等热情接待。

● 2022 年 7 月 12 日，浙江省总工会法律工作部副部长王君带队省总工会蹲点调研组一行莅临景兴纸业调研企业和谐劳动关系创建工作。嘉兴市总工会法律与权益保障部部长盛浙欣，平湖市总工会党组成员、权益保障部部长俞一峰，曹桥街道总工会专职副主席全明等陪同，公司工会主席沈守贤热情接待和交流。

● 2022 年 7 月 12 日，公司董事长朱在龙到平湖中学，向当年高考取得优异成绩的平湖学子张乐天、石以同、顾正煊三位同学颁发特殊奖学金。

● 2022 年 8 月 18 日至 19 日，浙江省工商联第十二次代表大会在杭州召开。大会选举产生浙江省工商联第十二届执行委员会委员，公司党委书记、董事长朱在龙当选为浙江省工商联第十二届执行委员。

● 2022 年 9 月，中华人民共和国人力资源和社会保障部网站公布《人力资源社会保障部、中华全国总工会、中国企业联合会/中国企业家协会、中华全国工商业联合会关于命名全国和谐劳动关系创建示范企业与工业园区的决定》（人社部发 2022–63 号），浙江景兴纸业被命名为"全国和谐劳动关系创建示范企业"。

● 2022 年 9 月 23 日，景兴纸业召开《景兴报》创刊 25 周年出刊 300 期纪念座谈会暨总结表彰会。副总经理盛晓英，总经理助理兼《景兴报》主编沈守贤，现任及历任《景兴报》编辑，以及通讯员及获奖代表参加座谈会。

● 2022 年 10 月，公司维修电工一级技师陆建新被浙江省人力资源和社会保障厅、省总工会评为"浙江工匠"培养项目人员。他从一名普通的电工成长为拥有"工程师""平湖市首席技师""嘉兴市陆建新技能大师工作室""浙江省优秀技能人才""浙江省设备工匠"等多个荣誉称号。

- 2022年10月16日,景兴纸业党员干部分别在各支部、各部门的直播点集中收听收看,聆听习近平总书记代表中共第十九届中央委员会向大会所作的报告。

- 2022年11月,上海环境能源交易所、上海质量管理科学研究院授予景兴纸业"碳管理体系贯标示范单位"。

- 2022年11月,景兴纸业第八届党委、第六届纪委及其下属九个支部严格按照组织程序,圆满完成换届选举各项工作,顺利选举产生新一届领导班子成员。董事长朱在龙当选公司党委书记。

- 2022年11月5日,首届金平湖慈善大会在平湖市传媒中心隆重召开。浙江景兴纸业股份有限公司荣获"善行金平湖慈善企业奖"荣誉称号。

- 2022年11月12日,院士专家工作站、博士后工作站等三方视频连线开展项目交流。加拿大籍倪永浩院士、天津科技大学刘洪斌院长、安兴业博士、刘利琴博士与公司技术团队成员三方连线出席会议。

- 2022年11月12日,景兴纸业举行传达学习贯彻党的二十大精神暨正风肃纪专题会议。市两新组织党建工作指导员周琪根应邀作学习贯彻党的二十大精神宣讲。

- 2022年12月,嘉兴市科学技术协会授予景兴纸业"2022年度嘉兴市企业科协建设示范单位"。

- 2022年12月1日,浙江省外办副主任王红威一行在嘉兴市外办党组书记、主任沈文平和平湖市委常委、副市长戴振等陪同下莅临景兴纸业调研交流,公司总经理王志明热情接待。

- 2023年1月,根据《浙江省数字化车间/智能工厂建设实施方案(2019—2022年)》和《关于开展2022年第二批未来工厂和智能工厂(数字化车间)评定工作的通知》,经专家评审,景兴纸业荣获2022年度第二批"浙江省智能工厂"荣誉称号。

- 2023年1月28日,中共嘉兴市委、市政府召开全市三级干部大会暨智造创新强市建设推进大会。浙江景兴纸业股份有限公司荣获"嘉兴市智造创新强市突出贡献企业"称号。

●2023年2月，景兴纸业总工程师程正柏入选平湖市第七批专业技术带头人培养人员名单。

●2023年2月，嘉兴市总工会、嘉兴市人力资源和社会保障局发布2022年度"嘉兴良匠"培养项目人员名单。景兴纸业技术骨干胡继超、陈良杰入选。

●2023年3月，景兴纸业下属子公司平湖市景兴包装材料有限公司荣获浙江省绿色产品（服务）认证"领跑者"称号，此项荣誉是平湖景包自获得全国首批快递包装绿色产品认证、浙江省第一批塑料替代产品生产企业后，又一项省级绿色荣誉。

●2023年3月1日，景兴纸业向嘉兴市志愿者服务专项基金捐款10万元。同时，嘉兴市住房公积金管理服务中心授予景兴纸业"住房公积金缴存先进企业"。

●2023年3月22日，景兴纸业、嘉兴南洋职业技术学院与马来西亚优理大学在嘉兴南洋职业技术学院共同签订中马"丝路学院"合作框架协议，中马"丝路学院"秉承"诚信履约、优势互补、资源共享、互惠共赢"的原则，助推双方经济社会发展，为中马友谊再添新光彩。

●2023年3月22日，马来西亚大学联盟主席拿督斯里黄炫硕、马来西亚优理大学校长丹斯里萨霍尔·哈米德·本·阿布·巴卡尔一行在嘉兴南洋职业技术学院校长王雪亘等陪同下莅临景兴纸业参观交流。公司总经理王志明、副总经理鲁富贵等热情接待。

●2023年3月25日，第十届国际残疾人职业技能竞赛在法国梅斯落幕，景兴纸业下属全资子公司平湖市景兴包装材料有限公司员工陈良杰是代表中国参加"文本处理"项目的唯一选手，经过激烈角逐，斩获冠军，并获得最佳选手奖。2014年开始，他参加各项赛事，先后取得嘉兴市、浙江省、全国残疾人职业技能竞赛"文本处理"项目冠军，而此次世界残疾人职业技能竞赛的冠军，让他实现计算机"文本处理"项目上的大满贯。

●2023年3月26日，浙江省工商联发布2022年浙江民营企业社会责任100家领先企业,景兴纸业榜上有名。

- 2023年4月8日,景兴纸业召开陈良杰同志先进事迹报告及2023年上半年度形势教育暨正风肃纪大会。公司董事长朱在龙、副董事长戈海华、总经理王志明等高层领导出席大会。朱在龙亲自为陈良杰颁奖。

- 2023年4月13日,中卫安(北京)认证中心专家到景兴纸业生活用纸现场,对品萱纸巾纸和保湿纸产品进行"医护级产品认证"。4月20日品萱纸巾纸和保湿纸产品一次性通过认证。

- 2023年4月26日和4月28日,嘉兴市、平湖市分别举行庆祝"五一"国际劳动节暨劳模先进表彰大会,表彰全市各条战线涌现出的劳动模范和先进集体。景兴纸业员工方瑞明获"嘉兴市劳动模范"荣誉称号,景兴下属全资子公司平湖景包员工陈良杰获"平湖市劳动模范"荣誉称号。

- 2023年4月27日,景兴纸业2023年科技创新研讨会在公司隆重召开,公司总经理王志明、副总经理鲁富贵、总工程师程正柏等领导及各条线的技术骨干共70余人参加大会。

- 2023年5月5日,在平湖市委人才工作领导小组会议上,景兴纸业荣获"2022年度平湖市五星级技能型企业"称号。

- 2023年5月10日,在平湖市制造业"两化"改造工作推进会上,景兴纸业荣获2022年度"平湖市数字化标杆企业"和"平湖市绿色化标杆企业"两项称号。

- 2023年5月25日,景兴纸业举行"税收遵从合作协议"续签评价工作启动仪式,这是公司自2019年首次签订协议以来的第二次续签。嘉兴市税务局党委委员、副局长李志斌,第一税务分局局长陶晨,平湖市税务局局长王建明,公司董事长朱在龙,副总经理盛晓英、鲁富贵等出席。

- 2023年5月28日,景兴纸业马来西亚项目(一期)年产80万吨废纸浆板项目首次开机成功,顺利生产出首批浆板纸,整个项目又向前迈出坚实一步。

- 2023年6月9日,浙江省残疾人联合会副理事长顾艳一行莅临平湖景包调研,嘉兴市残联理事长郑新娣、平湖市人民政府副市长宋怡玲、平湖市残联理事长孙林英等陪同,公司董事长朱在龙等接待交流。

● 2023 年 6 月 28 日,在平湖市慈善总会第四届理事会第五次会议上,景兴纸业荣获 2022 年度"机构捐赠奖"。

● 2023 年 7 月,浙江省经信厅公布第二批省级企业数据管理国家标准(DCMM)贯标试点区域和第一批省级试点企业名单,浙江景兴纸业股份有限公司成功入选。

● 2023 年 8 月 23 日,平湖景包员工陈良杰获"最美浙江人·最美残健同行引领者"荣誉称号。

● 2023 年 9 月 10 日,杭州第十九届亚运会火炬传递嘉兴站开启,景兴纸业全资子公司平湖市景兴包装材料有限公司制图主管陈良杰作为此次传递火炬手中的一员,接力第 23 棒。

● 2023 年 9 月,"景兴纸业运营管理工业互联网平台"成功入选 2023 年度省级工业互联网平台创建名单。

● 2023 年 10 月,"品萱保湿纸面巾(原生木浆)"与"品萱卷筒卫生纸(原生木浆)"两个系列产品顺利获得"中国绿色产品认证证书"。

● 2023 年 11 月 23 日,浙江景兴纸业股份有限公司绿色低碳造纸技术研究院被认定为浙江省重点企业研究院。

● 2023 年 12 月 2 日,中国进出口银行评审管理部副总经理陈在维、评审管理部处长张珺、评审管理部三级经理赵洋洋及浙江省分行评审管理处处长胡志伟莅临浙江景兴纸业股份有限公司全资子公司景兴控股(马)有限公司调研指导。

● 2023 年 12 月 19 日,马来西亚瓜拉冷岳市议会工程部总监 Zulkefli Bin Mohamed Arif、城市规划及发展部总监 Mohd Aszzwir Bin Mohd Sabiruddin、建筑部总监 Syamsol Herwan Bin Ahmad、理事会成员及地方代表一行莅临景兴纸业指导交流。

● 2024 年 1 月 1 日,景兴纸业生态工业互联网平台项目成功入围 2024 年度省级重点工业互联网平台项目计划。

- 2024年1月,浙江景兴纸业股份有限公司及其子公司浙江景兴板纸有限公司双双入选2023年度浙江省节水型企业名单。

- 2024年3月20日,在中国快递协会第三届第二次会员大会上,平湖市景兴包装材料有限公司荣获"快递协作发展贡献奖"。3月22日,在浙江省包装联合会成立40周年庆典暨第八届第一次会员大会上,平湖市景兴包装材料有限公司荣获浙江省包装印刷行业"创新创业奖"。

- 2024年4月18日,浙江景兴纸业与嘉兴南洋职业技术学院、马来西亚优理大学三方成功举行了中马"丝路学院"现代学徒制联合培养班合作协议线上签约仪式。

- 2024年5月25日,景兴纸业召开第七届九次职工代表大会暨2023年度党群组织表彰大会及降本增效动员大会。

- 2024年7月11日,景兴纸业下属全资子公司平湖市景兴包装材料有限公司员工褚一洲赴杭州捐献造血干细胞,成为平湖第21例、曹桥街道第3位捐献的志愿者。

- 2024年7月12日,景兴纸业分别与VOITH造纸、苏美达国际技术贸易有限公司、中国海诚长沙公司(CEC)进行签约,共同推进景兴马来西亚年产140万吨项目二期年产60万吨箱板纸项目建设。

- 2024年8月7日,"同心聚力,共富平湖"2024平湖星主播网红直播大赛总决赛在平湖隆重开幕。景兴"品萱"在激烈的竞争中脱颖而出,获"平湖十大网销产品"荣誉。

- 2024年9月25日,在中国制浆造纸研究院与中国造纸学会、中国造纸协会联合举办的"2024中国国际造纸科技展览会"上,对几十年来为中国造纸现代化事业鞠躬尽瘁、忘我奉献的十位卓越企业家颁发纪念章,朱在龙荣获"造纸产业发展卓越贡献企业家"称号。

后　记

在本书即将付梓之时,特别感谢景兴纸业朱在龙董事长和他的团队的信任与支持。两年来,我们集中力量深入研究景兴纸业砥砺追梦、笃志前行的不平凡历程,探析景兴因纸而兴、走向辉煌的成功密码,这一研究过程亦是我们向改革开放奋进历史、向追求卓越的景兴精神学习的过程,所获颇丰。

感谢我的同事赵文聘教授以及上海政法学院汤啸天教授,他们的鼎力相助使这一项目的高质量推进成为可能。感谢万志彬、高雪、尹佳男、冯思贤、程前、韩前广等同志,他们做了大量细致入微的研究工作,包括访谈资料的整理、景兴发展资料和部分初稿的梳理等,这些工作极为琐碎,同时也极为重要。原平湖市委书记孙贤龙、原平湖市市长马邦伟、原中信银行嘉兴分行行长朱进等,在百忙中接受了我的访谈,提供了大量有价值的研究信息。

感谢上海远东出版社的编辑团队,他们为本书的高质量出版付出了大量心血。

由于能力有限、时间仓促,本书疏漏之处在所难免,祈望景兴纸业领导和朋友们不吝指教。

景兴纸业历经四十年积淀与酝酿,不断进取、开拓创新,创造了无愧于伟大时代的辉煌,期待本书的出版能为讲好当代民营企业和民营企业家的故事,激发社会奋发有为的精神状态,努力为中华民族伟大复兴贡献应有的力量。

2024 年 10 月 2 日